MINERVA現代経営学叢書52

現代中小企業の経営戦略と地域・社会との共生

― 「知足型経営」を考える ―

池田　潔著

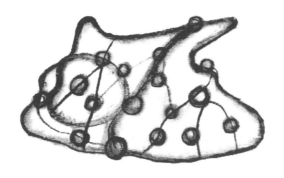

ミネルヴァ書房

は し が き

　およそ研究者は，それぞれが属する研究分野の題材を基に，国や地域，ある
いは社会が良くなることを願って研究している。中小企業研究者も然りである。
ただし，中小企業研究の属する社会科学分野は科学とはいえ，また社会実験と
いう言葉はあるものの，自然科学のような再現性のある純粋な実験はできず，
真理を探求するというよりは，どちらかというと現象の解釈になりがちである。
それでも筆者を含め研究者は，現実に起きている諸問題をクリアに解きほぐし，
課題解決に向けた提案をしたいと思っている。

　ところで，研究者としての思いや願いは共通していても，研究スタイルには
社会科学のなかでも違いがある。文部科学省の学科系統分類表によると，大分
類の「社会科学」の次に，中分類の「法学・政治学関係」「商学・経済学関係」
「社会学関係」「その他」がある。ここでは経営学と社会学を取り上げ，筆者が
実際に経験した研究スタイルの違いを紹介してみよう。

　筆者は経営学の視点で中小企業を調査研究しているが，そもそも中小企業と
の出合いは，1980年に大阪府立商工経済研究所に入所したことから始まる。
1950年に設立された同研究所は「満鉄調査部」の流れを汲み，景気動向調査や
業界の現状・問題点・課題を明らかとするための「基本調査」，『大阪経済白
書』などを作成していたが，調査時はアンケート調査に加え1日2〜3軒とい
うペースで様々な企業に出向いてヒアリングをしていた。研究所のなかには経
済学的な視点で分析する研究者が多かったが，ヒアリングスタイルはいずれも
企業訪問して経営者から直に話を聞き，製造業であれば工場内を見せてもらう
という点では共通していた。工場を見せてもらう場合は経営者のあとに付いて
説明を聞きながら，機械設備や製品を見て回るというスタイルである。

　一方，社会学の研究者はというと，極端な例かもしれないが，これは，実際
にあった話である。大学に所属するその研究者は金型を調査することになった
ものの，金型については全く知識がなかった。そこで，金型製造業の経営者に

i

頼み込み，工場に1週間ほど寝泊まりさせてもらいながら，現場作業者と一緒になって現場作業を実際に体験し，金型なるものを会得したという。文化人類学者がマサイ族の暮らしを研究するため，マサイ族の家族と一緒に生活するのと同じである。

　経営学者は少なくとも筆者の知る限り，そこまで現場にどっぷりとつかるようなことは聞いたことがない。むしろ，どこか冷めた目をもちながら第三者的に観察していることが多いと思われる。それぞれ学問に求められているものが異なることから，どちらが良いとか悪いとかというものではない。ただ，筆者の場合は，研究所に入ったときの，少し離れた距離で現場を見るという調査スタイルが身に染みついている。

　ところで，学会活動をしていると，時おり少数のヒアリング結果から何がわかるのかといった意見が出される。現在，アメリカ経営学ではビッグデータを用いた分析が隆盛を極めており，質的側面を明らかとするヒアリング調査やそれに基づく研究は肩身が狭くなっている。もちろん，1社へのヒアリングで業界全般や，ましてや中小企業一般に対して何かが導出できるとは思っていない。1社というのは極端なケースであるにしても，数社のヒアリングから一定程度，問題の所在や課題などが見えてくるのも事実である。また，計量分析では誤差項として見逃してしまう結果のなかに，実は重要な変化の兆しや，ものごとを解明するのに重要なヒントが隠れていることもある。ヒアリング調査の勘どころは，長くこういう調査を経験したものでないとわからない。

　さて，本書は中小企業の地域や社会との共生を1つのテーマにしているが，たとえば中小企業が障害者雇用をすることなどもその1つである。筆者が障害者雇用に関心をもった背景に，娘が作業療法士として病院で勤務していることがある。身体障害者のリハビリなどを行っているのだが，補章でも取り上げた京丸園株式会社（静岡県）という農園に一緒にヒアリングに行ったときの光景が今でも深く印象に残っている。そこでは障害者の人たちが数多く雇用されているが，農園作業そのものがリハビリになっているとのことであった。中小企業を含め様々な企業が地域のなかで活動しているが，ややもすると資本の論理で行動するあまり，企業も人も地域や社会のなかで生かされていることを忘れ

はしがき

がちになっているような気がする。障害者雇用に真摯に取り組んでいる企業を目の当たりにしたとき，冒頭に記した研究者の原点が何であるかを強く思い起こさせてくれる。

また，本書のテーマの1つである中小企業の地域・社会との共生だが，共生を図る上で CSR や CSV が有効であると考えている。一般的に，大企業に比べると中小企業の方で小回りが効き，経営者が決断すると実行までのスピードが速い。その一方，中小企業の多くは経営と所有が未分離で，私利の追求に夢中な経営者においては従業員のためというよりも，まず自分の報酬を考えがちである。ただし，資本主義社会では特段これが責められるべきことではない。実際，起業を考える人の動機として，金儲けをしたいというのが上位にあるのも事実であり，これが資本主義発展のエネルギーにもなっている。

中小企業も資本を集めて成り立っており，維持拡大しようとすれば自転車のようにペダルを漕ぎ続けるしかない。そこに私欲が絡むと，一段とペダルの回転スピードを上げ，規模拡大を図る必要がある。資本主義社会はこうしてこれまで発展拡大を続けてきたのである。しかし，ベストセラーとなったトマ・ピケティの『21世紀の資本』（みすず書房）のなかで，世界中で所得と富の分配に不平等化が進んでいることが示されたが，資本主義が進展した結果，様々なところで格差や歪が生まれ，さらに深刻度を増している。資本主義社会は明らかに曲がり角にきている感があるが，現状の資本主義社会において，地域や社会の課題を解決するために，企業の CSR や CSV にも大きな期待がかかっている。

ところで，私企業のなかにも自利だけではなく，他利を考える経営者も存在する。地域や社会の課題解決のためにつくられた NPO のように，創業時からそうであるかはともかく，従業員のため，さらには企業を取り巻くステークホルダーのことを思って経営する経営者も実在する。これら経営者のなかにはむやみに規模拡大を志向せず，「知足型経営（ちそくがたけいえい）」とでもいうべき経営をしている人がいる。資本主義経済の下で知足型経営が広がるかは未知数だが，環境問題，資源問題を考える上で1つのあり方と考える。

本書で取り上げる CSR（企業の社会的責任）の起源はヨーロッパにあり，

iii

日本には2000年ごろに入ってきたとされる。一方で，日本には近江商人に伝わる売り手よし，買い手よし，世間よしの"三方よし"の考えがあるが，三方よしにはあまり大儲けしないことが根底にあるようにも思われ，日本的な CSRの原点とも捉えることができる。欧米で開花した資本主義は，日本では明治以降それを移植導入する形で発展してきたが，資本主義の根幹は人間の私欲である。私欲である以上際限はなく，それに応えるために企業も成長拡大し続ける必要がある。しかし，三方よしには，がめつく儲けようとすることを諫める意味が込められており，アメリカ経営学のいかに儲けるかの経営戦略的な発想とは少し異なっている。

　さて，本書は筆者が還暦になったことを記念して，これまでの研究成果をまとめたいとの思いで出版した。世のなかが長寿社会となったことで，還暦を迎えること自体はさほど珍しくなくなったが，筆者は父が49歳と比較的若くして亡くなったこともあり，多くの人々に支えられて無事還暦を迎えられたこと，また楽しく生きてこられたことを大変ありがたく思っている。家族や兄弟，友人，職場の同僚，あるいは教え子のゼミ生たちに感謝したい。本書は自作自演の還暦記念出版ということになるが，出版に当たって2016年4月からお世話になっている大阪商業大学の出版助成を受けられたことや，出版事情の悪いなか，ミネルヴァ書房に3冊目の単著となる本書を引き続き受けていただいたことが大きい。ここに記して感謝の意を表する。なお，末筆ながら，今回も編集部の浅井久仁人氏に行き届いた編集作業を行っていただいた。あらためて感謝申し上げる。

　本書の原稿を入稿中に，初孫となる悠人（ゆうと）が誕生した。あわせて記念したい。

2017年盛夏
還暦と初孫誕生を記念して
池田　潔

現代中小企業の経営戦略と地域・社会との共生

目　次

はしがき

初出一覧

序　章　現代中小企業の地域・社会との共生と
　　　　「知足型経営」を考える……………………………………………… *1*

第Ⅰ部　現代中小企業の経営戦略と地域性

第1章　個別企業視点から見る中小企業研究と自律型下請企業…… *12*

　1．はじめに ……………………………………………………………… *12*

　2．中堅企業・ベンチャー・ビジネスの誕生 ………………………… *13*

　3．下請企業の自立化に関する先行研究と自律化に関する試論 ………… *22*

　4．おわりに ……………………………………………………………… *44*

第2章　自律型下請企業の発展の軌跡と経営戦略……………………… *49*
　　　　　──サワダ精密株式会社を例に

　1．はじめに ……………………………………………………………… *49*

　2．ビジネスモデルとビジネスモデルの比較 ………………………… *49*

　3．サワダ精密株式会社の沿革と現状 ………………………………… *54*

　4．おわりに ……………………………………………………………… *73*

　補　遺……………………………………………………………………… *75*

第3章　自社製品を有する企業に求められる経営戦略………………… *81*
　　　　　──MOT（マネジメント・オブ・トータル）を中心に

　1．はじめに ……………………………………………………………… *81*

　2．イノベーションに関連した先行研究 ……………………………… *81*

　3．中小企業のイノベーションの実態 ………………………………… *96*

　4．おわりに ……………………………………………………………… *102*

vi

目　次

第4章　地域性を有する中小企業の企業行動……………………………… *107*

　　1．はじめに ……………………………………………………………… *107*

　　2．機械金属関連業種の中小企業の企業行動に見る地域性とその背景…… *107*

　　3．地場産業製品の地域差とその背景 ……………………………………… *117*

　　4．おわりに ……………………………………………………………… *124*

第Ⅱ部　地域・社会と共生を図る中小企業

第5章　地域・社会の課題解決を図るソーシャル・ビジネスと
　　　　CSR …………………………………………………………………… *128*

　　1．はじめに ……………………………………………………………… *128*

　　2．社会的企業，CSR，CSV に関する先行研究 ………………………… *129*

　　3．社会貢献意識の高まり ……………………………………………… *139*

　　4．中小企業に問われる「責任ある競争力」…………………………… *142*

　　5．CSR や CSV に取組む中小企業 ……………………………………… *144*

　　補遺 ……………………………………………………………………… *148*

第6章　中小企業の CSR・CSV の取組実態 ……………………………… *153*

　　1．はじめに ……………………………………………………………… *153*

　　2．東大阪市中小企業の CSR，CSV の取組実態 ……………………… *153*

　　3．CSR に積極的に取組む中小企業のケース ………………………… *173*

　　4．若干の考察と残された課題 ………………………………………… *179*

第7章　地域密着型小売業に見る CSR 活動と
　　　　CSV 実現に向けて ………………………………………………… *183*
　　　　──消費者が求める本来的機能とその追求

　　1．はじめに ……………………………………………………………… *183*

　　2．地域密着型小売業の低迷と小売業に求められる機能 ……………… *183*

　　3．小売業のレーゾンデートルに関する理論的研究 ………………… *192*

vii

4．都市部でも見られる買物弱者……………………………………… *198*

　　5．買物弱者に向けた地域密着型小売業者の新たな挑戦……………… *202*

　　6．生活広場ウィズの取組…………………………………………… *206*

　　7．おわりに…………………………………………………………… *216*

第8章　買物弱者支援企業に見る中小企業の
　　　　ソーシャル・ビジネス………………………………………… *220*

　　1．はじめに…………………………………………………………… *220*

　　2．買物弱者の存在とソーシャル・ビジネスの概要………………… *220*

　　3．買物弱者支援事業で地域との共生を図るソーシャル・ビジネス…… *221*

　　4．ケースからのインプリケーション………………………………… *228*

　　5．組織形態の違いから生じる留意点………………………………… *233*

　　補　遺……………………………………………………………………… *236*

補　章　障害者雇用に取組む中小企業……………………………………… *244*

　　1．はじめに…………………………………………………………… *244*

　　2．障害者雇用の現状………………………………………………… *244*

　　3．ケーススタディ…………………………………………………… *246*

　　4．小　活……………………………………………………………… *252*

終　章　地域・社会との共生を目指して…………………………………… *254*

資料　アンケート票

索　引

初 出 一 覧

　本書の多くは，これまでに発表した論文などに基づいている。その初出を示すと以下のとおりである。しかし，本書の構成上，大きく加筆・修正を施している。

序　章　書き下ろし。

第1章　「下請企業の"自立と自律"に関する理論的考察——自立型から自律型へ」兵庫県立大学『商大論集』第61巻第1号，2009年9月に加筆。

第2章　「自律型下請企業の経営戦略——下請企業から自律型下請企業への軌跡」同志社大学『同志社商学』第64巻6号，2013年3月に加筆。

第3章　「中小企業のイノベーションとMOT」『神戸商科大学創立80周年記念論文集』2013年に加筆。

第4章　「企業城下町型産業集積における機能強化の方向」北九州市立大学北九州産業社会研究所『21世紀型都市における産業と社会』海鳥社，2003年，「都市型中小工業の実態と熟練技能者—東大阪市と大田区を例に」および「地場産業（問屋制下請）に関わる問屋の東西比較」『地域中小企業論——中小企業研究の新機軸』ミネルヴァ書房，2002年，「グローバル化時代の地域中小企業と産業集積」『現代中小企業の自律化と競争戦略』ミネルヴァ書房，2012年を基に再構成・加筆。

第5章　書き下ろし。

第6章　「中小企業のCSR，CSVによる地域社会との共生に関する試論的考察」大阪商業大学『論集』2017年1月に加筆。

第7章　「地域密着型食品スーパーのCSRに対する消費者の反応とCSV実現に向けて」兵庫県立大学『商大論集』2017年2月に加筆。

第8章　「ソーシャル・ビジネスにおけるヒューマン・ネットワーク——買物弱者支援事業を行う企業のケース」関智宏・中山健編著『21世紀中小企業のネットワーク組織——ケース・スタディからみるネットワークの多様性』同友館，2017年に加筆。

補　章　「障害者雇用に取組む中小企業」書き下ろし。

終　章　書き下ろし。

ix

序　章

現代中小企業の地域・社会との共生と
「知足型経営」を考える

　これまで筆者は『地域中小企業論』(2002年)，『現代中小企業の自律化と競争戦略』(2012年) の 2 冊の単著を公刊してきた (いずれもミネルヴァ書房)。地域中小企業論では，それまでの中小企業研究の多くが，大企業との格差問題や下請問題などを中心に，それらをいかに是正・解消していくかの議論が中心に行われていたが，中小企業の行動は地域によって異なること，したがって求められる政策も地域によって違う必要があることを明らかとした。従来の中小企業論において地域の視点が抜け落ちていた背景に，当時の日本が先進国に追いつけ追い越せの時代であったが，中小企業は大企業と比べて様々な面で遅れていた。そこで，それら中小企業を固まりとして捉えながら，いかにボトムアップさせるかが国をあげての課題であったことがある。また，その当時，中小企業学会においてもマルクス経済学が主流であったこととにも求められる。すなわち，マルクス経済学的に中小企業を見れば，アメリカなどの先進国に比べて発展途上にあった当時の日本では，中小企業は大企業の下請として支配，従属させられており，いかに搾取された状況から解き放していくかを議論していた。政策的にも近代化政策の名のもと，中小企業の生産活動の合理化・効率化を進めるため，組合を通じて古い機械を廃棄し，近代的設備の導入に国をあげて取組んだのであった。こういう時代状況であったから，中小企業の行動が地域によって異なることはあまり重要な問題として捉えられていなかったと思われる。

　その後，わが国が敗戦国だった厳しい状況から見事に立ち直り，高度成長を経て世界経済のトップランナーに躍り出た。それにより海外からわが国の生産システムに関心が集まり，それまで問題とされた下請を活用した生産システム

がリーン生産システムとして一躍脚光を浴びるようになった。政策面でも「中小企業基本法」が99年に改定され，それまで"ミゼラブル"な存在であった中小企業が"バイタルマジョリティ"として取扱われるようになり，中小企業に対する見方が180度変わった。これにより，これまでは固まりとして弱い立場で見られていた中小企業のボトムアップ政策から，強い企業をより強くするためのトップアップ政策になり，実際の施策も業種別振興策から個別企業の経営革新などに軸足が移っていったのである。

　『現代中小企業の自律化と競争戦略』では個別企業に焦点を当て，経営学の手法で中小企業の分析を行った。それまでの中小企業では個別中小企業の分析はあまり多く行われていなかったが，これには中小企業はこれまで"異質多元"な存在であるということが中小企業研究者の間で広く常識となっていたことと無縁ではない。この言葉自体は，中小企業研究ではすでに古典的存在ともなった山中篤太郎［1948］によるものである。たしかに中小企業はわが国企業数の99％以上を占めるなど圧倒的大多数を占めており，しかも業種や規模も様々で，所有と経営が未分離な生業的経営をしているところが多く，大企業のように少数のケースをそのまま一般化することは困難と思われた。したがって，マルクス主義研究者らによる中小企業研究が全盛期のころは，マルクス主義の研究者はもちろんのこと，それ以外の立場の研究者にあっても個別の企業を取り上げ，しかもそれを経営学のツールを使って分析することはほぼ皆無であったといってよい。また，中小企業は異質多元な存在であるという表現が研究者のなかでしばしば用いられるが，固まりに対する中小企業研究は行ってもそれ以上の個別企業の分析をすることに意味がない，しなくてもすむといった，研究者を思考停止に誘う魔法のような言葉でもあった。

　しかし，近時では個別中小企業の研究も数多く行われ，ケース研究を通じた理論化も多く見られる。個別中小企業を研究する研究スタイルもようやく市民権を得たといえる。先の著書で明らかにしたこととして，下請企業からの脱出には，自社独自の製品をもち独立メーカーになるという選択肢もあるが，それとは別に下請ではあっても自立や自律という方向があることを明らかとした。

　さて，本書は現代中小企業が地域・社会とどのように関わり，共生しようと

序章　現代中小企業の地域・社会との共生と「知足型経営」を考える

しているかをテーマとしている。元来，中小企業は大企業とは異なり，全国津々浦々，どこの市区町村，地域でも存在している。しかし，これまで中小企業研究の多くは常に対極である大企業を意識して行われてきた。もちろん，なかには地場産業研究などのように，登場する企業のほとんどが中小企業というものもあるが，先に見た下請問題なども常に大企業が分析フレームのなかに入っていた。また，そのほかにも中小企業研究といいながら，その内容は実は都市部の中小企業に限られたものもある。たとえば，中小企業研究では中小企業間の「社会的分業構造」が形成されていることが論じられてきたが，これなども誤解を恐れずに言えば，大田区や東大阪市など機械金属関連業種の中小企業が多数立地する地域を取り上げ，そこで見られる分業構造を分析して導出された結果ともいえる。すなわち，それらの地域ではそれぞれ中小企業の加工技術が専門特化しており，自社でできない加工は他社に頼まざるを得ない状況がこうした社会的分業構造を構築させたといえる。

　しかし，同じ機械金属関連業種が多数立地する北九州市では，親企業との取引は別として，下請企業同士の仲間取引はほとんど見られない。この違いは，もちろんそれぞれ地域の産業が形成された過程や，それぞれ地域のメインとなる企業（中小企業からすると発注者）の違いなども考えられるが，大きな理由は地価と中小企業の集積密度の違いに求められる。すなわち，地価の高い大田区や東大阪市では，資本力の乏しい中小企業にあって工場の敷地面積も狭くならざるを得ず，極端には東大阪市の貸工場で見られるように，機械1台しか置けないようなスペースで仕事をしており，自社でできない加工は"隣の企業"にお願いするような関係が構築された，というより構築せざるを得ない状況であった。ところが北九州市の場合は，地価が相対的に安いこともあって工場の敷地面積が広くとれ，しかも隣の企業はかなり離れた場所に立地していることもあり，いきおい自社内でなんでも加工する必要があった。この結果，北九州市の中小企業の場合，中小企業研究で取り上げられた縦横の取引からなる社会的分業構造は，大田区のような都市部ほどには明確には認められないのである。

　ところで，中小企業研究は様々な研究分野の理論が持ち寄られる応用研究，複合的研究であるところに特徴がある。また，すぐれて実証研究が重視されて

きた学問でもある。前者に対しては、他の研究分野の応用学問といえばなんとなく聞こえがよいが、別言すれば借り物であり、オリジナルな理論がないことになる。後者の場合、陥りやすい問題として、研究者が多く取り上げる地域の中小企業（先ほどの例で言えば大田区や東大阪市の中小企業）が中小企業一般の問題として理論化されてきたことがある。しかし、全国津々浦々に立地する中小企業には、大田区や東大阪市の中小企業には当たり前のことも当てはまらないことも大きい。この点も中小企業研究で看過されてきた事柄である。

　前著の『現代中小企業の自律化と競争戦略』では中小企業、とりわけ下請企業において自律化を図ることが期待されるとしたが、その自律化した中小企業に期待することとして「地域・社会との共生」がある。共生という言葉には、単にそこに立地して活動して雇用や税金を払うといったこと以外にも、地域や社会に何らかのプラスの益をもたらすような行動を行い、地域（具体的には当該企業のステークホルダー）にも当該企業の活動を応援するような意味を含めている。このところ企業の CSR（企業の社会的責任）や CSV（共通価値の創造）が話題になっているが、筆者の仮説は自律した中小企業は自律していない中小企業と比べ、CSR や CSV にもより積極的に取組んでおり、地域や社会との共生を強く図っているというものである。こうした状況を生むには、単に企業が一方的に CSR や CSV を行うだけでは十分とはいえず、企業のステークホルダーやそれらを取り巻く地域・社会が成熟化していることも重要となる。

　本書の構成は 2 部構成となっており、章構成と概要を以下に示す。

第 I 部　現代中小企業の経営戦略と地域性
第 1 章　個別企業視点から見る中小企業論と自律型下請企業

　わが国の中小企業研究の嚆矢は1982年の前田正名の『所見』だとされるが、経済学分野での学問的な主流が1980年代までマルクス経済学だったこともあり、中小企業論においてもその捉え方は中小企業の有する問題性を常に大企業と比較しながら検討する二項対立的な捉え方であった。80年代後半以降、近代経済学が主流となってから、中小企業研究にも経営学の手法が持ち込まれ、個々の企業の視点から分析されることも多くなってきた。

序章　現代中小企業の地域・社会との共生と「知足型経営」を考える

　そこでまず，従来の二項対立から脱し，中小企業の発展経路を示した「中堅企業論」について紹介する。また，中小企業の発展には，個としての中小企業の発展が欠かせないという視点から，中小企業の自立化に関する先行研究を取り上げる。その後，筆者の視点で中小企業の分類を行うが，いわゆる下請企業である受注生産型中小企業のなかに狭義の下請，自立型下請，自律型下請の3タイプがあること，この3タイプの分類は，Exit-Voice アプローチを使って説明できることを明らかとする。その上でさらに，下請企業からの発展経路について展開している。

第2章　自律型下請企業の発展の軌跡と経営戦略
　　　　　——サワダ精密株式会社を例に

　ここでは，自律型下請企業の実態を明らかとするため，サワダ精密株式会社（姫路市）を取り上げ，現在に至るまでの沿革を経営史的に振り返りながら，ビジネスモデル分析を用いたケーススタディを行う。また，最初のヒアリングの後，息子に事業承継しているが，補遺ではその後の様子について，ビジネスモデル分析の手法で紹介している。

第3章　自社製品を有する企業に求められる経営戦略
　　　　　——MOT（マネジメント・オブ・トータル）を中心に

　ここでは自社製品を有する企業の経営戦略について見ている。およそ企業は，今日の厳しい時代環境のなかで生き残っていくためには，イノベーションの実施が不可欠となっている。多くの中小企業で新製品開発に勤しんでおり，表彰されるほどの製品が完成することもある。しかし，それらが実際に売れるかどうかは別の問題である。

　本章ではせっかく優れた新製品開発をしながらも，販売に至らなかった企業を取り上げ，その原因を探る。その結果，新製品開発の過程において，研究開発に注力するあまり，販路のことまで視野に入れていなかったことが明らかとなる。このことから，革新的な自社製品を作り，それを市場で販売していくためには，研究開発から生産，販売に至るまで，それぞれ部署間で同時に情報共有するマネジメント・オブ・トータルな経営が重要であることを説く。

第4章　地域性を有する中小企業の企業行動

5

これまで現代中小企業の経営戦略を中心に見てきたが，第4章では本書のテーマである「地域・社会との共生」への橋渡しのために，中小企業がなぜ地域・社会と関係が深いのかを見ている。中小企業は大企業と比べ，ドメスティックな分野で活動することが多く，地域・社会との関係が深いことは自明のように思われる。たしかに，中小企業は地元の経営資源を活用したり，地元の消費者やユーザーを相手に経営をしたりすることが多く，地域・社会との関係が深いのは当然だが，そうした一般論だけではなく，同じ業種に属する中小企業であってもその企業行動に地域差があることが確認される。

　すなわち，本章では大田区，東大阪市，尼崎市，北九州市の機械金属関連業種を取り上げ，その企業行動に地域差があることを見る。その上で，その要因が当該地域の産業構造を形成した歴史的要因や産業構造上の中心的企業，熟練技能者の地域粘着性などによることを明らかとする。

第Ⅱ部　地域・社会と共生を図る中小企業
第5章　地域・社会の課題解決を図るソーシャル・ビジネスと CSR

　近年，地方や都市を問わず，地域や社会課題が山積しているが，こうした課題解決に財政難に陥っている行政だけで対応することは困難となっている。こうしたなか，これら課題解決の担い手として「社会的企業」が注目されている。また，既存企業においても CSR に取組むところが多くなっている。第Ⅱ部の冒頭に当たる本章では，ソーシャル・ビジネスや CSR，CSV など，類似概念でいくつかの言葉が生まれてきた背景や概要を整理する。

　次に，本書では中小企業と地域・社会との共生をテーマに掲げているが，共生が成立するためには，地域側，具体的には中小企業のユーザーや消費者が地域課題や社会課題の解決を図る当該中小企業の良き理解者であり，応援者であることが必要である。そのための試論を提示する。また補遺では，様々な CSR 活動を行っている企業を紹介する。

第6章　中小企業の CSR・CSV の取組実態

　多くの中小企業は地域資源を活用して活動しており，その意味で，中小企業と地域は密接な関係がある。中小企業が立地する地域には様々な地域課題，社

会課題を抱えているが，こうした地域・社会の課題解決を自社の企業活動のなかに取り込んでいるところがある。本章ではそれら企業の実態を東大阪市企業へのアンケート調査結果とヒアリング調査から見ている。

第7章　地域密着型小売業に見る CSR 活動と CSV 実現に向けて
　　　　──消費者が求める本来的機能とその追求

　中小小売業の減少に歯止めがかからないが，それには市場のパイそのものが減少するなかで大型小売店などとの競争が激化していることがある。流通論では小売業の存立理由に経済的側面と社会的側面があることを紹介しているが，商店街などに立地する小売業では近年，経済的側面が期待できなくなったこともあり，社会的側面に重きを置いて説明している。しかし，消費者が求めているのはやはり経済的側面の方であり，社会的側面は副次的なものと考える。

　本章ではこれまでの小売業の存立理由に関する議論を振り返るとともに，小売業における CSR 的な取組として，自ら宅配事業を始めた食品スーパーや，CSV 的取組として地元中学校に寄付を行う食品スーパーを取り上げ，地域や社会と共生を図ろうとする企業の現状や課題を明らかとしている。

第8章　買物弱者支援企業に見る中小企業のソーシャル・ビジネス

　これまで見てきたように，近年，ソーシャル・ビジネスや中小企業においても CSR に取組むところが見られる。本章では，中小企業がソーシャル・ビジネスとして事業を行っているケースを検討する。1つは個人事業主の形態で，経営者は作業療法士の資格をもつ。もう1つは酒屋出身の経営者が株式会社組織で事業をはじめたものだが，出自の違いにより同じソーシャル・ビジネスで活動しているものの社会性と事業性に違いが見られる。

　また，これまでソーシャル・ビジネスを分析する際に，ビジネスモデル分析の手法が用いられることが多かったが，ここでは新しい試みとして，事業者と利用者との間の「レント」の視点で分析する。その結果，そこでの「課題解決レント」が新規顧客獲得やリピーターにつながることを見る。また，補遺では，買物弱者支援企業3社について収録している。

補　章　障害者雇用に取組む中小企業

　中小企業が地域・社会との共生を図る上で，障害者雇用も重要なテーマであ

る。国は障害者の雇用促進に関する法律を定めており，50人以上の規模の事業主には障害者を雇用する義務を課している。しかし，中小企業で障害者雇用を実施しているところは少ないのが現状である。こうしたなか，障害者雇用に積極的に取組んでいる2社のケースを紹介する。

終　章　地域・社会との共生を目指して

　本書では現代中小企業を経営学視点で分析するため，これまで主流な研究スタイルであった中小企業を一塊に見るのではなく，個別企業を分析するスタイルを採用した。これにより，以下のことが明らかとなった。すなわち，現在の資本主義社会は様々な格差を生み，そこでの歪が増幅することでさらなる課題を生み，明らかに行き詰まり感が漂っている。そうしたなか，厳しい環境下に置かれている中小企業，なかでも下請企業が生き残っていくには「自律化」の道を歩むことが重要であること，地域に根づいた行動することが多い中小企業にあっては，地域や社会が抱える課題解決にビジネスとして応えていく道があることを示した。

　本書のタイトルにもなっている，地域・社会とどのように共生していくのか，いかに積極的に共生を図るのかなど共生のスタイルは，結局のところ経営者の経営観によるところが大きい。この観点で見た時に，大企業はよりグローバルに活動しており，様々な国や地域に工場や支店・営業所などを展開しており，経営者の個別地域への思い入れはそれほど高くはないと思われる。その点，地域との関わり深い中小企業の方が，立地する地域の様々な地域・社会が抱える課題と身近に直面しており，経営者の思いひとつでそれに向き合うことが可能である。

　本書では「知足型経営」という言葉を提示した。経営者が自らの分をわきまえ，それ以上のものを求めないこと，分相応のところで満足することが，無理な規模拡大による資源の浪費や環境破壊を防ぐほか，ゆとりある経営をすることで，他人を思いやる他利にも通じる。加えて，地域・社会との共生には，当該中小企業と関係のあるステークホルダー側も積極的に関わることが求められる。

序章　現代中小企業の地域・社会との共生と「知足型経営」を考える

序章　参考文献

山中篤太郎〔1948〕『中小工業の本質と展開——国民経済構造矛盾の一研究』有斐閣。

第 I 部

現代中小企業の経営戦略と地域性

第1章

個別企業視点から見る中小企業研究と
自律型下請企業

1．はじめに

　わが国の中小企業研究の嚆矢は，1892年に出された前田正名の『所見』とされる。『所見』は，明治期の当時，小工場の中心であった在来産業と，先進資本主義国から移植された機械制大工業との間に発生した問題を取り上げ，在来産業をいかに振興すべきかを論じていた。すなわち，在来産業を一塊として捉え，それらをいかに振興するかを問題としたが，経済学の分野では1980年代までマルクス経済学が主流だったこともあり，中小企業を一塊として捉え，そこでの「問題性」について議論することがマルクス経済学的にも受け入れられやすい状態であった。その間，後述する中村秀一郎をはじめとする「中堅企業」の存在を示す研究が60年代に登場するが，当時の中小企業学会からは存在そのものに対しても批判的な見解が示され，受け入れられるまでに十数年の年月を擁したのである。

　しかし，マルクス経済学が全盛であったとはいえ，中小企業に対する見方が問題性一辺倒だったわけではない。日本経済が70年代の高度成長期を経て，現実の中小企業の有する経済効率的な側面を積極評価する「積極評価型中小企業観」が登場してきたのであり[1]，それらの集大成的なものの1つに黒瀬直宏[2012]の『複眼的中小企業——中小企業は発展性と問題性の統一物』[2]がある。また，マルクス経済学では中小企業の存在を常に大企業と比較する二項対立的

1）中小企業事業団・中小企業研究所編［1992］，pp. 13-18。
2）黒瀬［2012］。

に捉えてきたが，渡辺幸男［1997］は『日本機械工業の社会的分業構造[3]』のなかで，タイトルが示すように，たとえば自動車産業など特定産業の取引を基にした中小企業（下請企業）の存在を示すのではなく，日本の機械工業における社会的分業構造の中で下請制度について明らかにしている[4]。

　近代経済学が主流となりだしたころ，中小企業研究にも経営学のツールが持ち込まれ，個々の企業の視点から分析されるようになってきた。これまで中小企業は山中篤太郎によって"異質多元"な存在と言われてきたが[5]，その異質多元な中身について経営学的に分析されることは少なく，むしろ，異質多元という便利な言葉のもとにそこから先を思考することを停止し，マルクス経済学的に中小企業を群として捉える考え方に陥っていた。

　そうしたなか，これまでの二項対立から，多くの批判を浴びながらも中小企業の発展過程を示した「中堅企業論」を取り上げ，中小企業の発展には個別企業の発展が欠かせないという「自立化」に関する先行研究を検討する。その上で，筆者の視点で中小企業の分類を行うが，いわゆる下請企業である受注生産型のなかに狭義の下請，自立型下請，自律型下請の3タイプがあること，この3タイプの分類は，Exit-Voice アプローチを使って説明できることを明らかとする。さらに，下請企業からの発展経路について展開する。

2．中堅企業・ベンチャー・ビジネスの誕生

（1）中堅企業論の誕生
　戦後，二重構造が広く認められるなかで，「すべての中小企業が停滞的であれば，長期的に見れば大企業の発展はそれによって制約されざるをえない。短期的には中小企業の収奪によって大企業は資本蓄積を進めうるが，長期的には中小企業の停滞は大企業にとってプラスにならない。したがって，大企業の側

---

3 ）渡辺［1997］。
4 ）そのことは，同上書の159頁に「山脈構造型社会的分業構造の概念図」として記されている。
5 ）山中［1948］。

第 I 部　現代中小企業の経営戦略と地域性

からも中小企業の停滞を打ち破ろうとする動きがでてくる[6]」のが当時の状況であり，中小企業の停滞を打ち破る具体的な行動が大企業による中小企業の系列化であった。

　その後，わが国経済が高度経済成長期に入ったこともあり，二重構造解消の原因をすべて系列化に帰趨させることはできないにしても，二重構造そのものはともあれいったん解消した。そうしたなかに，これまでの弱者のイメージをもつ中小企業とは異なる企業群，すなわち中堅企業が現れてきたのである。

① 中村秀一郎の中堅企業論とそれへの批判

　中小企業研究に「中堅企業」という概念を持ち込んだのは中村秀一郎である。中村は「昭和30年代，とくに日本経済が高度成長を示した時期に，わが国の中小企業の構造はかなり急激に変化した。この構造変化においてまず注目されるのは，中小企業のわくを超えた成長を示す企業グループの群生であろう。（中略）このような企業群，かつて伊東岱吉教授がその存在を強調され[7]，筆者が『非独占大企業』と規定した企業グループを，ここでは中堅企業と名付ける[8]」とした。

　ところで中村は，1961年刊行の『日本の中小企業問題[9]』のなかでは「中小企業のわくをこえて成長を示す企業グループの群生」を「非独占大企業」と規定していた。しかし，1964年刊行の『中堅企業論』のなかで「非独占大企業」を「中堅企業」に改めている。その理由として，「第1に，このグループの企業のなかで独占的な市場集中度をもつものが多く，かかる機能的な意味での『独占的性格』を指摘し評価するために『非独占的大企業』という表現は誤解を招くという考慮，およびかかる企業群の中間的・過渡的性格を強調するため，第2に大企業グループもただちに独占企業と定式化するのはあやまりであり，かつ大企業と巨大企業に分けて考察される必要があると考えられるから[10]」としてい

6）清成［1980］，p. 78。
7）伊東［1957］，p. 39。
8）中村［1964］，p. 1。
9）中村［1961］，p. 78。
10）中村［1964］，p. 11。

る。

この中堅企業に共通する基本的特徴として，第1に，巨大企業またはこれに準じる大企業の別会社，系列会社ではなく資本的にはもとより，企業の根本方針の決定権をもつという意味での独立企業であり，単に中小企業を越えた企業ではない。第2に，証券市場を通じての社会的な資本調達が可能となる規模に達した企業であること。具体的には第二市場上場会社を中心に，資本金1億円から10億円以下を想定している。第3に，中堅企業は社会的資本を株式形態で動員しうるとしても，なおそれには制約があり（たとえば高配当率の必要性），個人，同族会社としての性格を強くあわせもつという点で大企業と区別される。第4に，中堅企業の製品は独自の技術，設計考案によるものが多く，必要な場合には量産に成功し，それぞれの部門で高い生産集中度・市場占有率をもち，使用総資本純利益率の高いものが多いことをあげている[11]。

中村は1964年に最初の『中堅企業論』を刊行したのち，増補版や再版の発行を経て1990年に『新中堅企業論』を上梓しているが[12]，その間の状況を「まえがき」のなかで次のように触れている。「中堅企業論は当時の二重構造論を典型とする通念の壁にはばまれて，容易に受け入れられなかった，この理論の市民権の獲得にはその後約10年間の現実の発展による，否定し難い事実の集積が必要だった[13]」と。実際，この間に多くの研究者から批判が寄せられた。たとえば，佐藤芳雄は中堅企業論が今日の中小企業問題の核心を独占資本の支配ではなく，成長し近代化されつつある革新的な中小企業のなかに広い裾野をもっている中堅企業の群生の側面だけに着目している点に対し，独占資本による中小資本の収奪関係（「社会構造矛盾」）を無視していると批判した[14]。また，稲葉襄は，中

---

11) 同上書，pp. 12-13。
12) この間に，中堅企業の成長要因も変化した。すなわち，60年代のマス・プロ，マス・マーケティングの追求に向けた規模の経済性から，70年代の多様化・個性化した需要に対応するための多種少量生産に向けた範囲の経済性へ，そして80年代の脱産業化時代においては，自立した主体性ある企業の穏やかな連結による相乗効果に基づく外部資源の積極的活用による連結の経済性へと変化したのである（中村［1990］，pp. 5-29）。
13) 中村［1990］，p. ⅱ。
14) 佐藤［1968］。

第Ⅰ部　現代中小企業の経営戦略と地域性

村が非独占大企業を中堅企業としたことに対して，独占の概念を途中から変更したとして，用語上のあいまいさを指摘したほか，中堅企業が日本経済の構造に定着するとしたことにも疑問を挟んでいる[15]。

　さらに，松井敏邇は自動車工業を例に，中村の言う中堅企業のなかには親企業の系列のなかに組み込まれている企業群が存在していることをあげ批判した[16]。このほか，中山金治は異常な発展を遂げた特定のグループだけを対象とする中堅企業論は，日本中小企業の本質把握などではなく，現段階の独占資本主義論の蓄積過程での矛盾を示す一つの表れとしてのみ説明すべきであると指摘したほか，「中堅企業論」が中村の規定とは別個に独り歩きをし，「所得倍増計画」以降の「近代化」論の主流的思考となったこと，「革新的中小企業政策」の名のもとに，中小企業の上層と下層を差別して取り扱う姿勢に大きな役割を果たしたことを問題視し，時の政策形成にうまく利用されてしまった点を問題視した[17]。

　こうした諸議論の一方，少しずつ中堅企業の概念がその実態形成とともに定着していった。

② 中堅企業の位置づけ

　中堅企業の位置づけとして，相田利雄は「日本の企業構造は，高度成長の以前には，独占的大企業，中小企業，零細企業の３層構造であった。高度成長のなかで，それが独占的大企業，中堅企業，中小企業，零細企業という４層構造になった。中小企業のなかから中堅企業が成長したからである[18]」として表1－1を示した。

　ところで，中村が『新中堅企業論』を刊行したのは1990年だったが，「まえがき」には中堅企業論が認知されるまでに約10年かかったことが記されている。そこで，GeNii により論文や書物のタイトルに「中堅企業」が含まれているも

---

15) 稲葉 [1975]。
16) 松井 [1976]。
17) 中山 [1983]，p. 60。
18) 相田・小川・毒島 [2002]，p. 75。

第Ⅰ章　個別企業視点から見る中小企業研究と自律型下請企業

表1-1　相田による中堅企業の位置づけ

高度成長前	高度成長期
独占的大企業 ————→	独占的大企業
	中堅企業
中小企業	中小企業
零細企業	零細企業

出典：相田・小川・毒島［2002］，p. 75。

のを検索すると，2009年4月現在のトータルで696本の論文と148冊の書籍が刊行されている[20]。また，『新中堅企業論』が刊行されて以降の90年から2009年4月までを見ると，530本の論文と69冊の本が刊行されており，近年の論文数が多くなっている。こうしてたしかに，中堅企業という言葉が広く認知されるようになったことは事実だが，最近は「中堅・中小企業」という言葉も広く用いられている。相田が記したようなきれいな4層構造から，中堅企業と中小企業，あるいは中小企業の上部層を一体として分析する研究が増えているのである。

　ちなみに，タイトルに「中堅・中小企業」が含まれる論文数は2009年4月現在で841本と，「中堅企業」だけが記された本数より多いほか，1990年以降の本数は794本と近年のものが大多数で，新たに市民権を獲得している[21]。これについてはこのあとでも触れるが，中堅企業の規定が量的なものから質的なものへと変化したことで，中堅企業と中小企業の上部層とを一体としてみる見方が広がっていることがある。たとえば，近年，既存中小企業における経営革新や第二創業をテーマにする研究が増えているが，こうした行為を採用する中小企業は経営の独立性を強めており，中堅企業の特質と大きく類似している。

---

19)「部分一致」で検索（採取日：2009年4月25日）。したがって，"中小・中堅企業"なども含まれる。

20)　なお，CiNii で最近の論文数を見ると，1020件（採取日：2017年3月7日）となっている。

21)　ちなみに，「中小・中堅企業」の論文数はトータルで100本，90年以降では92本であった（採取日：2009年4月25日）。

第Ⅰ部　現代中小企業の経営戦略と地域性

③ 中堅企業論の意義と問題点

　中堅企業論の意義として，松島茂は，①「二重構造論」に基づく中小企業論では例外として取り扱われ，ビッグ・ビジネス論ないし独占資本論では分析の対象とされなかった中間的存在としての「中堅企業」を概念化して分析したこと。すなわち，中小企業と大企業とを切りはなし，その間に超えがたい断層があることを強調する理論からは，中小企業からの企業成長の道筋を分析することができなかったが，中堅企業論による分析により，中小企業から中堅企業，さらに大企業へという企業成長が連続的な課程として分析されるようになったこと，② 中堅企業の成長過程において経営者の企業家活動の果たす役割が大きいこと，③ 規模の経済性，範囲の経済性，および連結の経済性という概念を用いることにより，企業成長の要因分析のための手法を確立したこと，をあげている。[22]

　一方，中堅企業論の問題点として，近年の「中堅・中小企業」というタイトルを付した研究の増加が示すとおり，中堅企業と中小企業の概念の外縁がはっきりしない研究が増加していることがある。中村自身も「今日の時点で考えると，規模の要素よりも，それと並んで強調されていた質の規定の方を重視すべきであろう」[23] と概念規定を変化させたが，松島も，中堅企業のもつ質の要素を重視すればするほど，外形的な基準で中堅企業の境界を画定することが困難になっている，[24] と指摘している。

　さらに，清水馨は分析対象が「企業群」としての中堅企業なのか，「一企業」としての中堅企業なのかがあいまいであることを指摘する。[25] この点は，『中堅企業論』の章構成でも確認することができる。すなわち，『中堅企業論』の初版本のなかで「一企業」としての中堅企業のことが明示的に記されているのは，第10章の「中堅企業経営者論」だけで，残りの章は中堅企業という企業群の存在を明らかにするための発生理由や諸特徴，中堅企業の意義等を明らかにする

22）松島 [2003]，pp. 559-560。
23）中村 [1990]，p. 2。
24）同上書，p. 561。
25）清水 [2002]。

第1章　個別企業視点から見る中小企業研究と自律型下請企業

ことに割かれている。中村は，大企業と中小企業というそれまでの二分法では存在そのものが認められなかった中堅企業の存在を明らかにするため，まずは「企業群」の分析を行ったのである。

　我々の分析視角はこれとは異なる。我々はまず，「一企業」として後述する自立型や自律型下請企業の分析に重きを置き，その諸特徴を明らかとしている。

（2）ベンチャー・ビジネスの叢生とその定義

　わが国において，用語としてのベンチャー・ビジネスを最初に紹介したのは，第2回 Boston College Management Seminar（1970年5月）に参加した通商産業省の佃近雄であり，清成忠男らが特徴づけを行うとともに，その社会経済的意義を積極的に評価した。ところで，わが国にはこれまで1970年代，80年代，90年代において3回のベンチャーブームがあったが，それぞれの様子と定義を記した清成のものを見よう。

　第1次ブームの70年代は，わが国の高度成長期にあたり，それまでの重厚長大産業から軽薄短小型への産業へと転換期を迎えたときに起こった。ベンチャー企業の定義も研究開発集約的，デザイン開発集約的など製造業を中心とするハイテク企業や研究開発型企業を想定したもので，この時代のベンチャー企業を「研究開発集約的，またはデザイン開発集約的な能力発揮型の創造的新規開業企業」と定義した。

　第2次ブームの80年代は，わが国全体が製造業中心の時代から流通業やサービス業など，第3次産業が成長する時代にシフトしており，ベンチャー企業の存立分野もハイテク産業のみならず，ファッション産業や流通分野にも広がっていた。そこで，このときの定義は，「主として大企業から独立した企業家によって推進される知識集約型の独立中小企業」「脱工業化段階における高度に知識集約的な創造的中小企業」としている。

26）清成・中村・平尾 [1971]，p. 9。
27）以下の記述は太田・池田・文能 [2007]，p. 15による。
28）同上書，p. 10。
29）清成 [1980]，p. 19。
30）清成 [1984]，p. 4。

19

第Ⅰ部　現代中小企業の経営戦略と地域性

　第3次ブームの90年代は，コンピュータ関連機器，電子応用機器，精密機器，これらを組み合わせたシステム機器，ファイン・ケミカルなどの分野のほか，ファッショナブル商品やファンシー商品の開発分野，流通・サービス分野が伸びたことで，そのときの定義は「知識集約的な現代的イノベータとしての中小企業，創造的で，ソフトに特徴のある中小企業[31]」であった。

　ベンチャー・ビジネスは時代に要請される形で創生したこともあり，時代とともに性格を変容させてきた。このため，ベンチャー・ビジネスに関する議論も多岐にわたるが，そこには，中堅企業論で見られたような批判的な見解は影を潜め，むしろ革新性や経営戦略，ビジネスモデルなど経営的側面を積極評価，分析する研究や，創業支援や育成策といった政策絡みの研究が多く見られる[32]。

（3）中堅企業論，ベンチャー・ビジネス論の位置づけ

　これまで見てきた中堅企業論やベンチャー・ビジネス論が研究者のなかでどのように位置づけられているかを見よう。まず，中堅企業とベンチャー・ビジネスの差異として，清成らは，「中堅企業家が中小規模からの上向，大企業への到達を目標とし，規模拡大とともに大企業の経営組織を導入する傾向があるのに対し，ベンチャー・ビジネスの企業家は，大企業の硬直性とその組織の欠陥の認識から出発しており，その多くが，既成の大企業体制そのものに疑問を投げかけている点にある[33]」と指摘した。

　佐竹隆幸は，中堅企業論が「日本での従来の中小企業観への批判として展開された理論であり，問題性を担う中小企業という概念のない，アメリカの中小企業観を主に参考にして，中小企業を成長性のある企業と認識した理論である[34]」とした。そして，「ベンチャー・ビジネスと中堅企業との違いは，業種の製品特性における適正規模との関連で理解できる」とする。「中堅企業は高度

　31）清成［1996］，p. 15。
　32）GeNii によれば，タイトルに「ベンチャー」が含まれる論文数は6,918本ある（採取日：2009年4月26日）。また，CiNii によると2017年3月7日現在で1万5544本まで増加している。
　33）清成・中村・平尾［1971］，p. 140。
　34）佐竹［2008］，p. 33。

20

第1章　個別企業視点から見る中小企業研究と自律型下請企業

成長期頃までもっぱら大企業分野であった装置型業種とは異なり，従来日本には存立していなかった加工組立型業種に属する企業であり，かつ市場的要因によって所得水準の拡大により市場規模の拡大が見込まれる業種において存立可能とする。一方，ベンチャー・ビジネスは，技術的にも市場的にも大企業が主に扱わないニッチ市場を戦略的な対象としている場合には，市場規模が相対的に狭小になり，大量生産体制を確立しうるほどの需要の増加が見込まれないため，企業規模拡大を基本的には志向しない」とする。その上で，「中堅企業については，高度経済成長が達成され，経済成熟段階を迎えるようになると，既存分野における着実な経営戦略による企業規模拡大を伴う成長化戦略を目指すことが実現不可能となり，中堅企業なる企業群による経営行動が次第に見られなくなり，（中略）魅力的な技術開発や市場開拓を行おうとしている企業群への転換が必要となった。こうして企業規模拡大を伴う成長戦略は，中小企業が独自に保有する経営資源を利用した企業規模拡大を伴わない成長戦略へと転換していった。この動向は，経済衰退段階に至ってベンチャー・ビジネスが注目されることにつながる」[35]とする。

　松島は，「中堅企業に関する研究の数がジャーナリスティックなものも含めて少なくなってきているが，その一方で，『中堅・中小企業』という捉え方が増えており，また，ベンチャー・ビジネスについての研究が急増している。もともと，中堅企業論もベンチャー・ビジネス論も『二重構造論』にもとづく伝統的な中小企業研究の扱ってこなかった中小規模の企業の誕生・成長・経営革新という企業のライフサイクルを新たな概念を用いて分析の対象とした点で共通点がある」[36]とする。

　それぞれの見解からは，中堅企業に関しては企業規模の成長を捉えている点で，また，ベンチャー・ビジネスについては規模拡大志向ではないものの技術開発や市場開拓などの革新的行動に着目したものであることがわかる。現在，中小企業研究において，既存中小企業の経営革新や第二創業を取り上げることがあるが，それら企業が質や量で一定の基準を満たせば中堅企業になる道も依

―――――――――――

35）佐竹編［2002］，pp. 60-62。同様の指摘は北澤［1974］においても見られる。
36）松島［2003］，p. 560。

21

第Ⅰ部　現代中小企業の経営戦略と地域性

然残されている。しかし，中小企業研究で大宗を占めてきた下請企業について，どのような発展のパターンがあるのだろうか。筆者はそこに「自立型下請企業」や「自律型下請企業」の道が残されていると考える。

3．下請企業の自立化に関する先行研究と自律化に関する試論

　総体としての中小企業が発展するためにも，個としての中小企業の発展は欠かせない。以下ではまず，下請企業の「自立化」に関する先行研究を取り上げ検討する。その後，筆者の試論である「自律型下請」について紹介し，下請企業からの発展経路について展開する。

（1）下請企業の自立化に関する先行研究
① 北澤康男の「中小企業の自立化と技術」に関する研究
　北澤は，中村秀一郎や清成忠男の研究，さらには米沢成彬の研究を取り上げ[37]ながら，三者に共通した中小企業自立の条件として「技術」の重要性を指摘する。また，「自立化」については三者の議論の中で明示的に使用されているわけではないとしながらも，およそ中小企業が経営者のリーダーシップのもと，中小企業としてともかく経営されているなら，そもそもそれが自立的であるとする。自立的とは企業経営におけるひとつの"ありよう"を意味し，「自立化」とはそれを実現することでなければならない。その上で，自立的な経営のありようとして寡占的ビッグビジネスとの対等性だとする。つまり，中小企業の自立化とは寡占的ビッグビジネスと対等の発言力をもつよう経営内容を高めることで，その条件整備をすることであるとする[38]。
　中小企業がビッグビジネスと直接対峙し合う場として下請制を取り上げ，下請関係にある中小企業が自立するには技術はどうあらねばならないかを小宮山琢二[39]の下請制を手掛かりに議論を進める。小宮山の下請制工業は，① 大工場

37）米沢［1970］。
38）北澤［1971a］。
39）小宮山［1941］。

第1章　個別企業視点から見る中小企業研究と自律型下請企業

が自己工場本来の製作範囲内の完成品をそのまま下請させる「包括的下請」，
② 親工場の製作範囲に入るもそれ自身独立の構成をもつ部分機械であるか，
あるいは特殊な技術と設備を必要とするかして専門工場の製作または工作に委
ねるのを普通とする下請，言い換えれば，社会的分業として成立する経営を親
工場が自己生産との混成的関係において支配する「混成的下請」，③ 親工場の
製作範囲内に属するも製作数量，加工精度，納期等の関係から各種部品の一部
または全部の加工あるいは工作を下請させる「有機的下請」の３区分からなる。

　そのなかで，小宮山が最も一般的な下請形態とした混成的下請に着目して次
のように議論を展開する。元方企業である大工場が下請企業に外注し，自らは
その工程をもたない場合，下請企業における加工工程を欠いてはその製品が完
成しないという意味で，元方企業は下請企業に技術的に依存しているように見
える。また，下請企業も元方企業が自分の「技術」を買っているかのように考
える。こうした一種の粘着性の見られる相互関係は，技術的相互依存関係とい
えるのだろうか。これに関して北澤は，元方における外注部分の内製化の可能
性が重要な意味をもつとする。元方企業がなんらかの条件変化によって従来下
請に出していた工程を内製化する可能性をもつならば，混成的下請企業のもつ
「技術」は決して「独自」のものとはいえない。元方はこの場合，下請企業の
「能力」を買っているのであり，「技術」を買っているのではない。包括的下請
についても有機的下請についても同様の解釈が可能であるとする。

　したがって，下請企業が純粋に技術的な意味で自立化するための条件は，論
理的にいって元方企業の内製化の可能性がないような技術を備えるということ
になる。この場合，もはや技術に関して下請企業ではなく，対等な受注関係に
ある企業といえ，「技術的分業関係」が形成されている。下請関係が対等なら
ざる受注関係であるとすれば，技術的分業関係としての受注関係は，技術に関
して対等なる受注関係である。中小企業を自立化させる「独自の技術」とは，
ビッグビジネスと技術的分業関係に立ちうる技術ということになる。[40]

　こうして北澤は，下請企業の技術的側面に注目した自立化において，元方企

───────────

40) 北澤［1971a］。

第Ⅰ部　現代中小企業の経営戦略と地域性

業が内製できないような技術を下請企業が保有した場合，技術的に対等になるとしたが，これは，後述する渡辺の「狭義の外注」とほぼ同じ内容である。ただし，技術のキャッチアップが早いことから，いつまでも対等でいられるという保証はない。たとえば，元方企業の方が自社で内製する方でメリットがあると思えば豊富な経営資源を活かし，あるいは企業買収してでも内製に向かうことが考えられる。また，別の下請企業が類似技術を開発することも考えられる。その場合，その下請企業が自立することなく従来通りの下請取引を志向すれば，高い技術力を保有していた先の外注先も優位性を失い，価格交渉力を低下させる。ところで，独自の技術力を有することで元方と技術的に対等になったとして，価格などを含むすべての取引面での対等性が保証されたわけではない。したがって，北澤の議論には取引価格などを含め，「総合的に対等」をどう見るかが課題として残されている。

② 渡辺幸男の「自立」的下請

　渡辺の自立に関する議論は，下請関係とは「資本主義の独占段階での対等ならざる外注取引関係」である，と下請を定義することから始まる[41]。その上で，高度成長期を経過したことで，生産力水準を高めた下請中小企業のなかに，積極的に受注先を分散させ，特定親企業に従属していない企業が目立ってきているが，これらの企業は専属的従属的下請関係にある中小企業と競争しつつ受注生産を行っており，このような中小企業の取り結ぶ受発注取引関係を「自立」的下請関係と名づけた。

　したがって，下請中小企業の「自立」とは，同じように対等ならざる外注関係すなわち下請関係のもとにありながら，下請中小企業が親企業による経営内部までの介入を受けていないような関係状況を指している。こうして，下請関係を独占段階に一般的な大企業と中小企業との対等ならざる外注取引関係と把

---

41) 議論にあたり分析の対象を機械・金属工業に限定することで，「自立」的下請関係の形成が問題とされている分野に考察が集中でき，その結果，資本主義の一般的な問題に対する特殊日本の問題として下請関係を把握するのではなく，現代資本主義での各先進諸国に共通する問題として考察しうるとしている（渡辺［1983a］）。

第1章　個別企業視点から見る中小企業研究と自律型下請企業

握することが妥当とすれば，受注先を分散し生産力水準もかなり高い中小企業が大企業と取り結ぶ「自立」的受発注取引関係も下請関係の一形態として位置づけることが必要だとする。[42]

　次に，様々な研究者による「自立」的下請関係の議論を以下のように整理する。1つ目は，「自立」的下請関係にある中小企業を脱下請企業，すなわち，発注側大企業と対等な取引関係にある受注生産企業と把握する立場である。これは，「自立」的下請関係の形成・拡大により，下請関係のもつ収奪等の問題性を解消することになるとする見解で，その代表的論者として清成忠男，中村秀一郎，伊藤正昭，中村精をあげる。

　2つ目は，「自立」的下請関係にある中小企業の存在を基本的には例外視する見方で，一般的な下請関係は形態的にも従来どおりであるとし，問題把握の対象から排除する立場である。この見解は，1つ目と多くの点で共通しているが，異なる点は「自立」的下請関係の形成が下請関係の評価をかえるほどの重要性をもち得ないとする点だとし，この代表的論者として巽信晴，糸園辰雄，池田正孝をあげる。この2つの見解に対し，「自立」的下請関係にある中小企業は特定親企業に従属しているとはいえない。経営内部にまで及ぶ親企業からの介入・コントロールを受けてはいない。しかし，受注先大企業からの取引上のしめつけを受け，不安定な需要のしわよせを受ける，受注先大企業と対等ならざる取引関係にあることにかわりはない。専属形態をとらず，特定親企業に従属していないことは，それだけで対等な取引関係を受注先大企業との間にもちうることを意味しないとして批判する。

　3つ目は，「自立」的下請関係にある中小企業の形成と存在を例外視することにより下請関係の問題から排除せず，しかも「自立」的下請関係を下請関係の存在形態の一つとして理解する見解を取り上げる。この代表的論者が岩田勲で，この見解をめぐっては基本的な立場は共通しているが，独立企業に近い形態の下請企業の内容が非専属型でしかも独自の販売網，技術，研究開発力を有する企業として把握されるにとどまっているとする。このような下請中小企業

42）渡辺［1983a］。

第Ⅰ部　現代中小企業の経営戦略と地域性

が専属型下請中小企業とは異なりながらも，親企業との取引関係においてどのような対等ならざる関係にあるかが明らかではないとする。

　以上のように既存の議論を整理したのち，下請企業による親企業選択の可能性を媒介として，親企業相互間の競争関係を組み込むことにより「自立」的下請関係を対等ならざる取引関係の一形態として包摂しうる論理的枠組みを構築しうるとする。すなわち，下請中小企業の特定親企業への従属と「自立」的下請取引とは，退出能力をもつ下請企業にとって下請としての経営戦略上の選択肢として理解される。

　渡辺の議論ではこの「退出能力」が重要な意味をもつ。そこでは，下請中小企業が退出能力をもてばもつほど，親企業の立場が弱化し，下請中小企業は親企業同士を競争させることができるようになる。この意味で，下請中小企業の退出能力の有無と水準は，下請取引関係の力関係を捉える上で決定的な意味をもつとする。したがって，退出能力をもつ下請中小企業が従属するか「自立」化するかは自らが選択できることになる。退出能力をもつ下請中小企業が，特定親企業による企業経営内部への介入を受け入れる理由は，親企業の発注者としての魅力と技術指導等の能力とにある。すなわち，経営の自主性を犠牲にし従属していいと，下請中小企業に戦略的決断をさせるだけの吸引力をもった特定親企業に下請中小企業は従属するのである。

　たとえば，「自立」的下請取引関係にあれば，親企業との取引において，対等ならざるがゆえの価値実現上の不利益等があったとしても，親企業の注文に対して自主的に対応することを意味している。すなわち，下請中小企業がいかなる生産方法，工程管理，日程管理で親企業の注文に対応するかは，親企業からの指示等によるのではなく，注文単価のもとで下請中小企業の全くの自由裁量に任される。仕様通りに納期に注文数量を納入しうるかどうかだけが親企業から問われる点だとする。「自立」的な下請関係とは，経営上の裁量権を全面的に当該下請中小企業の代表者が掌握していることなのである。力関係における親企業の下請中小企業に対する優越は，下請中小企業の経営内部の裁量に及

43）既存の取引関係から下請中小企業が逃げ出せる能力（渡辺［1984］）。

44）渡辺［1983b］。

第1章　個別企業視点から見る中小企業研究と自律型下請企業

図1-1　港による渡辺の下請に関するフレームワーク

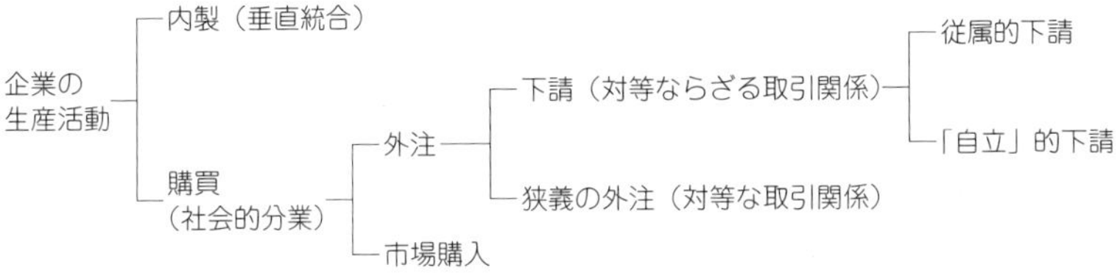

```
                ┌─ 内製（垂直統合）                              ┌─ 従属的下請
企業の          │                        ┌─ 下請（対等ならざる取引関係）─┤
生産活動   ─────┤            ┌─ 外注 ──┤                          └─ 「自立」的下請
                │           │           └─ 狭義の外注（対等な取引関係）
                └─ 購買 ────┤
                 （社会的分業）└─ 市場購入
```

出典：港［1985］。

ぶことなく，下請取引での取引上の諸条件に影響を与えるにとどまる。すなわ
ち，単価をはじめ納期等での親企業にとり有利な条件の設定，実現にとどまる。
その結果，下請企業の存立形態としては専属的従属型，受注先分散の「自立」
型，特定親企業にのみ従属し他とは「自立」的取引をする3つに分けられると
する[45]。なお，渡辺自身は図解をしていないが，港徹雄が渡辺のフレームワーク
を次のように記している（図1-1）。

　このような議論は，主に高度成長期以降に現れた「自立」的下請企業に関す
るものであったが，わが国の世界経済のなかでのポジションがそれまでの
キャッチアップ型からフロントランナー化するなかで，以下のような議論を展
開する[46]。優良な受注生産型中小企業と受注側大企業との取引関係は，非従属的
取引関係＝非下請系列的取引関係へと変化している。優良な受注生産型中小企
業にとり，特定大企業と従属的取引関係を結ぶ必要がなくなった今，下請系列
関係を維持し再生産していく根拠は消え失せつつある。発注側大企業にとって
も従属的成長を保証する余裕がなくなり，最も適切な発注先中小企業をそれぞ
れの時点で選択することが自らの置かれた競争環境のもとで最も有効な選択肢
になりつつある（表1-2）。

③ 渡辺に対する港徹雄の見解

　見出しのタイトルは渡辺の見解に対する港のコメントのように映るが，実際
には港が日本中小企業学会の第4回全国大会（1984年開催）で行った報告に対

45）渡辺［1984］。
46）渡辺［1995］。

第Ⅰ部　現代中小企業の経営戦略と地域性

表1-2　優良な受注生産型中小企業の存立形態の推移

キャッチアップ過程	下請系列化の時代＝従属的成長の時代
先進工業国化	従属的下請取引関係と自立的下請取引関係の共存の時代＝自立的成長と従属的成長の共存の時代＝受注生産型中小企業の本格的営業開始
フロントランナー化	受注生産型中小企業の独自企業戦略の時代＝自立的成長の時代＝下請系列取引形態の終焉開始

出典：渡辺［1995］。

して渡辺がコメントを行い，それに対する再コメントを行ったのが以下の内容である[47]。

　すなわち，渡辺の言う退出能力をもつ下請企業が，その経営戦略上の選択の1つとして親企業の提供する経営資源と交換に自発的にその介入を受けるとすれば，そこにおける取引はもはや対等性をもつのではないか。また，「自立」的下請企業のなかで独自の技術を取引力とし，親企業である大企業よりも高い平均利潤率を達成し，また取引先を多様化することによって需要を安定的に確保しているとすれば，競争における対等性がすでに具現化していると見るべきではないか。競争においてその取引力が対等か非対等か，かなり相対的なものであり，競争の様々な局面において一定ではない。下請の最も基本概念としての取引における非対等性を用いることが適切であるかという問題に直面せざるを得ないとし，図1-2のフレームワークを提示している。

　港自身は，下請関係の属性として「取引における交渉力の非対等性」と「発注企業による受注企業に対する何らかの統制あるいは支配の存在」とを比較した場合，後者がより本質的な特性をもっている，とする。その上で，下請企業のカテゴリーを取引における受注企業が発注企業に対してもつ「交渉力」と発注企業が受注企業に及ぼす「統制力」の程度という2つの軸から類型化を行っている。

47）港［1985］。

28

図1-2 港による下請に関するフレームワーク

出典:港[1985]。

④ 廣江彰による下請中小企業「自立化論」の検討

廣江は1980年前後に見られたME化による技術革新により誕生したいくつかの下請中小企業の「自立化論」の分析視角として,以下の共通点をあげる。[48]
① ME化は下請中小企業に新しい市場機会をもたらすこと,② ME化が下請企業の技術水準高度化に大きく寄与し,専門的加工業として存立する条件を与えること,③ その結果,下請中小企業は新製品・新市場を獲得し,また「親企業」に匹敵しうる技術的に高度な中小企業に「脱却」して,従来の「下請」的地位から「自立」した中小企業への道を進むこと,④ 現実にそうした「自立的中小企業」が育ちつつあることが発見されるのであるが,その事実を下請中小企業論のうちに組み込まなければならない,の4点である。

こうした「自立化論」には,中小企業の「下請」的地位からの「脱却」課程を「自立化」と呼んでいる点で共通しているが,「自立化論」では下請制におけるどのような「関係」から「脱却」するのか,なぜ「脱却」できるのかを必ずしも明示的な論理・結論として述べていない。下請中小企業の技術・生産力の発展は,たとえば専属下請から複数企業の下請となることで,特定親企業に対する依存度を低めるという意味で「自立」度合いを強めたとしても,それが「支配・収奪」の構造として特徴づけられてきた下請制を否定することにはならない,とする。

次に,渡辺の議論を取り上げ,「自立化」の動因に関わる論理構造が,市場条件の好転によって「自立化」から「従属化」へと転換する可逆性を容認するかが明示されていないこと。また,技術革新によって下請企業の経営戦略的選

---

48) 廣江[1987]。

第Ⅰ部　現代中小企業の経営戦略と地域性

択能力＝特定親企業への取引依存からの「退出能力」が高まりながらもなぜ「自立」的下請関係として「下請関係」の枠内にとどまるのかが論理的に説明されていないこと。さらに，「自立」，「従属」の形態を下請企業の側からの「選択」と捉えることで「親」企業の側から見た「選択」の意味を解消させ，下請制の構造的把握を軽視し，個別企業間の取引関係に解消する傾向をもっていることを指摘している。

　廣江自身は，下請制を社会的分業の発展を基礎とし，その上で受発注関係を通じて作り出される「対等ならざる取引関係」であるとし，下請制を独占・大企業の下に受発注関係を通じて編成される一つの重層的・階層的集団としての下請企業群という，企業集団を貫く企業間関係として捉えるべきものとした上で，ME化は下請関係を再編成する技術的手段となり，再編成過程での受発注関係を流動化させているのであるが，それを個別下請企業に視点を定めてみると受発注関係の多角化という動向も少なからず見られる。そうした流動化，多角化の一つの方向に独占体ないし非独占大企業の経済的支配構造内部での下請中小企業の「自立化」を位置づけるべきである[49]，とする。

⑤　高橋美樹による下請企業の自立化と「学習」機能

　高橋は，下請関係には，親事業者の優越的地位の濫用により生じる下請取引上の問題と，下請仕事は利益が出ないことから社員に達成感がなく勤労意欲が低下するなど，組織活力が低下するといった組織的な問題が潜在的に内在しており，改善策として自立化が必要だ，とする。ちなみに，高橋は自立化している企業を「他社からの干渉を受けることなく，自社の意思で事業活動を継承できる」企業と規定し，下請企業の自立性が最も端的に現れるのは「価格決定力」だとする。そして，下請企業が自立化することで，価格決定力の確保のほかに，社員にも自立意識や責任感の涵養をもたらし，組織の活性化につながることをあげた[50]。

　具体的な下請企業の自立化戦略として，①　特定の取引先への依存度を下げ

49）　廣江［1987］。
50）　高橋［2003］。

第1章　個別企業視点から見る中小企業研究と自律型下請企業

表1-3　自立的企業と従属的企業の特徴

	自　立　的	従　属　的
完成品生産	自社ブランド製品保有企業	従属的下請型企業
受注生産	自立的受注型企業	（完成品 OEM，部品等を含む）
取引先数	多い：数十～数百社	少ない：十社程度
技術力	固有：独自技術	汎用的技術

出典：高橋［2003］。

てリスクを分散したり，取引先に対する交渉力を強化することや，② イノベーション創出能力を高めることをあげている。なお，自立的企業と従属的企業の特徴を表1-3のようにまとめている。すなわち，自立的企業は自社ブランド製品保有企業に限らない。受注生産型企業であっても高度な加工技術などを基に自立化している企業は多数存在する。また，自社ブランド製品保有企業がすべて自立的であるとは限らない。特定の受注先に OEM 供給しており，かつ同種の製品を生産する企業との競争にさらされているような場合はたとえ自社ブランド製品保有企業であっても受注先に対する立場は弱い，とする。

　ところで，高橋は，下請企業がなぜ既存の技術の改良・改善的なものにとどまり，独自の技術や製品開発をしないのかについて，元請との専属的・従属的関係から情報源が偏在し，学習機会に恵まれておらず，「自立化」の必要性に対する認識や，「自立化」に必要とされる能力形成が弱く，消極的であることが根本原因である，とする。すなわち，親企業への従属性ゆえに取引先が少ないこと，また「下請」の慣性によってそれに甘んじることで学習対象が偏り，結果的に知識の多様性が小さくなることが学習能力の発揮を妨げること，さらに，環境変化の激しい分野では，学習能力の不足が次の学習を困難にするという悪循環に陥る可能性が高いこと，したがって環境変化のスピードが速いほど，従属的下請企業が取り残されていく，とし，下請企業の「学習」機会が少ない

51）高橋［2003］。

52）同上書。

53）高橋［1997］。

54）同上書。

第 I 部　現代中小企業の経営戦略と地域性

ことが自立化を妨げる要因だとしている。

（2）下請企業の自立化や自律化に関する試論

　これまで，下請企業の自立化に関する先行研究を見てきたが，高橋を除き，すべて1970年代から80年代にかけての研究成果である。以下では，これまでの論点を少し整理するとともに，現代下請企業の自立化や自律化に関して筆者の試論を展開する。

① 自立的下請企業が出現した背景

　自立化に関する議論の発端は，従来の支配・従属的な立場から自立した中小企業の存在を明らかとした中村秀一郎の「中堅企業論」に見ることができた。[55]
中小企業が中堅企業にまで成長した背景や，中堅企業の存在を可能にした背景に，わが国経済が高度経済成長を遂げていたという市場的側面と，ME 化の進展といった技術的側面，およびそれを中小企業レベルでも採用できるようになった利用的側面がある。

　現在は，中堅企業が最初に議論されたときからすると，グローバル化の深化や IT 化の進展によるインターネットの急速な普及が進んだ。これにより，親企業側からは海外生産や海外からの製品・部品調達の増加により，それまで取引のあった下請企業との関係を見直す動きが強まり，下請企業を選別する動きが加速した。[56]一方，下請企業側の対応として，ME 化や IT 化など進歩した技術の活用に加え，急速に普及したインターネットを活用することで，たとえば自らが直接ホームページを作成して加工内容や部品などの情報発信をしたり，受発注の取引手段として活用するところが現れた。さらには下請企業同士がネットワークを組むことで，規模の経済や範囲の経済，連結の経済を獲得し，

55）中小企業が抱える問題性を重視する立場からは，問題性を克服することが自立化につながると考えられることから，自立化の議論の発端は中小企業問題の議論を開始したときに始まったとすることも可能である。

56）このほか，モジュール化の進展も下請取引を見直すことにつながった。発注者側からするとモジュール化は，これまで特定の下請企業と「すり合わせ」によって加工していたことから解放され，自由に取引先を選ぶことができることを意味する。

第1章　個別企業視点から見る中小企業研究と自律型下請企業

"バーチャルカンパニー"として活動するところが現れるなど，下請企業や中小企業側にも自立化に向けた動きが進展し，下請企業側も親企業を複数化するところが現れた。[57]

② 親企業からの作用と下請企業側の反作用

　下請企業の「自立」をめぐる論点として，渡辺は「対等ならざる取引関係」を下請関係と定義し，「自立」的下請もこの対等ではない取引関係に含まれるとした。これに対し，港は自発的に親企業からの介入を受入れるのであれば，それはもはや「対等な取引関係」であるとし，また，廣江は特定親企業からの「退出能力」が高まりながら，なぜ「自立」的下請として「下請関係」の枠内にとどまるのか疑問を呈した。

　論点を整理すると，渡辺は下請関係を「対等ならざる取引関係」としたが，対等ではない取引関係を生じさせる原因が親企業と下請企業との規模の大小，技術をはじめ，経営資源の多寡など諸格差にあり，それが親企業をして下請企業を支配・従属させることにつながったといえる。一方の港は，下請企業が"自発的"に親企業の介入を受けるのであればそれはもはや「対等な取引関係」であるとしたように，下請企業側の視点が含まれている，あるいは下請企業側にウエイトを置いた見方になっている。廣江の論点は，下請の定義に関わるもので，技術力を高めるなどして高い退出能力を保有した企業はもはや下請の範疇には含めなくてもよいというものである。

　下請は，生産タイプで見ると受注生産型であり，そこに取引関係の非対称

---

57) 近年のグローバル化のいっそうの進展が，海外からの安価な部品や製品の流入，親企業の海外進出の増加を招き，下請企業の生存を脅かす深刻な状態を引き起こしたが，この環境変化に対する強い危機意識をもった下請企業が，2000年前後に相次いでネットワークを形成した。これが「新たな中小企業ネットワーク」と呼ばれるもので，そこでは，共同受注や新製品開発の成果を継続的な売上や利益の計上につなげているが，その実現に向けて自主的に，また自前の努力で企画，開発，生産，販売を行っている。ネットワーク活動はネットワーク内企業の協調により成り立っているが，これを外部から見れば，ネットワーク体があたかも1つの事業体が活動しているように見える。ネットワーク体が総体として力を発揮することで，大企業と伍しうる競争力をもつことができ，下請企業の自立化が図られた（池田［2006]）。

第Ⅰ部　現代中小企業の経営戦略と地域性

性・従属性を含んだものと捉えられるが，対等ではない受注生産である以上，発注者側の親企業は当然，仕様，価格，納期などを下請企業に指示する。これは，親企業から下請企業への「作用」と捉えられる。一方，下請企業側も世のなかの進歩した技術を安価に利用できるようになり，専門的な加工や部品生産に特化するところが出てくるが，それら企業のなかには親企業からの介入を一方的に受けるのではなく，たとえば受注価格の是非をめぐって抗弁するところが現れる。これは，親企業からの「作用」に対する下請企業の「反作用」と見ることができる[58]。

　ところで，わが国における下請取引の一つの原型は戦時期の協力工場に認められるが[59]，下請企業を協力工場化したのは下請企業が生産の隘路となるのを避けるためであった。親企業は下請企業の協力会を組織し，会員相互の意思疎通，物資や機械の融通支給，工具の確保，技術指導を行ったとあり[60]，親企業側からの「作用」の力が強く働いたが，一方の下請企業側は，二重構造が問題視されていた戦後において，中小企業は未だ近代化していないとされていたことからも，技術力などの面で相当な開きがあり，「反作用」をするだけの力はなかった。こうした状況は戦後に見られた系列化のときも同じである。すでに見たように，系列化を進めた背景も中小企業が生産の隘路となるのを防ぐことにあり，親企業である大企業は系列化した中小企業に対して技術指導を行った。このことから，少なくとも戦時期から戦後の系列化過程までは下請企業にたいした技術はなく，下請企業に反作用を生み出すほどの力はなかったといえる。

　しかし，中堅企業が登場したころから様相は異なる。中小企業側にも技術進歩の恩恵を受け，自らもまた積極的に新しい技術を取り入れるところが増えるなど，親企業に対する発言力が高まってきたほか，独立型の中堅企業も生まれてきた。下請企業側の「反作用」が見られるようになったのである。すでに見た，渡辺と港の論争が起こったのもちょうどこのころである。論争から20年以

---

58) 物理学では，「作用」と「反作用」はニュートンの運動の第3法則として，同時に一直
　　線上に働き，大きさは等しく，方向は反対になるとしている。
59) 植田［2004］。
60) 同上書，p. 202。

第1章　個別企業視点から見る中小企業研究と自律型下請企業

上が経過したが，その間にグローバル化の深化や技術進歩，インターネットの普及が進み，中小企業においても積極的にそれら技術を活用するところが出てきた。この結果，親企業に対する発言力（反作用）をいっそう高め，自社製品をもつなど独立型を選択する企業が現れた。一方で，独立型となった際の販促費用や営業部門の人件費，製品が売れないリスクを負うことなどを総合的に考慮し，下請企業にとどまることを選択した企業も現れた。

　こうして，下請企業も経済や技術の発展に伴い，また自らの経営資源を蓄えることで分化していく。そこでの分類は，反作用のない企業は下請企業と位置づけできるが，問題は，反作用を行う企業のなかに下請企業と，もはや対等な取引をしているといってよい企業が存在することである。両者の区別は「対等」か「対等ではない」かによることになるが，その区別を「自立」と「自律」を使い分けることによって展開してみよう。

　③「自立」と「自律」

　『広辞苑』（第6版）によれば，「自立」とは他の援助や支配を受けず自分の力で判断したり身を立てること，ひとりだち，とあり，英語では"independence"がこれに相当する。一方，「自律」とは，自分の行為を主体的に規制すること。外部からの支配や制御から脱して，自身の立てた規範に従って行動することで，"autonomy"が相当する。花田光世・宮地夕紀子・大木紀子は，自立と自律の違いに関して「人」を例にして次のように述べている。「『自立』の状態にある個人は，自分の意見を持ち，自己の意見を主張できる人材であるが，それは個人の単なる自己主張・満足で終わってしまう状態である。（中略）それに対して『自律』では，他者のニーズを把握し，それと調整をはかりながら，自分自身の行動のコントロールを行い，自らを律しながら，自己実現をはかることができる人材」[61]としている。ここでの含意は，「自立」はとりあえず，現下の状況から脱出を図るという意味合いなのに対し，「自律」は周りの状況を勘案した行動であること，また，自己実現という表現が示すように，自立より

61）花田・宮地・大木［2003］。

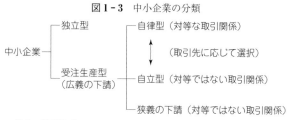

図1-3 中小企業の分類

出典：筆者作成。

も高次なレベルにあり,「自立」の段階を経てより成熟した行動である「自律」が生まれると考えられる。

ここで, 花田らの議論の「個人」や「人材」に「下請企業」を,「他者」のところに「親企業」や「取引先」を当てはめるとこれまでの議論は次のように整理できる。すなわち, わが国が高度経済成長を遂げる以前において, 多くの下請企業は「支配・従属」という言葉が示すように親企業に隷属しており,「対等ではない取引」関係にあった。したがって, 下請企業の経営者は親企業との関係性構築云々よりも, とにかくこうした状態からの脱却を図りたいと考えるのが自然で, これは「自立」に相当する。その後, 高度経済成長を経てグローバル化の深化や様々な領域での技術進歩, インターネットの普及を経験するなかで, 下請企業においても経営資源を蓄えるところが増加した。それらのなかにはそこしかできない革新的技術を保有するところも出てきたが, あえて受注生産型中小企業にとどまることを選択し, 親企業からの介入を自発的に受け入れることや, 特定親企業からの「退出能力」を高めながらも退出しないなど, 親企業との関係性のなかで「自律」した企業も見られるようになった（図1-3）。

④ 自立と自律の Exit-Voice アプローチからの解釈

この自立と自律をハーシュマン（Hirschman, A. O.）の Exit（退出）と Voice（告発）をもとに解釈してみよう。顧客に販売されるアウトプットを生産する企業を前提に, 顧客のいく人かが特定企業の製品を購入するのをやめたり, あるいは, 成員のいく人かが特定組織を退去したりする。ハーシュマンは, これを退出オプション（Exit）と定義した。次に, 企業の顧客や組織の成員が, 経

第 1 章　個別企業視点から見る中小企業研究と自律型下請企業

営者に対して，あるいはその経営者を管轄している何らかの別の権威筋に対して，あるいは耳を傾けてくれるなにがしかの人に呼び掛ける一般的な抗議をつうじて，その不満を直接に表明する。これを告発オプション（Voice）と定義した[62]。

このハーシュマンの Exit と Voice は中小企業研究やマーケティング研究でも適用される。中小企業研究では，まず，高田亮爾がこれを取り上げ紹介している[63]。高田は，ハーシュマンの Exit-Voice アプローチを組織間関係や個人と組織との関係など，様々な経済的・社会的関係を想定した理論であると評価する。それを日本の親企業・下請企業間の企業間関係に適用した際に，Voice 分析の有効性について一定程度評価しつつも，親企業と下請企業間の階層性の問題や発言力の差異がうまく分析処理できていないことからその限界についても指摘している。

ハーシュマンの議論は，ヘルパー（Helper, S.）[64]によって日米の自動車産業におけるマニュファクチャラー（アセンブラー）と部品サプライヤー間の取引関係の研究に応用され，さらにそれを佐竹隆幸や関智宏が発展させている。佐竹はまず，ハーシュマンの Exit と Voice において，Exit は市場における現在の取引をやめ，価格・品質などで自ら望む条件を提示する他の主体と取引することから「市場取引」，Voice は取引主体間で取引の内容や条件について話し合い，不満点について協力して問題の解決を図ろうとするものであるから「長期継続的取引」に相当するとした[65]。次に，ヘルパーの議論をもとに，マニュファクチャラー（アッセンブラー）である大企業とサプライヤーである下請企業との間で，機会主義的な行動をとることによるデメリットを克服するためには，有機的連関性を有した企業間関係の形成が重要となるが，これには当事者間の「信頼」が必要であるとする。信頼の形成により，長期継続的取引関係を維持し，利益を上げていくことが可能となるとし，こうした大企業と中小企業間関

62）Hirschman［1970］（邦訳［1975］，p. 4）.
63）高田［2006］。
64）Helper［1990］.
65）佐竹［2008］，pp. 142-143。

37

第Ⅰ部　現代中小企業の経営戦略と地域性

係は相互依存関係（＝利害の共通化）となるとしている。[66]

　関もヘルパーの Exit，Voice を紹介したのち，アセンブラーとサプライヤーの取引関係のダイナミズムについて検討しながら，サプライヤーの存立と行動について関係レントの概念を用いて分析を行っている。[67]その上で，日本におけるサプライヤーの多くは中小企業であるから，アセンブラーに対する取引上の交渉力は非対称となり，関係レントの分配もいっそう不利な状況になるとする。[68]

　マーケティング研究の分野では，高嶋克義がハーシュマンの議論を次のように適用している。すなわち，マーケティング理論はマーケティング論と，関係性マーケティング論に大別でき，前者は Exit ベースの理論として分析・決定・実施や計画・管理というプロセスを決定する理論であるのに対し，後者は Voice ベースの理論として顧客の Voice に基づいた相互依存的なマーケティング行動の理論であるとする。[69]すなわち，Exit ベースのマーケティング論では，売り手と買い手との情報交換が，市場をはさんで限定的にしか行われないことを想定する。それは，消費財などで一般的に見られる状況であり，消費者が多数存在して，しかも所在や購買を事前に特定できないために，消費者の需要情報は，市場調査や観察によっても限定的にしか入手できない。また，市場取引における利害の対立があるために，互いに機会主義的な行動をとり，双方の情報収集が不十分なものとなる。一方，Voice ベースのマーティング論では，特定顧客との相互作用が存在することが最初から想定されている。したがって，情報収集は顧客から直接的に，しかも頻繁に収集されることになる。その場合，Exit ベースのように事前に市場情報を収集・分析した上で計画を立てて実施するというプロセスにはならず，顧客との対話を通じて行動を逐次的に修正す

66）同上書，pp. 148-149。なお，ここでの信頼は，マニュファクチャラー（アセンブラー）である大企業の側からすれば技術面・納期面・価格面を中心とした信頼であり，サプライヤーである中小企業の側からすると，下請再編成や内製化を抑止してくれるという信頼である，としている。

67）関［2011］，p. 13。

68）同上書，p. 23。

69）高嶋［2006］。

38

るプロセスが展開されることになる，とする。[70)]

　こうしてハーシュマンの唱えた Exit と Voice アプローチは，それぞれの学問分野において展開され発展していくことになる。ただし，ハーシュマンは組織間関係や個人と組織との関係など幅広い領域を想定していたこともあり，それぞれの学問領域に持ち返ったときに，また，それぞれ学問領域の研究者がこの理論を応用して何らかの問題を分析しようとしたときに，研究者の問題意識の相違とも相まって適用の仕方に違いがみられる。たとえば，中小企業研究では親企業と下請企業との関係にこの理論を応用しようとしているが，親企業と下請企業との間にはこれまで強い上下関係（主従関係）や力の差があることを前提に分析しているのに対し，マーケティング研究では企業と顧客との "関係性構築" の視点を重視している。これは，どちらが主，どちらが従といった意味ではない対等な二者（dyad）の関係を見るものであり，少なくともこれまでの中小企業研究が重視，あるいは問題としてきたような上下関係の視点ではない。

　その意味で，ヘルパーの Exit や Voice はアセンブラーとサプライヤーの取引関係を見たものだが，アセンブラーからの視点で議論が組み立てられているところに特徴がある。すなわち，我々が図1-3で示したように，受注生産型中小企業における狭義の下請企業の場合，親企業と下請企業との関係性は，まさに親企業が当該下請企業に対して取引をやめる（Exit）か，何らかの要求をしながら（Voice）も取引を続けるか，親企業側に取引継続をめぐっての判断がゆだねられ，親企業側から見た理論展開がされているのである。

　一方，本章では下請企業が親企業からの隷属状態からの脱出を図る自立型下請企業や，あえて受注生産型中小企業にとどまることを選択し，親企業からの介入を自発的に受け入れたり，特定親企業からの退出能力を高めながらも退出しないなど，親企業との関係性のなかで自律型下請企業の存在を明らかとした。すなわち，自立型下請企業や自律型下請企業では，当該受注生産型中小企業が技術力を高めるなどして親企業に対する価格交渉力を有したことで，下請企業

---

70) 同上書。

第Ⅰ部　現代中小企業の経営戦略と地域性

図1-4　Exit と Voice による自立型下請企業と自律型下請企業

出典：筆者作成。

側に交渉力が移ることから，下請企業側から議論を展開するのが妥当である。そこで以下では，Exit-Voice アプローチを下請企業側から適応する（図1-4）。また，自立型下請企業，特に自律型下請企業の場合は親企業と対等な関係にあることから，マーケティング研究で採用されている"関係性"を用語として用いる。

　まず，狭義の下請企業は，特定親企業との取引が中心であるが，そこではヘルパーの Voice 理論がそのまま適用され，長期継続的取引の下で親企業の求める技能（関係特殊的技能[71]）形成が図られる。これを下請企業側から見ると，親企業の方ではるかに技術力が高く，関係特殊的技能の形成に励んだ方が得策と判断したり，売上確保の面でも魅力的であるなど，下請企業にとって特定親企業との取引関係を維持した方が得策との判断が働く。一方，それほど高い技術力を有さず，また，特色もなく他社との差別化が図られていない下請企業には，親企業から Exit がちらつかされる。親企業から Exit をちらつかされているような場合でも，下請企業自身は取引を継続したいと考えている。

　上記の状態から脱出した企業が自立型下請企業と自律型下請企業ということになる。両者ともに受注生産型中小企業であるから親企業が存在し，そこには親企業と当該下請企業との間に何らかの関係性が形成される。そこでの関係性は，親企業から見たときに，それまで親企業からの Voice の"一方的受け手"であった下請企業の立場が大きく変化したことに特徴がある。すなわち，狭義

---

71) 関係特殊的技能については，浅沼 [1989]，[1990] を参照。

第1章　個別企業視点から見る中小企業研究と自律型下請企業

の下請企業のときは，親企業側から発せられる Voice に対し，下請企業側は
受容するしか選択肢はなかったが，技術力などを背景に自立化するようになる
と，すべての Voice を受容するのではなく，一種の"拒否権"のようなもの
が生まれ，その拒否権を背景にして今度は親企業との間で新たな関係性を構築
しようとする。これが下請企業側から見た関係性である[72]。その度合いを「下請
企業側から見た関係性度」と呼ぶことにするが，その度合いは現状の技術力，
将来の企業設計をどのように考えているかなどによって異なる（表1-4）。

　すなわち，親企業側が下請企業に関係特殊的技能の形成を希望するなど，下
請企業の QCD に関わる何らかの指図（Voice）をしたと想定したときに，下請
企業側から見たときの親企業に対する関係性度の低い企業が存在する。この場
合，次の2つのタイプが想定される。1つは，下請企業側の技術力がかなりの
程度高く，親企業からの Voice に対してExitで対抗しようとするもので，こ
れが自立型下請企業に相当する。もう1つは，下請企業側からの技術力がそれ
ほど高くないにもかかわらず，親企業からの Voice に対し，同様に Exit で対
応しようとする。これは創業間もない企業や，親企業から言われたことに対し
てすぐに立腹するなど思慮の浅い企業などが該当すると考えられる。

　一方，親企業側からの Voice に対し，受け手の下請企業のなかには自社の
現状の技術力などを勘案しながら，将来の自社の技術力向上に大きく貢献する
と考えると，そうした圧力的 Voice に対しても前向きに受容する企業が出て
くる。そして，前向きに受容するなかで自社の技術力を高め，最後には価格決
定権を掌中にし，親企業と対等の取引ができる企業が誕生する。そして，それ
ら企業は技術力を背景に親企業に対しても積極的に良好な関係性（Voice）を構
築し，自らの QCD 改善に向けた取組だけでなく，親企業に対するデザイン・
インなど技術的な提案や，自らの部品が使われることを通じて親企業の製品の
品質改善やコストダウン等にも寄与するような積極的貢献活動が行われる。こ

72)「関係性」という用語の用い方に関して，マーケティング研究（高嶋）では，企業と顧
　　客との相互依存的な関係性がある場合に Voice を適用していた。ここでは，下請企業と
　　親企業との取引関係を下請企業側から見たときに，技術力を背景に親企業に対して何か言
　　える状態になったときに，関係性の高いものを Voice，低いものを Exit として両方を含
　　めて考えている。

41

第Ⅰ部　現代中小企業の経営戦略と地域性

表1-4　下請企業から見た親企業に対する関係性度と技術力による受注生産型中小企業のタイプ分け

出典：筆者作成。

れは、これまでの我々の議論のなかでは自律型下請企業に相当する。

　ここで、これまでの議論を整理しよう。中小企業は大きくは独立型中小企業と受注生産型中小企業に分けられるが、受注生産型中小企業（広義の下請企業）はさらに狭義の下請企業、自立型下請企業、自律型下請企業に分けられる。自立型下請企業では取引先との関係はいまだ「対等ではない」取引関係だが、自律型下請企業になれば「対等」な取引関係となる。これにより、港が「親企業の提供する経営資源と交換に自発的にその介入を受けるとすれば、そこにおける取引はもはや対等性を持つのではないか」と疑問を呈した「自立」的下請企業は、対等な取引関係を構築した受注生産型の「自律型」と見ることができる。ただし、現実の受注生産型中小企業の取引を見ると、複数の取引先をもつことが多いが、その場合、取引先に応じて自立型と自律型とを使い分けをしており、1つの企業のなかで両方の取引関係が混在していることに注意が必要である。

⑤　自立型下請企業から自律型下請企業への発展経路

　こうして、下請企業（表1-4中の狭義の下請）は自立型下請、自律型受注生産企業、さらには独立型中小企業への発展経路を手に入れることができるが、その様子を見たのが図1-5である。

　たとえば、自立型下請企業はそれまで下請企業だった企業が技術力を高め、価格交渉力を有したことを描いている。ただし、どの程度の価格交渉力を有するかは、当該企業が保有する技術がオンリーワンであるかなど希少性の有無や、

42

第Ⅱ章　個別企業視点から見る中小企業研究と自律型下請企業

図1-5　下請企業からの発展経路

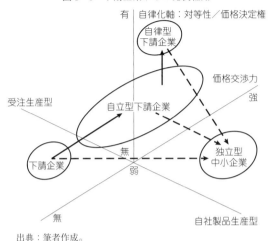

出典：筆者作成。

模倣されにくさなど技術力の程度によると考えられる。したがって，図では価格交渉力の軸に強・弱が記されており，また，自立のレベルには幅があることを想定してやや広めの楕円で示している。実際，複数の製品を保有している企業においては，製品によって価格交渉力のレベルが異なる。また，同じ製品であっても，取引相手，時期によって価格交渉力のレベルが異なり一様ではない。実際にどの程度の価格交渉力を有するかは，第2章で見るように，ビジネスモデル分析で示された「企業固有の戦略」や「ルール」の内容とその組み合わせ，アクション・マトリクスの内容や程度により異なる。

自律型下請企業は自立型下請企業よりも高次として位置づけていることから，別次元で捉えている。自律型下請企業は高い技術力を有しているものの，独立型中小企業の道を選択せず，親企業に対して価格決定権を有しながら対等な取引を行っている[73]。3次元で記したことからもわかるように，自立型下請企業か

---

73) 大阪商業大学東大阪地域産業研究会［2008］「東大阪中小工業における生産機能高度化と企業間ネットワークの課題に関する研究——東大阪地域と東京・大田区との機械金属関連業種の比較」によれば，独自技術を保有している企業の取引先に対する価格決定の程度として，「ある程度反映される」「当社の意向が反映される」が多くなっており，独自技術を保有したことで価格決定が有利になったことが示されている。

第Ⅰ部　現代中小企業の経営戦略と地域性

ら自律型下請企業へは単線的な関係にはなく，経営者の選択に依っている。

　また，破線で示したように，自社製品をもつ「独立型中小企業」への発展経路もある。この場合も，完全に「独立型」に移行する企業もあるが，むしろ実態は受注生産の部分も残しながらの形態が多い。

4．おわりに

　以上，我々は下請企業の自立化と自律化について考察してきた。これまでは「自立」をひとくくりにして捉えられていたが，「自立」と「自律」とに二分することで，下請であっても親企業と「対等性」を有する下請企業の存在が明らかとなった。

　ところで，下請企業はこれまで取引先との関係で議論されることが多かったが，実際には企業である以上，様々なステークホルダーとの関わりのなかで活動している。株主や従業員以外にも，金融機関や行政，さらには企業が立地する地域の住民等である。自律型下請企業はこうしたステークホルダーのことも強く意識していることが考えられるが，これらについては第Ⅱ部で詳述する。

独自技術を保有したことによる価格決定権

	当社の意向が反映	ある程度反映	あまり反映されない	全く反映されない	その他	合　計
東大阪市	23 33.3	36 52.2	6 8.7	1 1.4	3 4.3	69 100.0%
八 尾 市	12 30.8	23 59.0	3 7.7	—— 	1 2.6	39 100.0%
大 田 区	5 21.7	15 65.2	1 4.3	2 8.7	—— 	23 100.0%
合　計	40 30.5	74 56.5	10 7.6	3 2.3	4 3.1	131 100.0%

　　出典：大阪商業大学東大阪地域産業研究会［2008］。

第1章 参考文献

Helper, S. [1990] *Comparative Supplier Relations in the U. S and Japanese Auto Industries : An Exit/Voice Approach*, Business and Economic History, Second Series, Vol. 19, pp. 153-162.

Hirschman, A. O. [1970] *Exit, Voice and Loyalty : Responses to Decline in Firms, Organizations and States*, Harvard University Press.（三浦隆之訳［1975］『組織社会の論理構造——退出・告発・ロイヤルティ』ミネルヴァ書房。）

Kuhn, R. L. [1985] *To Flourish among Giants : Creative Management for Mid-Sized Firms*, N.Y. : Praeger.（清成忠男監訳［1989］『創造的マネジメントとは何か——中堅企業の時代』TBS ブリタニカ。）

Kuhn, R. L. [1989] *Creativity and Strategy in Mid-Sized Firms*, Prentice Hall.

浅沼萬里［1989］「日本におけるメーカーとサプライヤーとの関係——関係の諸類型とサプライヤーの発展を促すメカニズム」土屋守章・三輪芳朗編『日本の中小企業』東京大学出版会，pp. 61-78。

浅沼萬里［1990］「日本におけるメーカーとサプライヤーの関係——関係特殊的技能の概念の抽出と定式化」京都大学経済学会『経済論叢』第145巻第1・2号，pp. 1-45。

有澤廣巳［1957］「日本における雇用問題の基本的考え方」日本生産性本部編『日本の経済構造と雇用問題』日本生産性本部。

相田利雄・小川雅人・毒島龍一［2002］『新版現代の中小企業』創風社。

池田潔［2006］「中小企業ネットワークの進化と課題」日本中小企業学会編『新連携時代の中小企業』同友館。

池田潔［2007］「自立型下請企業のビジネスモデル分析」北九州市立大学『都市政策研究所紀要』第1号。

伊東岱吉［1957］『中小企業論』日本評論社。

稲葉襄［1975］「「中堅企業論」について」神戸大学『国民経済雑誌』第131巻第1号。

植田浩史［2004］『戦時期日本の下請工業』ミネルヴァ書房。

大阪商業大学東大阪地域産業研究会［2008］「東大阪中小工業における生産機能高度化と企業間ネットワークの課題に関する研究——東大阪地域と東京大田区との機械金属関連業種の比較」。

太田一樹・池田潔・文能照之［2007］『ベンチャービジネス論』実教出版。

小川英次・弘中史子・粂野博行・山田基成［2004］「わが国の中堅企業——その企業特

第Ⅰ部　現代中小企業の経営戦略と地域性

　性と研究の意義」『商工金融』第54巻第 8 号。

尾城太郎丸［1970］『日本中小工業史論』日本評論社。

北澤康男［1971a］「中小企業の自立化と技術――下請制との関連で」龍谷大学『経済学
　論集』第10巻第 4 号。

北澤康男［1971b］「中小企業の自立化と技術（Ⅱ）」龍谷大学『経済学論集』第11巻第
　 3 号。

北澤康男［1974］「中小企業の自立成長――中堅企業論，ベンチャービジネス論につい
　て」龍谷大学『経済学論集』第14巻第23合併号。

清成忠男［1980］『中小企業読本』東洋経済新報社。

清成忠男［1984］『経済活力の源泉――日米欧ベンチャー比較』東洋経済新報社。

清成忠男［1996］『ベンチャー中小企業優位の時代――新産業を創出する企業家資本主
　義』東洋経済新報社。

清成忠男・中村秀一郎・平尾光司［1971］『ベンチャービジネス』日本経済新聞社。

黒瀬直宏［2012］『複眼的中小企業――中小企業は発展性と問題性の統一物』同友館。

経済企画庁編［1957］『経済白書』。

小林義雄編［1958］『企業系列の実態』東洋経済新報社。

小宮山琢二［1941］『日本中小工業研究』中央公論社。

佐竹隆幸編著［2002］『中小企業のベンチャー・イノベーション』ミネルヴァ書房。

佐竹隆幸［2008］『中小企業存立論』ミネルヴァ書房。

佐藤芳雄［1968］「中小企業「近代化」論批判」市川弘勝編『現代日本の中小企業』新
　評論。

佐藤芳雄［1989］「歴史の中で変貌する中小企業」土屋守章・三輪芳朗編『日本の中小
　企業』東京大学出版会。

篠原三代平［1976］『産業構造論』筑摩書房。

清水馨［2002］「中堅企業研究の変遷」『経済研究』千葉大学，第17巻第 3 号。

清水馨［2004］「中堅企業の成長要因」『経済研究』千葉大学，第19巻第 1 号。

関智宏［2011］『現代中小企業の発展プロセス――サプライヤー関係下請制企業連携』
　ミネルヴァ書房。

高嶋克義［2006］「関係性マーケティング論の再検討」『国民経済雑誌』神戸大学，第
　193巻第 5 号。

高田亮爾［1989］『現代中小企業の構造分析――雇用変動と新たな二重構造』新評論。

第1章　個別企業視点から見る中小企業研究と自律型下請企業

高田亮爾［2006］「中小企業と企業間関係」流通科学大学『流通科学大学論集　流通経営編』第18巻第3号。

高橋殼夫［1982］「日本経済　新二重構造論」『エコノミスト』1982年5月18日号，毎日新聞社。

高橋美樹［1997］「下請中小企業の新技術新製品開発，組織の「慣性」と学習能力──平成9年版『中小企業白書』を題材に」国民金融公庫『調査季報』第43号。

高橋美樹［2003］「下請企業の『自立化』戦略」中小企業金融公庫『中小公庫マンスリー』2003年12月号。

中小企業事業団・中小企業研究所編［1992］『日本の中小企業研究』第1巻（成果と課題）同友館。

中村秀一郎［1961］『日本の中小企業問題』合同出版社。

中村秀一郎［1964］『中堅企業論（増補版）』東洋経済新報社。

中村秀一郎［1990］『新中堅企業論』東洋経済新報社。

中山金治［1983］『中小企業近代化の理論と政策』千倉書房。

花田光世［1997］「自律型人材モデルの構築」『経営者』第51巻第10号。

花田光世・宮地夕紀子・大木紀子［2003］「キャリア自律の新展開」『一橋ビジネスレビュー』SUM. 第51巻1号。

廣江彰［1987］「技術革新と下請制──下請中小企業『自立化論』の検討」『札幌学院商経論集』第3巻第3号。

藤田敬三［1965］『日本産業構造と中小企業──下請制工業を中心にして』岩波書店。

松井敏邇［1976］「自動車工業における系列化の進展と「中堅企業」──『中堅企業論』批判」『立命館大学経営学』第14巻第6号。

松島茂［2003］「28　中堅企業」（財）中小企業総合研究機構編『日本の中小企業研究』同友館。

港徹雄［1985］「下請中小企業の新局面とその理論的展開」『商工中金』第35巻第1号。

山中篤太郎［1948］『中小工業の本質と展開──国民経済構造矛盾の一研究』有斐閣。

山中篤太郎［1954］「中小企業本質論の展開」藤田敬三・伊東岱吉編『中小工業の本質』有斐閣。

米沢成彬［1970］『異色企業』日経新書。

渡辺幸男［1983a］「下請企業の競争と存立形態──『自立』的下請関係の形成をめぐって（上）」慶應義塾大学『三田学会雑誌』第76巻第2号。

47

第Ⅰ部　現代中小企業の経営戦略と地域性

渡辺幸男［1983b］「下請企業の競争と存立形態——『自立』的下請関係の形成をめ
　　ぐって（中）」慶應義塾大学『三田学会雑誌』第76巻第5号。

渡辺幸男［1984］「下請企業の競争と存立形態——『自立』的下請関係の形成をめぐっ
　　て（下）」慶應義塾大学『三田学会雑誌』第77巻第3号。

渡辺幸男［1995］「下請中小企業と系列——受注生産型中小企業の従属的成長から自立
　　的成長への道」『ビジネスレビュー』Vol. 43，No. 2。

第2章

自律型下請企業の発展の軌跡と経営戦略

——サワダ精密株式会社を例に——

1. はじめに

　前章では，下請企業は下請企業，自立型下請企業，自律型下請企業の3タイプに分類でき，その発展経路について示した。本章では，姫路市に立地する機械金属関連業種のサワダ精密株式会社を取り上げ，下請企業から自立型下請企業を経て自律型下請企業へと発展した軌跡を振り返るとともに，ビジネスモデルやアクション・マトリクスを用いた分析を行う。このため，以下ではまず，ビジネスモデルやアクション・マトリクスについて概観する。

　補遺は，同社への2012年11月の最初のヒアリング後，2013年6月に事業承継を行っており，自律型下請企業のその後の変化を見るため，2017年1月に改めてヒアリングしたときの内容である。

2. ビジネスモデルとビジネスモデルの比較

(1) ビジネスモデルとは

　國領二郎は，ビジネスモデルを「経済活動において，① 誰に，どんな価値を提供するか　② その価値をどのように提供するか　③ 提供するにあたって必要な経営資源をいかなる誘因のもとに集めるか　④ 提供した価値に対してどのような収益モデルで対価を得るか　という4つの課題に対するビジネスの設計思想である[1]」と定義した。また，安室憲一らは，「顧客の満足を目的として，技術やノウハウを利益に変換する仕組みの構築[2]」とし，後述するアファー

第Ⅰ部　現代中小企業の経営戦略と地域性

（Afuah, A.）のように単なる「儲ける仕組み」として捉えるのではなく，顧客満足（顧客創造）がビジネスモデルの目的であり重要な要素であることを強調する。その上で，ビジネスモデルはどんなビジネスでも成功に導く魔法の処方箋ではないし，成功したビジネスモデルを当てはめればどんなビジネスでもうまくいくことを意味するものでもない。企業のビジネスモデル分析をする意味とは，ビジネスの仕組みの解明で，なぜこのビジネスがうまくいっているのか，顧客は誰かなど，生きているビジネスを解剖学的に観察することを通じ，こうして得られた知見やビジネスシステムの仕組みを解明することだとし，「利益がどのように生み出されるかについての，ビジネスの仕組みに関する経営学的および会計学的研究」であるとする。

　以下では，こうしたビジネスモデル分析を実際の企業に当てはめ，実証するときのツールとして取り上げられることの多いアファーとモリス（Morris, M.）のビジネスモデル研究を概観する。

（2）アファーの理論

　アファーはビジネスモデルを「儲けるための仕組み（a framework for making money）」とした。すなわち，企業の利益の源泉は産業要因と企業固有の要因によって決定されるとし，その概念図を図2-1のように示した。[3]これは安室が述べるように，ポーター（Porter, M.）の提唱する「ポジショニング論」とバーニー（Barney, J. B.）の提唱する「資源ベース視角」を統合したものといえる。[4]

　図2-1は概念図であるので，アファーは企業利益の源泉を具体的に見るため，VRISA 分析を提示した。[5]これは企業に対して① Value（顧客価値：顧客に価値あるものを提供しているか），② Rareness（uniqueness）（希少性：企業の提供するものはオンリーワンか），③ Imitability（模倣可能性：他の企業

1）國領［2004］, p. 223。
2）安室・ビジネスモデル研究会編著［2007］, p. 5。
3）Afuah［2003］, p. 4.
4）安室・ビジネスモデル研究会編著［2007］, p. 7。
5）Afuah［2003］, pp. 111-115.

図2-1 アファーが示した企業利益の構成要素

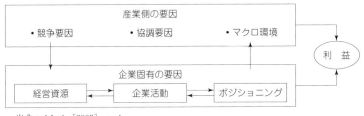

出典：Afuah［2003］, p. 4

は簡単に真似できるか），④ Substitutability（代替可能性：貴社が提供しているものが他に置き換わる可能性），⑤ Appropriability（専有可能性：誰が稼ぐか）の5つを質問することで，利益の源泉を探ることを目的としている。彼はこれをツールとして，ウォルマート，ファイザー，サウスウエスト航空に適用して分析を行っているほか，安室らも世界各国の業種の異なる16社の企業に対して適用するなど，分析ツールとして利用されている。[6]

(3) モリスのビジネスモデル分析

モリスのビジネスモデル分析は，[7] モリス自身の言葉を借りると，幅広い文献研究から導き出された構成要素を採用していること，それら構成要素はビジネスモデルを考える際の"基礎（Foundation level）"となる基本方針だが（筆者注：研究者は，それぞれの研究のなかで様々な独自の構成要素を提示している），実際に企業がビジネスにおいて持続的な優位性を保つには，当該企業の"固有の戦略（Proprietary level）"をもつ必要があること，[8] さらに，ビジネスモデルの基礎や固有の戦略がうまく機能するための"ルール（Rule）"を提示しているなど，分析フレームであると同時により実践的なフレームを提供していることに特徴がある。これにより，後述のケース研究でもモリスのビジネスモ

---

6) 安室・ビジネスモデル研究会編著［2007］。
7) Morris et al.［2005］。
8) 基礎レベルのものが競争相手に模倣されやすいのに対し，固有の戦略は模倣されにくいことを指摘している。

第Ⅰ部　現代中小企業の経営戦略と地域性

デル分析を利用する。以下では，モリスの示したビジネスモデルの概要を示す。

　モリスはビジネスモデルの構成要素として，次表にある6つの要素をあげた（表2-1）。すなわち，①　どのような価値を創造するのか，②　誰に価値を創造するのか，③　企業内部にある優位な競争資源は何か，④　どのような競争的ポジションをとっているのか，⑤　どのように金を儲けるのか，⑥　企業家の望む成長タイプ（それぞれ具体的な中身については，表2-1を参照のこと）である。モリスはこの6つの構成要素について，前述した「基礎（基本方針）」「企業固有の戦略」「ルール（基準・規則）」の3つの分析レベルで見ている。

　基礎（基本方針）レベルでは，基本的な意思決定をするため，どんなビジネスを行うのか，あるいは行わないのかといった一般的な意思決定が行われる。そこでは，それら意思決定において内的一貫性が保たれることに留意する必要がある。企業固有の戦略レベルでは，当該企業のビジネスモデルが市場で競争優位を保有できるように，いくつかの意思決定変数（構成要素）について，当該企業特有の組み合わせが行われる[9]。ルール（基準・規則）のレベルでは，基礎や企業固有の戦略で作られた意思決定を統治するための原則について記している。

（4）アクション・マトリクス

　アクション・マトリクスは W. C. Kim and R. Mauborgne［2005］が『ブルー・オーシャン戦略』のなかで示したツールである。すなわち，買い手に対する価値を見直し，新しい価値曲線を描くために，次の4つの質問（アクション）が用意された。①　業界常識として製品やサービスに備わっている要素のうち，取り除くべきものは何か，②　業界標準と比べて思いきり減らす要素は何か，③　業界標準と比べて大胆に増やすべき要素は何か，④　業界でこれまで提供されていない，今後付け加えるべき要素は何か，である。これら4つの質問を用いて戦略を練ると，代替産業からヒントを得ながら買い手に提供する価値内容を改め，これまでにない経験をもたらすと同時に，コストを押し下げる

9）基礎レベルのものが競争相手に模倣されやすいのに対し，固有の戦略は模倣されにくいことを指摘している。

第2章　自律型下請企業の発展の軌跡と経営戦略

表2-1　モリスによるビジネスモデルの構成要素

構成要素1 提供要素：どのような価値を創造するのか	・製品／サービス／それらのミックス ・標準／カスタマイズされたもの ・提供される製品やサービスの広がり（狭い／広い） ・提供される製品やサービスの深さ（浅い／深い） ・製品へのアクセス（製品単体での提供／他社製品との抱き合わせ） ・自社による製品やサービスの提供（アウトソースしたもの／ライセンスしたもの／再販／付加価値がついた再販） ・直接販売か間接販売か（間接の場合，シングルチャネル／マルチチャネル）
構成要素2 市場要因：誰に価値を創造するのか	・取引タイプ（B to B／B to C／両方） ・地方／全国／インターナショナル ・バリューチェーンにおける顧客の位置（上流サプライヤー／下流サプライヤー／政府／団体／卸売／小売／サービス提供者／最終消費者） ・広域一般市場／複数セグメント／ニッチ市場 ・取引的／関係的
構成要素3 内部ケーパビリティ要因：企業内部にある優位な競争資源は何か	・生産／オペレーティングシステム ・販売／マーケティング ・情報マネジメント／マイニング／パッケージング ・技術／R&D／創造的 ・革新的ケーパビリティ／知性 ・金融取引／裁定取引 ・サプライチェーンマネジメント ・ネットワーキング／資源のレバレッジ
構成要素4 競争戦略要因：どのような競争的ポジショニングをとっているのか	・オペレーション上の卓越したイメージ／一貫性／信頼性／スピード ・製品・サービスの質／選択／外見／可能性 ・イノベーションリーダーシップ ・ローコスト／効率性・親密な顧客関係／経験
構成要素5 経済要因：どのように金を儲けるのか	・価格設定と収益の源泉（固定／混合／流動） ・業務影響力（高い／中／低い） ・取引高（多い／中／少ない） ・マージン（多い／中／少ない）
構成要素6 個人的・投資家的要因：企業家の望む成長タイプ	・生業モデル ・収益重視モデル ・成長モデル ・投機モデル

出典：Morris et al.（2005）.

53

第 I 部　現代中小企業の経営戦略と地域性

ことができる，としている。[10]

　我々は先のビジネスモデル分析に加え，このアクション・マトリクスの活用が自立型下請企業の特徴を見るのに有益であると考える。それは，ビジネスモデル分析は現状を見るにはよいが，そこに至る過去からの経緯が不明という問題があるからである。[11]アクション・マトリクスを用いることで，過去との比較ができ，現状についての理解がより深まると考えるからである。

3．サワダ精密株式会社の沿革と現状

　サワダ精密株式会社は2012年現在，株式会社組織となって25期目を迎えた。以下では，同社社長（当時）の澤田脩一氏とのヒアリングの内容や「経営指針書」をもとに，同社の沿革をたどりながらどのようにして自立化や自律化の道を歩みだしたのかを見よう。

　同社の「経営指針書」によれば，創業から今日までを大きく「営みの時代」「いばらの道」「経営スタイル確立の道」「成長軌道へ乗れるか」「"Touch the Billion" スタート」と5区分されている。本節でもその時期区分に倣いながら沿革を見る。

（1）現在までの沿革

① 営みの時代（1984～88年）

　同社の創業は1984年である。創業前，澤田氏は市内の鉄工所に勤務していたが，氏自身はいわゆる技術者として採用されたわけではなく，工程管理や外注

10）なお，『ブルー・オーシャン戦略』ではアクション・マトリクスを基に，対象企業の「戦略キャンバス」を描き，未開拓市場に活路を見出すための戦略について解説しているが，本章の目的が自立型下請企業の行動分析にあるため，そちらについては触れなかった。

11）もっとも，適当な2時点を選び，そのビジネスモデル分析を実施すれば過去との比較は可能である。しかし，この場合も，ある構成要素ではその2時点の比較によって明確な違いが現れるものもあるが，別の構成要素ではそれとは異なる2時点を選ばないと違いが出てこないものも考えられる。したがって，アクション・マトリクスを利用することの方が過去との比較は行いやすいといえる。

担当などをしていた。当時は NC 工作機械が出始めのころだが，澤田氏の勧めもあってその鉄工所でも NC 工作機械を導入することとなった。澤田氏自身が進言者ということもあり，その機械の取扱方法をマスターし，他の従業員にも教えることが求められた。そこで氏は工作機械メーカーの講習を受けマスターした。こうして，NC 工作機械を導入した鉄工所は，その後の売上を伸ばしたが，このときの NC 工作機械の取扱いノウハウを学んだことが，その後独立したときに役立つことになる。

この鉄工所には都合 6 年間勤務するが，独立のきっかけは鉄工所社長とのやりとりにあった。この鉄工所は九州からも受注するなど手広く仕事をしていたが，顧客への納期がしばしば遅れることがあり，顧客からは組織として機能していないこと，ルールが定められていないこと，誰が責任者かわからないこと，現場の人皆が社長感覚で，仕事ができたときが納期になっていることなど，およそ会社組織としての体をなしていないことの指摘を受けた。これらクレームを社長に伝えたところ，指摘内容は理解できるものの対応はできないことを告げられ，鉄工所の将来に疑問をもったことが独立の契機になったという。

36歳のときに独立を果たすが，澤田氏自身は汎用工作機械を扱うような技能者的ノウハウは持ち合わせていなかったことから，それら能力がなくても扱えるということで，MC 工作機械を購入して開業した。MC 工作機械は1500万円したが，リースで導入している。84年の独立当時は個人操業で，妻だけが社員であった。仕事は穴あけやねじ立てなど頼まれればなんでも加工するが，決まった取引先から注文が入るわけではなく「拾い仕事」であった。創業時，小さな倉庫を借りて操業していたが，運転資金の必要から取引先の工具屋の口利きでいくつか銀行を紹介してもらったが，どこも門前払いであった。市中銀行が相手にしてくれなかったため当時の国民金融公庫に頼み込み，2度目にして漸く借りることができたという。

操業後，半年ほど経て信用金庫の営業マンが仕事場である倉庫の前を偶然通りかかった。地域金融機関である信用金庫は法律で営業範囲が決められているが，営業マンがエリア内を巡回していたときに，今まで閉まっていた倉庫で何やら音がするので覗いてみたという。そこから，2台目の MC 工作機械導入

第Ⅰ部　現代中小企業の経営戦略と地域性

の話が持ち上がる。当時の同社の業績はそれほど良いわけではなかったが，今まで相手にされなかった銀行から融資の話が舞い込んだことで受けることにしたという。実際に導入したのは創業して3年目だが，「石の上にも3年」という諺があるように，3年ほど操業してはじめて社会に企業としての存在が認められ，"信用"が得られることを実感したという。こうして付き合いの始まった信用金庫はのちに同社のメインバンクとなる。

　このころの仕事は前述のように機械部品の加工が主で，溶接されたものに対する穴あけ，加工面のはつりなど，工作機械での段取り替えに時間がかかる面倒な作業の割には加工時間が少ないことから単価が安く，他社が嫌う内容の仕事が多かった。88年に汎用フライス盤を導入したが，これは，MC工作機械にかける前段階の加工のために導入したもので，これを導入することで生産効率が上がると判断したためである。徐々に売上も上がっていたので，その借金に耐えられる程度の設備投資として導入した。

　従業員を採用したのもこの時期である。もともと取引先メーカーの社員だったが，同社に営業で出入りしているうちにMC工作機械を使った仕事に興味を覚え，従業員として雇ってほしいということで採用に至ったという。

　また，86年に同社では初めてとなる口座開設を機械メーカーN社にしてもらい，N社の正式な下請として取引が始まった。[12]このほか，正規従業員を雇用したことで，社会保険に入る必要が出てきたことから，1988年に株式会社化している。

② いばらの道（1989～96年）

　この間のわが国経済は，バブルの絶頂期から崩壊を迎え，その後しばらく景気後退が続いた時期である。同社の売上は91年に1億円を超え95年には2億円も突破するなど，ある程度順調に伸びていたが，利益はほとんど上がっていない状況で，同社ではこの時期を「いばらの道」と称している。これには，機械

12）企業間で取引するときに，取引先相手が信用できるかを，たとえば直近3年間の決算書や取引実績などを参考に判断する。信用できる相手と判断されたときに口座が開設されるが，開設してもらえないと継続的な取引ができない。

加工の業界の特徴として，どんな設備を保有しているかで仕事が依頼されることが多いため，この時期に立て続けに立型 MC や CNC 旋盤，横型 MC を複数台導入したことがある。しかし，計画的な導入ではなかったため，利益が上がらない構造になっていた。

92年に兵庫県中小企業家同友会に入会するが，このとき，同友会メンバーの企業と比較して「このままでは負ける」という印象を強くもった。そこから同友会の例会や行事に積極的に参加するようになり，様々な企業経営者からそれぞれの経営にまつわる話や外部講師の研修会等から企業経営について学び，同社の企業力の向上につなげていったという。

この時期は同社にとっていばらの道の時代ではあったが，現在の重要な取引先である三菱電機との口座を開設した時期でもある。このときの口座開設をめぐっては次のようなエピソードがある。

あるとき，N社の運転手が同社に品物を取りに来たとき，その運転手に愚痴をこぼしたことがきっかけである。当時のN社は多くの仕事を抱えていたが，下請となったサワダ精密にはあまり多くの発注をしなかった。NC フライス盤しかないような競争相手に MC 工作機向きの仕事を発注しているのを愚痴ったところ，運転手は三菱電機（姫路製作所）が発注先を探していることを小耳に挟んでおり，そこの部長に頼みに行くとよいとアドバイスしてくれたのである。数日後に部長に電話したところ，同社の保有している機械や測定器，ツールなどを聞かれた後，2日後に図面や材料を車に積んで同社に訪れ，納期を指定されて取引が始まった。ただし，このときの取引は，三菱電機側にサワダ精密の口座がないため，N社の口座を使っての取引であった。その後，三菱電機との取引は2年続くが，担当部長の異動により注文がパタッとこなくなった。

半年たっても電話1本かかってこなくなったため，少し面識のあった課長に会いに行くと，事務所に出入りすることを許可され，課長自身では紹介しないが，社長自身がスタッフをつかまえて仕事を取ってください，と言われた。三菱電機の社内は，当然のことながら外部の人が課内を自由に出入りできるわけではなく，カウンターで仕切られており，スタッフには回覧板でサワダ精密の来訪があることが知らされるだけであった。週1，2回三菱電機を訪れるが，

第 I 部　現代中小企業の経営戦略と地域性

外部の人が立ち入りを許される席に座って誰かが声をかけてくれるのを待つだけの日々が3か月程続いた。3か月が経って誰も声をかけてくれなかったことから課長に泣きを入れたが取り合ってはもらえず，そうした訪問が半年ほど続いたそのとき，座っている席の横に図面をもった人が現れた。こんなものできますか，という質問だったが，即座にできる旨を回答し，5日ほどで納入したという。それからは，その担当者を頼りに三菱電機に通うようになり，そうこうしているうちにほかの人からも仕事がくるようになったという。

　三菱電機での当該部署は，生産現場で機械のメンテナンスをしながら必要な補充部品を作っている部署で，必要な部品は購買を通さずに同社に発注していた。その後，課長も異動となり新しい課長が着任したが，口座がない取引先となぜ取引をしているのかを問題視される恐れがあることから，一緒にゴルフや食事などをしながらご機嫌をとっていたという。ある日，その課長から口座のことを言われ，これまでの三菱電機からの仕事量などを勘案し，口座開設に向けて社内に働きかけてくれたという。

　その結果，92年に晴れて三菱電機に口座が開設されることとなった。これにより，今まで三菱電機の当該部署だけしか営業できなかったのがどこの部署にも営業できるようになり，また，三菱電機の方から他の部署も紹介してくれるようになった。

　91年には工作機械が5台，社員が5，6人ほどの規模となっていたが，社員の入れ替わりが激しく，入社してはすぐに辞める状態が続いていた。このころのわが国経済は，バブルが崩壊して景気が低迷していたが，サワダ精密では，利益は出ないものの売上は伸びていた。これは，客先に恵まれだしたからで，先の三菱電機のほかに複数企業に口座が開設されたことによる。このほか，生産性が上がらないことに悩んでいた同社は，96年に旋盤と MC が一体となった複合機を導入する。これは，工作機械メーカーの展示場に展示してあったものを社長が直感でほれ込み，その展示機を購入したのである。この機械を導入したことが結果的に次の期に大きく飛躍することとなった。

58

③ 経営スタイル確立への道（1997〜2004年）

社長の思惑が当たったかっこうで，その複合機が三菱電機からの部品の試作量産に活用されることとなった。それまで加工に4工程かかっていたものが2工程で済むようになり，当時の三菱電機にもその機械を保有していなかったことから後述の部品加工が全量，同社に発注されることとなった。それにより，売上も前年の2億6000万円ほどから一気に4億4000万円ほどとなり，設備投資にかかった費用も1年で回収された。

三菱電機との関係が強まったのもこのころである。当時，三菱電機では三菱自動車で使われる GDI エンジンの開発に関わっていたが，その開発が前倒しされることとなり，夜中の10時ごろに会議に呼ばれることもあったという。GDI エンジンの立ち上げ期は，同社の売上増加とともに利益も伸長し，社員も昼夜を問わず猛烈に働いた。三菱電機側も同社の対応を評価していたが，2年後に量産が軌道に乗ると，GDI 関係の同社への発注が全くゼロになったという。その一方，これまで他社に発注されていたモノが同社に発注されるようになり，売上はそれまでより1億円ほど減少したが，利益は下がらなかった。

こうした状態が3年ほど続いたころ，社長自身の会社経営の中身に対する関心が高まっていった。すなわち，これまでは売上向上だけを追い求めていたが，中身の充実を図るように舵を切った。会社の基盤を作るために，会社規模を大きくすることに注力してきたが，ある程度の売上が確保できるようになり，強い会社づくりを目指すことにしたのである。これと合わせ，これまで機械加工を専門にしてきたが，98年に機械設計部門を開設する。しかし，設計ができる人材がいなかったため，三菱電機に2人の人材を預け，教育してもらいながら開始した。都合6年間出向することになるが，最後の2年間でようやく三菱電機の社員と同等レベルの設計ができるようになったことから出向を解き，そこでの仕事を同社で行うようになった。

この時期にも複数の大手企業に口座を開設してもらったが，のちに，三菱電機と並び同社の重要顧客の一つとなる三菱重工に口座が開設されたのもこの時期である。この時期はまた，会社経営の方法がようやく確立した時期でもある。それまでの売上一辺倒の時代から継続して利益を出せる体質ができた時代で，

第Ⅰ部 現代中小企業の経営戦略と地域性

そうなると銀行との交渉にも変化が生じた。それまでは，銀行から一方的に出される融資条件をのまざるを得なかったが，その条件なら他行と取引をすることを迫るといったことや，変動金利ではなく固定金利での取引を要求するなど，銀行に対して強い交渉力を有するようになっていった。また，会社を経営していて利益を出せる体質が定着したことで，納税することが当然の義務だということが腑に落ちたという。さらに，設備投資のために減価償却をしているが，それ以上に設備投資をしないと企業として発展しないということで，毎年実行するようにしている。こうした成果の象徴として，2004年に「ひょうご経営革新賞」を受賞している。なお，この時期の同社は20人規模の会社となっている。

④ 成長軌道に乗れるか（2005〜09年）

2005年以降の売上は6億円を突破するようになり，08年には同社にとってこれまでの最高である8億円を突破した。しかし，翌年にはリーマンショックの影響で5億円台まで減少している。05年は第2工場が稼働し，ワイヤー放電加工機や研磨機，5軸加工機などを揃え，精密加工にシフトした時代でもある。

このころの同社の取引の姿勢は，取引相手にもメリットがないとビジネスとして続かない，サステナブルにならないというものである。このため，同じような仕事であればサワダ精密にと言われるために，価格が安いだけではなく顧客が気づかないような点にまで気配りすることや，顧客に対する提案により品質向上を図ることだとしている。社長によると，顧客は常に同社をはじめとした取引先のことを見ており，会社の生産能力以上の仕事はこないという。実力をつければそれなりに仕事がくることを，これまでの経験から肌感覚でつかんでいる。

06年度に同社は関西IT百撰企業の優秀賞に選ばれる。これは，関西系の中堅・中小企業でITを活用して優れた業績をあげている企業を表彰する制度である。その表彰企業のなかに，サワダ精密と同程度の規模の機械金属加工企業でありながら，夜間や土日に無人操業しているところがあった。従業員とともに工場見学をさせてもらったところ，その鍵となる仕組みがCAMであることがわかった。これまでのサワダ精密の機械加工の方法は，顧客からの製品図

面をもとに，機械加工を担当している従業員一人ひとりが MC など工作機械にプログラムを打ち込み仕上げる方法を採用していた。機械加工を担当する従業員全員がプログラムを打ち込めるということが同社にとっての大きな強みであったが，機械1台に対し1人の従業員が必要でもあった。しかし，見学先の企業はサワダ精密とは真逆の機械加工の方法を採用していた。すなわち，加工データを CAM に入力すれば，あとは CAM とつながった工作機械が仕上げてくれるので，CAM の先に複数の工作機械を設置できるほか，入社したての人やパートの人でも作業ができるのである。見学先の企業にシステムの外販を断られたため，サワダ精密でも独自にこのシステムを構築することとなる。

⑤「Touch the Billion」スタート（2010年〜）

リーマンショックで落ち込んだ売上は2010年以降再び上昇をはじめる。独自に CAM システムを導入することを決めたサワダ精密は，そのためのシステムを2台2010年に導入した。これまで同社のそれぞれ従業員によって培われた暗黙知の加工ノウハウをデータ化して CAM に入力する形式知化作業が行われた。すなわち，機械加工の内容やワークする材質によって，工作機械で使うバイト，切込みの仕方，回転数，作業順序などが異なるが，それを従業員2人がかりで1年半かけて入力し，大まかなシステムが組みあがった。それを CAM に対応した MC につなげることで，夜間や土日に稼働できるようにしたのである。このシステムを完成させたことで，今後も国内で操業していけるという自信を強めた

この時期にもう1つ始めたことがある。それは「匠」の採用である。技術をもった人が定年により現場からどんどんいなくなっているが，これら技術者のもつノウハウを同社で活用しようと考えたのである。同社で採用した匠は，大手企業の電気と機械の分野の技術者だが，大手企業の第一線で実務をこなしてきたことから，中小企業のサワダ精密の仕事の進め方に疑問をもち，改善に向けた様々なアドバイスを行っている。これまで，サワダ精密では1人が客先と打ち合わせをすると，あとはその人が納期や価格交渉，納品まですべて請け負う形になっており，会社全体で見るとそれぞれがばらばらに動いていた。匠か

第Ⅰ部　現代中小企業の経営戦略と地域性

らは客先とのやりとりなどすべての情報をネット上に開示すること，進捗状況，記録としての日報などもすべて社員間で情報共有し，データベース化することで，見積もり時の根拠になることの指摘を受けた。納期に関しても，これまでサワダ精密側の事情で納期交渉をしており，顧客ニーズに沿っていなかったことや，完成した製品には手垢一つついていてもダメなこと，客を迎えたときに不要なものが工場内に転がっていないか，など大手企業では当たり前のことができていなかったという。

　このほか，同社は2011年に ISO 9001を取得した。同社のこれまでの取組が国際的な基準で評価されたのである。取得後も定期的に審査があるため，全従業員で勉強会を開催し，継続的な品質向上に取組んでいる。

　現在の同社の取引先との価格決定は，競争相手との競合見積もりとなるが，同社のモットーとしてお客さんが満足・納得できる最高の価格を提示するようにしている。お客さんは様々な企業を見ており，会社の値踏みをしている。そこでサワダ精密では他社に比べて特に抜きんでたものはないとしながらも，総合力で競争相手に勝っていこうとしている。たとえば，客が来たときの挨拶や，5 Sの徹底などである[13]。

　ここで，サワダ精密の沿革を振り返ると，「営みの時代」とした創業期は，分類上は狭義の下請企業として位置づけられるが，そこでは“拾い仕事”が中心で特定の親企業をもたない“浮動的下請”であったといえる。そこからN社に口座を開設してもらい，浮動的下請からの脱却を図ろうとするが，大した仕事は回ってこず，実態としては依然浮動的下請であった。続く「いばらの道」では三菱電機と口座を開設することができたが，このときが専属ではないが継続的に特定の親企業と取引を行う下請企業になったといってよい。三菱電機の口座開設は，N社の運転手に対してN社から仕事が回してもらえないことを愚痴ったことがきっかけであったが，その後の三菱電機への受注に向けた活動や，口座開設に向けた営業努力は筆舌に尽くしがたいほどであった。

───────────────

13) 同社では，5 Sではなく後述（注17）するように6 S（整理，整頓，清掃，清潔，躾，整列）を採用している。

「経営スタイル確立への道」では，それまでの売上至上主義から利益を追求した経営に舵を取るなど経営の中身を重視するようになったほか，銀行との取引においてはそれまでの銀行から言われるがままの条件で取引していたのが，サワダ精密側が取引条件を提示し，その条件を呑めない銀行とは取引しないことを迫るなど，銀行に対して Exit を突き付けており，「自立型下請企業」に転換したといえる。下請企業から自立型下請に転換ができたのは，サワダ精密にこれまで親企業から機械加工だけを受注していたのが，機械設計部門を開設して技術力を高いことをアピールするなど，企業力を高めたことがある。

　「成長軌道に乗れるか」の時代には，「取引相手にもメリットがないとビジネスとして続かない，サステナブルにならない」とあるように，取引相手のメリットまで考えて行動するのはまさに取引相手に対する Voice であるといえ，「自律型下請企業」になったといえる[14]。また，後述するように，加工したものの販売先に対する価格決定権は「当社の意向がある程度反映される」としており，100%の価格決定権ではないものの高い決定権を有していることも同社が自立型下請企業，あるいは自律型下請企業であることを示している[15]。同社の自立型下請企業から自律型下請企業への転換は，毎年，かなりの額の経常利益を計上できるなど，企業経営に余裕が出てきたことが取引相手のことも考えて行動できるようになったと考えられる。

（2）サワダ精密の現状

　株式会社となって25期目を迎えた同社の現在は，機械加工部品，施策部品，試作モールド部品，加工組立治具，専用機の設計・製作を主な業務としており，三菱電機や三菱重工等の大手企業の１次下請である。また，同社の規模を見ると，資本金は4250万円，直近の従業員は42人（2012年７月時点）となっている。

---

14) このことは，同社の経営理念に「顧客の立場を念頭に我々の技術とサービスを積極的に提供し，顧客の満足と会社の発展を図ります」にも示されている。また，同社の経営指針書の業務姿勢のなかにも「常に他人の利益も図る姿勢を作る」ことにも示されている。

15) 先に，自立型下請企業であるか自律型下請企業であるかは，取引先に応じて使い分けをしていると表現したが，同じ取引先であっても納入時期，納期，加工内容，担当者等によって異なる。同社の場合は，自律型下請企業の側面を強くしていると考えられる。

第Ⅰ部　現代中小企業の経営戦略と地域性

2012年11月調査時点での売上高伸び率は業界平均と比較して「同業他社とほとんど同じ」だが，最近の付加価値（営業利益＋人件費＋減価償却費）の伸び率は年率換算で「5％以上」，経常利益（営業利益－営業外利益）の伸び率は「1～3％未満」としている。また，加工したものの販売先に対する価格決定権は「当社の意向がある程度反映される」としている。以下では，代表取締役社長の澤田氏自身が記入したアンケート調査結果から，同社の現状を見る（表2-2）。

　アンケート結果からは日常的に研究開発を実施していることや，生産や品質を高めるために最新鋭の設備を導入していることが注目される。一方で，わが国の機械金属関連の中小企業では熟練技能者の存在を当該企業の「強み」として喧伝されることが多いが，サワダ精密の場合は「必要だがいない」と回答している。澤田氏自身がいわゆる技能者ではなかったこともあり，創業時には自らが操作できる MC 工作機を導入したが，このことがその後も技能ではなく技術に頼るようになった背景として考えられる。それ以降も，常に最先端の工作機械を導入し，取引先からの要求より少し上の品質を提供しながら加工を行ってきたが，最近になって同社が力を入れているのが CAM システムである。

　工作機械業界も日進月歩で技術革新が進んでいるが，同社が導入した CAM システムは CAD 機能も内包しており，加工データを入力すると，あとは CAM と連動した MC が自動的に加工してくれるという代物である。この CAM を動かすためには，これまで同社で蓄積した加工ノウハウをデータ化する必要があるが，同社では1年半かけて入力作業を行った。この形式知化されたデータが同社独自のノウハウが詰まった他社には真似できないものでこれからの強みとなるが[16]，当面，海外企業からも追いつかれることはないという。

　同社は，ここしばらくは国内操業を中心に考えているが，一方で，今後のグローバル展開も視野に入れ，2年前から2人のベトナム人研修生を受け入れている。近い将来，サワダ精密が海外展開するときに，ベトナムに戻った彼らと

16）工作機械メーカーも機械の制御方法は伝授できるが，素材ごとの最適加工方法やサワダ精密がもつ独自の加工ノウハウまでは持ち合わせていない。

第2章　自律型下請企業の発展の軌跡と経営戦略

表 2 - 2　サワダ精密の現状

Ⅱ．貴社の戦略的製品（主要製品）や加工の市場での位置どり（ポジショニング）や、外部環境に関する質問

　1．貴社の戦略的に位置付けている製品や加工に関して、現在の競争相手の有無
　　　　①非常に多い　　　2．それほど多くない　　　3．ほとんどいない（ニッチな市場）　　　4．わからない

　2．戦略的に位置付けている製品の市場や加工において、今後、他社が参入してくる可能性
　　　　1．非常に高い　　　②高い　　　3．それほど高くない　　　4．全くない　　　5．わからない

　3．戦略的に位置付けている製品や加工が、今後、まったく別の製品や加工に代替される可能性（たとえば、時刻を知るのに
　　　必要だった腕時計は携帯電話にその機能を代替されました）
　　　　1．非常に高い　　　②高い　　　3．ほとんどない　　　4．全くない　　　5．わからない

　4．戦略的に位置付けている製品や加工の主要原材料に関して、仕入先に対する現在の価格決定権
　　　　1．当社の意向で決定される　　　2．当社の意向がある程度反映される　　　③ほとんど決定権はない
　　　　4．全く決定権はない　　　5．その他（　　　　　　　　　　　　　　　　　　　　　　　　　）

Ⅲ．貴社の強みとその源泉について

（技術開発関係に関して）

　1．貴社では日常的に研究開発に・・・・・①取組んでいる　　　2．必要だが取組んでいない　　　3．当社では必要なし
　　　研究開発に「取組んでいる」を選択された企業の方へ
　　　　①売上増や利益増への貢献度・・・・1．すごく高い　　②高い　　3．ふつう　　4．低い　　5．全く低い
　　　　②貴業界で研究開発をすることは・・・1．めずらしい　　2．めずらしくない　　③どちらともいえない
　　　　③研究開発の内容は・・・・・・・・・1．真似されやすい　　2．真似されにくい　　③どちらともいえない

　2．貴社では技術者あるいは研究開発者が・・・・①いる　　　2．必要だがいない　　　3．当社では必要なし
　　　技術者・研究開発者が「いる」と回答された企業の方へ
　　　　①売上増や利益増への貢献度・・・・・・・1．すごく高い　　②高い　　3．ふつう　　4．低い　　5．全く低い
　　　　②貴業界でそうした技術者たちを保有することは・・・1．めずらしい　　②めずらしくない　　3．どちらともいえない
　　　　③貴社の技術者・研究開発者の能力は・・・・・1．追随されやすい　　2．追随されにくい　　③どちらともいえない

　3．貴社では特許や実用新案を・・・・・・・・・・1．保有している　　②必要だが保有していない　　3．当社では必要なし
　　　特許や実用新案を「保有している」に回答された企業の方へ
　　　　①売上増や利益増への貢献度・・・・・・・1．すごく高い　　2．高い　　3．ふつう　　4．低い　　5．全く低い
　　　　②貴業界で特許や実用新案を保有することは・・・1．めずらしい　　2．めずらしくない　　3．どちらともいえない
　　　　③貴社の特許や実用新案の内容は・・・・・1．真似されやすい　　2．真似されにくい　　3．どちらともいえない

　4．この3年間に新製品開発のスピードを早める取組を・・・①実施した　　　2．必要だが実施していない　　　3．当社では必要なし
　　　新製品開発のスピードを速める取組を「実施した」に回答された企業の方へ
　　　　①売上増や利益増への貢献度・・・・・・・1．すごく高い　　②高い　　3．ふつう　　4．低い　　5．全く低い
　　　　②貴業界でそうした取組をすることは・・・①めずらしい　　2．めずらしくない　　3．どちらともいえない
　　　　③貴社のそうした取組内容は・・・・・・・・1．追随されやすい　　2．追随されにくい　　③どちらともいえない

　5．貴社では上記のような技術開発を進めるため、会社として方針が・・・・・①定まっている　　　2．定まっていない

（製品デザインに関して）

　6．貴社では製品のデザイン開発に・・・・・・・・1．力を入れている　　②必要だができていない　　3．当社では必要なし
　　　製品のデザイン開発に「力を入れている」に回答された企業の方へ
　　　　①売上増や利益増への貢献度・・・・・・・1．すごく高い　　2．高い　　3．ふつう　　4．低い　　5．全く低い
　　　　②貴業界でそうした取組をすることは・・・・1．めずらしい　　2．めずらしくない　　3．どちらともいえない
　　　　③そのデザインは・・・・・・・・・・・1．真似されやすい　　2．真似されにくい　　3．どちらともいえない

　7．貴社ではデザイン開発を進めるため、会社としての方針が・・・・・・・・・・・1．定まっている　　②定まっていない

（製造に関して）

　8．生産性や品質を高めるため、最新鋭の設備を・・・・・①導入した　　　2．必要だが導入できていない　　　3．必要なし

第Ⅰ部　現代中小企業の経営戦略と地域性

最新鋭の設備を「導入にした」に回答された企業の方へ
①売上増や利益増への貢献度・・・・・・1．すごく高い　　②高い　　3．ふつう　　4．低い　　5．全く低い
②貴業界でそうした取組をすることは・・・・1．めずらしい　　②めずらしくない　　3．どちらともいえない
③その取組内容は・・・・・・・・・・・・1．追随されやすい　　2．追随されにくい　　③どちらともいえない

9．貴社では独自の製造技術や加工技術を・・・①保有している　　2．必要だが保有できていない　　3．当社では必要なし
独自製造技術や加工技術を「保有している」に回答された企業の方へ
①売上増や利益増への貢献度・・・・・・1．すごく高い　　②高い　　3．ふつう　　4．低い　　5．全く低い
②貴業界でそうした取組をすることは・・・・1．めずらしい　　2．めずらしくない　　③どちらともいえない
③その製造技術や加工技術は・・・・・・・1．真似されやすい　　2．真似されにくい　　③どちらともいえない

10．貴社では一括受注・ユニット加工の取組を・・・1．実現している　　②必要だができていない　　3．当社では関係なし
一括受注・ユニット加工の取組を「実現している」に回答された企業の方へ
①売上増や利益増への貢献度・・・・・・1．すごく高い　　2．高い　　3．ふつう　　4．低い　　5．全く低い
②貴業界でそうした取組をすることは・・・・1．めずらしい　　2．めずらしくない　　3．どちらともいえない
③業界内で、一括受注・ユニット加工は・・・・・・・1．追随されやすい　　2．追随されにくい　　3．どちらともいえない

11．貴社では熟練技能者が・・・・・・・・・・・・1．いる　　②必要だがいない　　3．当社では必要なし
熟練技能者が「いる」に回答された企業の方へ
①売上増や利益増への貢献度・・・・・・・1．すごく高い　　2．高い　　3．ふつう　　4．低い　　5．全く低い
②貴業界でそうした技能者を保有することは・・・1．めずらしい　　2．めずらしくない　　3．どちらともいえない
③貴社の熟練技能者の有する能力は・・・・・1．追随されやすい　　2．追随されにくい　　3．どちらともいえない

12．貴社では高精度品・高難度品を・・・・・・・①作っている　　2．必要だが作れていない　　3．当社では関係なし
高精度・高難度品を「作っている」に回答された企業の方へ
①売上増や利益増への貢献度・・・・・・・1．すごく高い　　②高い　　3．ふつう　　4．低い　　5．全く低い
②貴業界でそれらを作ることは・・・・・・・1．めずらしい　　2．めずらしくない　　③どちらともいえない
③貴社が作る高精度品・高難度品は・・・・・1．追随されやすい　　②追随されにくい　　3．どちらともいえない

13．国内外で安く作る仕組を構築することを・・・①実施している　　2．必要だが構築できていない　　3．当社では必要なし
安く作る仕組の構築を「実施している」に回答された企業の方へ
①売上増や利益増への貢献度・・・・・・・1．すごく高い　　②高い　　3．ふつう　　4．低い　　5．全く低い
②貴業界でその仕組を作ることは・・・・・・・①めずらしい　　2．めずらしくない　　3．どちらともいえない
③業界内で、その仕組は・・・・・・・・・1．真似されやすい　　②真似されにくい　　3．どちらともいえない

14．貴社では短納期対応の生産システムの構築を・・・1．実施している　　②必要だが構築できていない　　3．当社では関係なし
短納期対応の生産システムの構築を「実施している」に回答された企業の方へ
①売上増や利益増への貢献度・・・・・・・1．すごく高い　　2．高い　　3．ふつう　　4．低い　　5．全く低い
②貴業界でその仕組を作ることは・・・・・・・1．めずらしい　　2．めずらしくない　　3．どちらともいえない
③貴社が構築した生産システムは・・・・・・・1．真似されやすい　　2．真似されにくい　　3．どちらともいえない

15．貴社では品質改善を・・・・・・・・・・・①実施している　　2．必要だができていない　　3．当社では必要なし
品質改善を「実施している」に回答された企業の方へ
①売上増や利益増への貢献度・・・・・・・1．すごく高い　　2．高い　　③ふつう　　4．低い　　5．全く低い
②貴業界で品質改善に注力することは・・・・・・1．めずらしい　　②めずらしくない　　3．どちらともいえない
③業界内で、貴社が採用した品質改善は・・・・1．真似されやすい　　2．真似されにくい　　③どちらともいえない

16．貴社では上記のような製造に関して、会社としての方針が・・・・・・・・・・①定まっている　　2．定まっていない

(マーケティング・流通に関して)
17．貴社では自社ブランドを・・・　・・・1．保有している　　②必要だが保有できていない　　3．当社では関係なし
自社ブランドを「保有している」に回答された企業の方へ
①売上増や利益増への貢献度・・・・・・・・・・・1．すごく高い　　2．高い　　3．ふつう　　4．低い　　5．全く低い

第2章　自律型下請企業の発展の軌跡と経営戦略

　②貴業界で自社ブランドを保有することは・・・・・1．めずらしい　　　　2．めずらしくない　　　3．どちらともいえない
　③貴社のような自社ブランドを保有する取組は・・・1．追随されやすい　　　　2．追随されにくい　　　3．どちらともいえない

18．顧客ニーズを把握した商品企画提案能力を・・・・・1．保有している　　　②必要だが保有できていない　　3．当社では関係なし
　商品企画提案能力を「保有している」に回答された企業の方へ
　①売上増や利益増への貢献度・・・・・・・・・・1．すごく高い　　　2．高い　　3．ふつう　　4．低い　　　5．全く低い
　②貴業界で商品企画提案能力を保有することは・・・1．めずらしい　　　　2．めずらしくない　　　3．どちらともいえない
　③貴社のような商品企画提案能力は・・・・・1．追随されやすい　　2．追随されにくい　　3．どちらともいえない

19．貴社では新市場開拓を・・・・・・・・・・・・・①行っている　　　2．必要だができていない　　3．当社では関係なし
　新市場開拓を「行っている」に回答された企業の方へ、
　①売上増や利益増への貢献度・・・・・・・・・・1．すごく高い　　2．高い　　3．ふつう　　④低い　　5．全く低い
　②貴業界で新市場開拓をすることは・・・・・・・1．めずらしい　　②めずらしくない　　3．どちらともいえない
　③貴社が行った新市場開拓は・・・・・・・・1．追随されやすい　　2．追随されにくい　　③どちらともいえない

20．短納期に対応できる流通システムを・・・・・・・1．構築している　　②必要だが構築できていない　　3．当社では関係なし
　短納期対応の流通システムを「構築している」に回答された企業の方へ、
　①売上増や利益増への貢献度・・・・・・・・・・1．すごく高い　　2．高い　　3．ふつう　　4．低い　　5．全く低い
　②貴業界でそうした取組を行うことは・・・・・・1．めずらしい　　2．めずらしくない　　3．どちらともいえない
　③貴社が構築したような流通システムは・・・・・1．真似されやすい　　2．真似されにくい　　3．どちらともいえない

21．貴社では新しい流通経路構築に・・・・・・1．取組んでいる　　②必要だが取組んでいない　　3．当社では関係なし
　新しい流通経路の構築に「取組んでいる」に回答された企業の方へ
　①売上増や利益増への貢献度・・・・・・・・・・1．すごく高い　　2．高い　　3．ふつう　　4．低い　　5．全く低い
　②貴業界でそうした取組を行うことは・・・・・・1．めずらしい　　2．めずらしくない　　3．どちらともいえない
　③貴社の構築した流通経路は・・・・・・・・・・1．真似されやすい　　2．真似されにくい　　3．どちらともいえない

22．貴社では上記のようなマーケティング・流通の取組に関して、会社としての方針が・・・・1．定まっている　　②定まっていない

（アフターサービスに関して）
23．貴社ではアフターサービスの取組を・・・・・・1．行っている　　②必要だが行っていない　　3．当社では関係なし
　アフターサービスの取組を「行っている」に回答された企業の方へ、
　①売上増や利益増への貢献度・・・・・・・・・・1．すごく高い　　2．高い　　3．ふつう　　4．低い　　5．全く低い
　②貴業界でアフターサービスをすることは・・・・1．めずらしい　　2．めずらしくない　　3．どちらともいえない
　③貴社のアフターサービスの内容は・・・・・・・1．真似されやすい　　2．真似されにくい　　3．どちらともいえない

24．貴社ではアフターサービスの取組に関して、会社としての方針が・・・・・・・・・・・1．定まっている　　②定まっていない

（連携・ネットワーク、海外との取組に関して）
25．貴社では、新連携や農商工連携など連携事業の取組を・・・1．行っている　　②必要だが行っていない　　3．当社では関係なし
　連携事業の取組を「行っている」に回答された企業へ
　①売上増や利益増への貢献度・・・・・・・・・・1．すごく高い　　2．高い　　3．ふつう　　4．低い　　5．全く低い
　②貴業界で連携事業の取組をすることは・・・・・1．めずらしい　　2．めずらしくない　　3．どちらともいえない
　③貴社の連携事業の内容は・・・・・・・・・・・1．真似されやすい　　2．真似されにくい　　3．どちらともいえない

26．貴社は尼崎や東大阪など同業者や関連業者が多数立地する地域に立地していますが、そのことと貴社の売上や利益との関係（貢献度）
　　　1．すごく高い　　②高い　　3．どちらともいえない　　4．あまり関係ない　　5．全く関係ない
27．貴社では海外企業と取引や海外に工場を持つなどの取組を・・1．行っている　　②必要だが行っていない　　3．当社では関係なし
　海外との取組を「行っている」に回答された企業の方へ
　①売上増や利益増への貢献度・・・・・・・・・・1．すごく高い　　2．高い　　3．ふつう　　4．低い　　5．全く低い
　②貴業界で海外との取組をすることは・・・・・・1．めずらしい　　2．めずらしくない　　3．どちらともいえない
　③貴社の海外との取組内容は・・・・・・・・・・1．真似されやすい　　2．真似されにくい　　3．どちらともいえない

第Ⅰ部　現代中小企業の経営戦略と地域性

共同パートナーとなることを期待してのことである。

　このほか，同社の課題の一つに「短納期対応」があげられる。「Touch the Billion」の項で見たように，同社の納期管理は現場の作業員が行っていた。現場の作業員一人ひとりが取引先と納期管理や価格交渉ができるほどに能力が高かったともいえるが，一方で，匠からの指摘があったように，これでは会社としての対応が取れていないことになる。今後は，顧客とサワダ精密との組織対組織の対応が求められている。

（3）サワダ精密のビジネスモデル分析

　以下ではビジネスモデル分析とアクション・マトリクスを活用して，現在のサワダ精密を見る（表2-3）。

　ビジネスモデル分析には，アファーのものなどいくつかあるが，ここではモリスを用いる。また，アクション・マトリクスを併用するのは，ビジネスモデル分析は現状を見るにはよいが，そこに至る過去からの経緯が不明という問題があるからである。アクション・マトリクスを用いることで過去との比較ができ，現状についての理解がより深まると考えるからである。

　構成要素1は提供要素に関するものである。基礎レベル（基本方針）では，同社の経営理念にもうたわれているように，顧客の立場に立った視点から顧客も気づかないような価値を発見し，顧客が期待する以上の提案や製品を届けることがある。このため，企業固有の戦略では，顧客満足を高めるために高品質な加工を行うが，このため研削，研磨，放電，3D，5軸同時制御など加工ができる精密機械設備を保有している。特に，5軸同時制御の加工マシーンは町工場レベルで保有しているところはそれほど多くないほか，単品モノの加工をあたかも量産モノのように加工できるよう MC を複数台保有することで，多品種小ロットの生産体制を敷いている。また，競争相手が嫌がる複雑，精密，高級，面倒，緊急分野の加工を得手としている。ルールのレベル（基準・規則）では，サワダブランドの追及による顧客満足の永続的獲得や，情報に耳を傾け技術を磨き続けることをあげている。

　構成要素2は誰に価値を創造するかの市場要因であるが，基礎レベルでは三

第2章　自律型下請企業の発展の軌跡と経営戦略

表2-3　モリスのビジネスモデル分析から見たサワダ精密

構成要素＼レベル	基礎（基本方針）	企業固有の戦略	ルール（基準・規則）
構成要素1 提供要素：どのような価値を創造するのか	・顧客の立場に立った視点から顧客も気づかない価値を発見し，期待以上の提案や製品を届ける	・顧客満足を高める高品質な加工を提供するため，研削・研磨・放電・3D・同時5軸制御切削などの加工ができる精密機械を保有 ・競争相手が嫌がる複雑，精密，高級，面倒，緊急分野の加工を得意とする ・多品種小ロットの生産体制	・サワダブランドの追求による顧客満足の永続的獲得 ・情報に耳を傾け，技術を磨き続ける
構成要素2 市場要因：誰に価値を創造するのか	・二大顧客のほか，口座を開設した大手企業を中心とする顧客	・顧客に120％の満足を得てもらうために一品入魂の加工とファンづくり	・絶対的な品質の作りこみ ・品質と信頼の確立に向けたサワダブランドの確立
構成要素3 内部ケイパビリティ要因：企業内部にある優位な競争資源は何か	・高い人材力 ・高い技術力と開発力を武器 ・4工場の総合力の発揮	・顧客のニーズに即答するため現場従業員によるお客様担当制度 ・設計と工場の同居による技術力と開発力の発揮 ・4工場のグループ生産体制確立による総合力 ・セル生産方式を基本とするアメーバー組織 ・品質マネジメントシステム（QMS）を利用した日々の創造的カイゼン活動 ・CAMと連動したMCの稼働による休日夜間の無人稼働，段取り替え時間の短縮，朝一稼働 ・工場内のすべてのPCと工作機械が社内LANでネットワーク化 ・大手企業退職者の"匠"や委員会活動による人材教育 ・営業技術の向上	・QMSによる品質のマニュアル化 ・「不適合対策報告書」の発行 ・6S3Tの徹底・グループ稼働率目標の設定と成果の見える化
構成要素4 競争戦略要因：どのような競争的ポジショニングをとっているのか	・他社が真似できないほどの高品質なものを提供することで差別化	・顧客に期待以上の提案・製品・サービスの提供 ・製品開発，商品知識，接遇，礼儀，センスなどすべての資源の総動員	・総合力のアップ ・教育を通じた人材育成
構成要素5 経済要因：どのように金を儲けるのか	・売上は最大限に，経費は最小限に ・適正価格で販売	・サワダのファンになってもらい，顧客満足とともにより高く買ってもらう ・設計部門の強化 ・5軸のMCのフル稼働，休日・夜間のMC無人稼働	・主要顧客の維持拡大 ・生産性の向上 ・9つのムダの排除
構成要素6 個人的・投資家的要因：企業家の望む成長タイプ	・売上拡大 ・CSRの重視，地域社会の発展に貢献	・顧客満足の永続的獲得 ・サワダブランドの追求 ・社内を常に変化させ明日への投資を怠らない	・顧客満足の永続的獲得（＝サワダ精密の永続） ・双方が納得できる最高の価格設定（いたずらに価格競争はしない）

出典：筆者作成。

第Ⅰ部　現代中小企業の経営戦略と地域性

菱電機，三菱重工の二大顧客のほか，口座を開設してもらっている大手企業が中心となっている。企業固有の戦略では，顧客に120％の満足を得てもらうために一品入魂の加工とファンづくりがある。このためのルールとして，絶対的な品質の作りこみと，品質と信頼の獲得に向けたサワダブランドの確立がある。

　構成要素３は，企業内部にある優位なケイパビリティ（競争資源）は何かを見る。基礎レベルでは同社の強みである高い人材力，技術力，開発力や，４つの工場の総合力を発揮することがある。企業固有の戦略では，顧客のニーズに迅速に対応するために，現場従業員によるお客様担当制度を設けている。また，設計と工場が同居していることで，使用する立場で「精度，耐久性，コスト」のことを考え，顧客の創造を超える装置や治具の提案を行うことや，４工場のグループ生産体制確立による総合力を発揮することがある。また，セル生産方式を基本としながらも，必要に応じてグループ化して生産するアメーバー組織を採用している。このほか，品質マネジメントシステム（QMS）を利用した日々の創造的カイゼン活動や，CAM と連動した MC により休日夜間の無人稼働，段取り替え時間の短縮，設備機械の"朝一稼働"を行っている。さらに，工場内のすべての PC と工作機械が社内 LAN でネットワーク化しており，加工状況や納入予定日などの情報が共有されている。このほか，大手企業退職者を"匠"として採用し，人材教育や営業技術の向上を図っている。ルールのレベルでは，QMS による「品質のマニュアル化」を行うことや，顧客からのお叱りやクレームのすべてに対して「不適合対策報告書」の発行を行い再発防止につなげることがある。また，６Ｓ（整理・整頓・清掃・躾・整列），３Ｔ（定位置・定品・定量）を徹底することのほか，製造部では機械特性や業務内容によってグループ生産体制を敷いており，そのグループ稼働率目標を設定していることがある。このグループ稼働率目標に対しては，同社で「Ca 表」と呼ぶシートを作成することで成果の見える化を行っている。

---

17) サワダ精密の６Ｓ…整理：不必要なものを取り除き，無駄をなくすこと，整頓：順序よく並べ，使い勝手をよくすること，清掃：汚れをきっぱり取り除くこと，清潔：風紀面も含め，汚れがなくきれいなこと，躾：ルールや決まり事を必ず守ること，整列：水平・垂直・直角に並べ，列を作ること。３Ｔ…定位置：モノを置く位置を決めること，定品：置く品物を決めて表示すること，定量：モノの置く量を決めて表示すること。

構成要素4は，どのような競争的ポジションをとっているのかを見る。基礎レベルでは，他社が真似できないほどの高品質なものを提供することで差別化を図るとしている。企業固有の戦略では，顧客に期待以上の提案・製品・サービスを提供することとしており，そのために製品開発，商品知識，接遇，礼儀，センスなど，同社のもつ経営資源を総動員してあたることがある。このためのルールとして，4工場をはじめとした同社全体の総合力のアップ，役員，リーダー，現場従業員などへの教育による人材育成を行っている。

構成要素5は，どのように金を儲けるかを見る。基礎レベルでは，売上は最大限に経費は最小限，を掲げるほか，安売りはせず適正価格で販売することを基本方針としている。企業固有の戦略では，一品入魂のモノづくりで顧客満足を高めることでサワダのファンになってもらい，それを通じてより高く買ってもらうことや，モノづくりの元となる設計部門を強化することがある。また，5軸同時制御ができる MC をフル稼働させることや，休日・夜間の無人稼働を実施することがある。ルールのレベルでは，主要顧客の維持拡大を図ることや，MC を活用した生産性の向上のほか，作り替えのムダ・作り過ぎのムダ・運搬のムダ・在庫のムダ・動作のムダ・手持ちのムダ・産業廃棄のムダ・探すムダ・故障のムダを排除することがある。

構成要素6は，企業家の望む成長タイプである。基礎レベルでは，売上拡大により年商10億円という売上目標がある。また，企業は地域社会に支えられて存立していることから，CSR や地域社会の発展に貢献することで社会との調和を図ることをあげている。企業固有の戦略では，顧客満足を永続的に獲得することとそれに向けたサワダブランドの追求がある。また，そのために社内を常に変化させ明日への投資を怠らないことがある。ルールのレベルでは，顧客満足の永続的獲得をあげており，これができればサワダ精密も永続が可能であるとしている。また，いたずらに価格競争はせず，サワダ精密と顧客の双方が納得できる最高の価格を設定するとしている。

次に，サワダ精密のアクション・マトリクスを見る（表2-4）。ここでのアクション・マトリクスは，同社の「成長軌道に乗れるか」と称した2005～09年

第Ⅰ部　現代中小企業の経営戦略と地域性

表2-4　サワダ精密のアクション・マトリクス

取り除く	増やす
・人件費が安い海外でつくるだけの海外進出願望	・三菱電機，三菱重工をはじめとした大手メーカーとの直接取引と新規取引先の開拓 ・5軸同時制御切削の機械，CAM等新型設備の重点投資
減らす	付け加える
・MC操作に携わる人全員がプログラムを書けるというこれまでの同社の強み	・大手メーカーの定年退職者を"匠"として採用し，ノウハウの獲得 ・一般切削加工から精密部品の加工製造と設計部門（エンジニアリング部門）の新設 ・CAMの導入により，パートも操作可能なモノづくり ・CAMとMCの連携による休日夜間の無人操業

出典：筆者作成。

前後の変化を描写している。

　まず，「取り除く」では，これだけグローバル化が進展している現在においても，人件費が安いというだけのために海外進出するという願望を取り除いている。もちろん，将来的に海外進出することも視野に入れ，ベトナムからの研修生を受け入れるなどの布石は打っているが，同社は当面は国内生産を軸に展開することを考えている。

　「増やす」では，この間，三菱電機や三菱重工をはじめとした大手メーカーとの直接取引や新規取引先を増やしてきている。これら大手メーカーも海外展開を積極的に行っているが，一方で，試作品や量産試作などは国内に残すとの読みもあり，これに対応するため，5軸同時制御のCAMなど新型設備に重点的に投資を行ってきた。

　「減らす」では，これまですべての現場従業員が担当するMC工作機械のプログラムを書けることが同社の強みであったが，CAD機能を併せもったCAMを導入したことで，そこにプログラムを入力すれば，昼夜，土日祝日を問わず加工できるようなシステムを作り上げた。これにより，グローバル化が

72

さらに深化しても国内で操業できるということにつながっている。

「付け加える」では，大手メーカーで技術者として働き定年で退職した人を "匠" として採用した。これにより，サワダ精密が組織として対応できていなかった弱い部分の指導をしてもらったり，人材教育なども行ってもらっている。また，5軸同時制御の切削機械や CAM 等の新型設備を導入したことで，精密部品の加工が効率的にできるようになったほか，MC と CAM を連動させることで，パートも対応できるようになったこと，休日夜間も無人操業ができるようなシステムを組んだことがある。また，この間に設計部門を新設したことで，加工賃だけを売上げるのではなく利益の創出につなげている。

4. おわりに

以上，本章では下請企業から自立型下請企業，自律型下請企業へと展開する様子をサワダ精密を例に取り上げ，その沿革を見ながらビジネスモデル分析を用いた実証分析を行った。ここからのインプリケーションは以下のようである。

同社は，機械金属関連企業からのスピンアウトで始まったが，起業当時は浮動的下請であった。浮動的下請から特定企業の下請企業の地位を確立できたのは，その当時としては最新の MC を導入したことによる高い技術力を背景に，社長自らの相当な営業努力があったからにほかならない。次に，下請企業から自立型下請企業になるときは，ある程度の売上を恒常的に確保できるようになったことが大きい。恒常的に一定レベルの売上を上げることで，取引銀行との間に信頼関係が形成され，融資態度がそれまでと大きく変わったのである。ここに至るまでには，取引先の顧客は発注しようとする企業の設備保有状況で発注するか否かの判断をするという同社なりの読みがあり，急ピッチで設備投資を行ったことがある。特に同社の場合，社長が技能者でなかったこともあり，最新の設備を導入することで高い品質を得ようとした。このため，一定水準の設備を保有するまでかなり背伸びをした設備投資を続けた。[18] ある程度の設備を

---

18) 中小企業は大企業と比べ経営資源が不足しがちであるが，経営資源の不足は「営業力不足」を引き起こし，それがまた「ブランド力の弱さ」や「販路開拓難」を引き起こす。↗

第Ⅰ部　現代中小企業の経営戦略と地域性

保有するまでは，売上が上がっていても設備投資に資金を回すため，利益がほとんど出ていない状況が続いたのである。設備投資に終わりはないが，基本的な設備投資が一巡したときにかなりの経常利益が継続的に確保されるようになり，そのことが銀行の融資態度を大きく変えることにつながった。また，経常利益を恒常的に確保できるようになったことで経営にゆとりができ，これが相手のことも慮って行動する自律型下請企業への展開につながった。

　同社のケースから，いかに恒常的に一定水準の売上や経常利益を確保できるかが自立型下請企業や自律型下請企業になるポイントであったことがわかる。多くの他の下請企業と比較すると，たとえば親企業との取引が開始されたときに一般的な下請企業の場合，それに安住してしまうことが多いが，同社の場合は次々と大企業に口座を開設してもらっている。この新規の取引先を開拓しようとする努力は並大抵ではない。常に社長は現状に対する危機意識をもっており，それを解決するための課題設定と実現に向けた取組を行っているところが同社を自律型下請企業に発展させた原動力となっていた。創業社長の強い向上心が，現在の自律型下請企業に発展させたのである。

　経営資源の不足は新製品など「開発力不足」の問題を引き起こすが，それらは「売上低迷」という問題につながる。売上が低迷するようでは新規の「採用」が困難となるほか，そのような企業では後継者と目される人物がいても跡を継がない，継がせたくないといった状況が発生し，「後継者問題」が発生するほか，新たな設備投資をしようとする意欲が失せ「再投資不足」問題が発生する。これらは「経営資源不足」問題を引き起こすことになり，ここに中小企業の経営資源の不足による「悪魔のサイクル」が発生することになる。
　このサイクルから抜け出すには，どこかで連鎖を断ち切る必要があり，思い切った投資を行うなど「命がけの飛躍」をする必要がある（池田［2009］，pp. 39-48）。

74

第2章　自律型下請企業の発展の軌跡と経営戦略

補　遺

　サワダ精密株式会社は2013年6月に創業30周年を迎えたが，あわせて6月の誕生日で澤田脩一氏が66歳になることを機に，長男の洋明氏に社長職を譲り会長となった。以下は，事業承継後の推移について改めてヒアリングを行い，自律型下請企業のその後をまとめたものである。[19)]

1. 事業承継までの推移

　長男の洋明氏は，高校時代は跡を継ぐという気は全くなく，父親もそのことに関しては放任していたため，大学も文系に進学した。学生時代に一度サワダ精密に入れてほしいと頼んだことがあったが，いきなりは入れないと言われ，卒業後は地元の金融機関に就職していた。金融機関で4年を過ぎたころにもう一度父に頼んだところ許しが得られ，2004年に入社した。入社後3年間は一社員として現場作業を経験し，4年目からは営業を担当した。

　そのころ同社は，三菱重工業とも取引をしていたが取引金額はそれほど大きくはなかった。最初3回ほど社長，常務が営業に同行したが，それ以降は一人で任されることとなった。洋明氏の努力により，当時の最大取引先だった三菱電機と肩を並べるくらいにまで売上を伸ばすことができた。創業30周年と脩一氏が66歳を迎えるときに社長を譲りたいと考えていたことや，三菱重工業との取引増大は洋明氏の貢献によることから周囲の同意も得やすいと考えたのである。洋明氏は36歳で社長となったが，この年齢は脩一氏が会社を創業した年齢でもある。

　脩一氏が社長時代の最後の数年，将来を見越して新工場を建て，そこではCAD・CAM に対する積極的な投資をしたほか，三菱電機など取引先の工場で使用する特注のメカトロニクス機械の設計に乗り出している。CAD・CAM

---

19) ヒアリングは，2017年1月16日に澤田脩一会長と洋明社長に行った。

75

第 I 部　現代中小企業の経営戦略と地域性

のほうは，将来の人手不足や熟練技能者不足，夜間無人運転に対応するための設備投資であったが，クリックすると工作機械を動かすプログラムができるなど，経験年数の浅い人でもできるようになったことが大きなメリットであった。一方，このシステムでは工夫しながらモノづくりをする楽しさが失われるといった声が現場から上がっており，予想外の事態も発生している。このこともあり，同社では1台1台のマシニングセンタの横でプログラムを作りながら加工する従来のやり方も残しつつ対応している。

　メカトロニクス機械設計のほうは，当初3年ほどは全く仕事がなかったが，最近になってようやく引き合いがくるようになったという。メカトロニクス機械設計を始めた理由として，これまでは部品加工が主だったが，機械設備の設計をすることで，部品だけを作っていたのではわからなかった部品が実際に使われる設備の全体像が把握できるほか，実際に生産段階になれば同社の部品加工部門も潤うことを考えたからである。

2．事業承継後の組織面から見たアクション・マトリクス

　事業承継後も根本的な事業方針に大きな変更はなく，今のところ前社長の方針を踏襲している。その一方，組織面ではいくつか変化が見られる。それについてアクション・マトリクスを用いて見てみよう（表2-5）。

　事業承継前の「取り除く」は人件費が安いだけの理由で海外生産するといった海外進出願望であったが，この間にベトナム研修生を6人受け入れたことで少し状況が変わってきている。このため，事業承継後の「取り除く」に該当する項目はなくなったが，「付け加える」に新しく項目が加わった。すなわち，「付け加える」ではベトナムからの研修生を受け入れ，現場作業や CAD・CAM 作業を研修し覚えてもらったが，そのうちの1人がハノイに戻り，現地でサワダ精密から送られたデータを下に CAD・CAM のプログラムを作り，それで生計を立てているという。このベトナム人はやる気もあり人間性も良いことから，このつながりを大事にしたいと思うようになり，現地法人化も視野に入りだした。ただし，現地法人化すれば，十分な仕事量の確保の問題や，日本人スタッフを送り込む場合の人繰りの問題が出てくるなど，いくつか超えな

表 2-5　事業承継後の組織面のアクション・マトリクス

取り除く	増やす
• なし	• 休日 • 研修 • ミドルによる委員会活動 • メカトロニクス機械設計部門の人員
減らす	付け加える
• トップダウンの意思決定・残業	• ベトナムでの海外展開の可能性 • 兄弟分制度の復活

出典：ヒアリングにより筆者作成。

ければならないハードルがあるという。

　このほかに，これまで新入社員の定着率が低かったこともあり，中断していた "兄弟分制度" を復活させた。これは，新入社員から見れば 4 ～ 5 歳年上の人を "兄貴" として配し，仕事面や生活面など様々な相談に乗るという制度である。兄貴にはリーダー直前の人を付け，兄貴側にも相談に乗ることを通じて自らも成長することを期待しているという。

　「減らす」について見ると，トップダウンによる意思決定を減らしている。これまでは脩一社長のトップダウンで経営することが多く，従業員は "指示待ち" 状態が多かった。脩一氏が社長時代に何度もミドルアップの組織づくりを心がけたができなかったといい，若い後継者が社長に就任したことで自発的にミドルアップの組織に変化しだしたといえる。具体的には，部門長がしっかりと自分の意見を言うようになり，また，部門長同士が仕事の調整をしだしたことで[20]，"組織" として動き出したという。また，それまで入社 1 ～ 3 年目の若年者の退職者が多かったが，残業時間を減らしている。

　「増やす」について見ると，残業時間を減らしたと同時に休日を増やし，労働条件の改善に努めている。また，従業員がリーダーを務める社内の「人材育成委員会」が企画した研修が増えている。これは，月に 1 ～ 2 回，水曜日に行う業務に関する勉強会に加え，外部から講師を招き，「なぜ働くのか」といっ

────────────

20）機械加工をする場合，いくつかの機械で同じような加工をすることができるが，機械の稼働状況や機械の能力を加味してどの機械で作業するのが効率的か調整する必要がある。

第Ⅰ部 現代中小企業の経営戦略と地域性

た人間教育の研修も行っている。このほか，同社は将来の柱となるメカトロニクス機械設計部門を育てるため，この部門の人員を拡充している。

3．今後の展望

同社の2017年1月現在の従業員数は74人である。会長によれば，「50～100人規模」の会社は中途半端で，早く「100人規模」になりたい，という。大きくなれば，必然的に組織で仕事をすることになるほか，受注する仕事の中身も変わってくるという。すなわち，規模が小さいときは，発注先からそもそも能力以上の仕事の依頼はこないが，大きくなれば塊で仕事がくるようになり，受注金額も大きくなるという。また，規模が大きくなればそれに連動して売上も上がっていくが，売上に占める固定費の割合が短期的には低くなり，結果，損益分岐点も低くなることから利益を上げやすくなり黒字体質に転換する。このことはまた，会社に"ゆとり"を生み，新しいことにチャレンジしていくことにもつながる。さらに，会社規模が大きくなることで，従業員も"わが社"が発展していることが体感でき，夢を与えることができるという。

この「大きくなりたい」という量的な規模拡大に加え，質的にも「強くなりたい」というのが目下の思いであり，それに向けた事業展開を行っている。

[謝辞] サワダ精密株式会社には2度にわたる長時間のヒアリングをさせていただきました。澤田脩一会長，洋明社長にこの場をお借りしてお礼申し上げます。

第2章 参考文献

Afuah, A. [2003] *Business Models, A Strategic Management Approach*, McGraw-Hill Irwin.

Helper, S. [1990] *Comparative Supplier Relations in the U.S and Japanese Auto Industries : An Exit/Voice Approach*, Business and Economic History, Second Series, Vol. 19, pp. 153-162.

Hirschman, A. O. [1970] *Exit, Voice and Loyalty : Responses to Decline in Firms,*

Organizations and States, Harvard University Press.（三浦隆之訳［1975］『組織社会の論理構造——退出・告発・ロイヤルティ』ミネルヴァ書房。）

Kim, W. C. & Mauborgne, R. [2005] *Blue Ocean Strategy,* Harvard Business School Press.（有賀裕子訳［2005］『ブルー・オーシャン戦略』ランダムハウス講談社。）

Morris, M., Schindehutte, M. and Allen, J. [2005] "The entrepreneur's business model : toward a unified perspective", *Journal of Business Research,* vol. 58, pp. 726-735.

浅沼萬里［1989］「日本におけるメーカーとサプライヤーとの関係——関係の諸類型とサプライヤーの発展を促すメカニズム」土屋守章・三輪芳朗編『日本の中小企業』東京大学出版会，pp. 61-78。

浅沼萬里［1990］「日本におけるメーカーとサプライヤーの関係——関係特殊的技能の概念の抽出と定式化」京都大学経済学会『経済論叢』第145巻第1・2号，pp. 1-45。

池田潔［2006］「中小企業ネットワークの進化と課題」日本中小企業学会編『新連携時代の中小企業』同友館。

池田潔［2007］「自立型下請企業のビジネスモデル分析」北九州市立大学『都市政策研究所紀要』第1号。

池田潔［2009］「中小企業と経営問題」高田亮爾・上野紘・村社隆・前田啓一編著『現代中小企業論』同友館。

池田潔［2012］『現代中小企業の自律化と競争戦略』ミネルヴァ書房。

佐竹隆幸編著［2002］『中小企業のベンチャー・イノベーション』ミネルヴァ書房。

佐竹隆幸［2008］『中小企業存立論』ミネルヴァ書房。

サワダ精密株式会社［2012］『第25期　経営指針書』（内部資料）。

高嶋克義［2006］「関係性マーケティング論の再検討」『国民経済雑誌』神戸大学，第193巻第5号。

高田亮爾［1989］『現代中小企業の構造分析——雇用変動と新たな二重構造』新評論。

高田亮爾［2003］『現代中小企業の経済分析——理論と構造』ミネルヴァ書房。

高田亮爾［2006］「中小企業と企業間関係」流通科学大学『流通科学大学論集　流通・経営編』第18巻第3号。

港徹雄［1985］「下請中小企業の新局面とその理論的展開」『商工中金』第35巻第1号。

安室憲一・ビジネスモデル研究会編著［2007］『ケースブック　ビジネスモデル・シンキング』文眞堂。

渡辺幸男［1983a］「下請企業の競争と存立形態——『自立』的下請関係の形成をめぐっ

第Ⅰ部　現代中小企業の経営戦略と地域性

　　て（上)」慶應義塾大学『三田学会雑誌』第76巻第2号。

渡辺幸男［1983b]「下請企業の競争と存立形態——『自立』的下請関係の形成をめ
　　ぐって（中)」慶應義塾大学『三田学会雑誌』第76巻第5号。

渡辺幸男［1984]「下請企業の競争と存立形態——『自立』的下請関係の形成をめぐっ
　　て（下)」慶應義塾大学『三田学会雑誌』第77巻第3号。

渡辺幸男［1995]「下請中小企業と系列——受注生産型中小企業の従属的成長から自立
　　的成長への道」『ビジネスレビュー』Vol. 43, No. 2。

第3章

自社製品を有する企業に求められる経営戦略
——MOT（マネジメント・オブ・トータル）を中心に——

1. はじめに

　前章では自律型下請企業の経営戦略について見たが，ここでは自社製品を有する企業の経営戦略について見る。およそ企業には，今日の厳しい時代環境のなかで生き残っていくために，イノベーションの実施が求められる。多くの中小企業で新製品開発に勤しんでおり，表彰されるほどの製品ができることもある。しかし，それらが実際に売れるかどうかは未知数である。

　本章ではまず，イノベーションに関する先行研究のレビューや，中小企業のイノベーション促進要因に関する一連の研究成果について見る。そのあと，せっかく優れた新製品開発をしながらも，販売に至らなかった企業を取り上げ，その原因を探る。その結果，新製品開発の過程において，研究開発に注力するあまり販路のことまで視野に入ってなかったことが明らかとなる。このことから，革新的な自社製品を作り，それを市場で販売していくためには研究開発から生産，販売に至るまで，それぞれ部署間で同時に情報共有する「マネジメント・オブ・トータル」な経営が重要であることを説く。

2. イノベーションに関連した先行研究

（1）イノベーションの定義に関して

　イノベーションの概念を最初に提示したのはシュンペータ（Schumpeter, J. A.）である。『経済発展の理論』のなかで，「発展とは自分自身のなかから生み

81

第Ⅰ部　現代中小企業の経営戦略と地域性

出す経済生活の循環の変化のことであり，外部からの衝撃によって動かされた
経済の変化ではなく，自分自身に委ねられた経済に起こる変化とのみ理解すべ
きである[1]」としているが，この自分自身に委ねられた経済に起こる変化こそが
イノベーションである。イノベーションとは，新しいものを生産する，あるい
は既存のものを新しい方法で生産することで，生産とはものや力を従来とは異
なる形で結合（「新結合」）することである。また，その担い手が企業家
（Entrepreneur）であり，企業家の「創造的破壊」が資本主義のダイナミックな
発展につながるとした。シュンペータはイノベーションの例として，① 創造
的活動による新製品開発，② 新生産方法の導入，③ 新マーケットの開拓，④
新たな供給源の開発，⑤ 新しい組織の設計をあげたが，この類型は多くの文
献で引用され，わが国の「経営革新」企業を抽出する際にもこれが援用されて
いる。

　シュンペータのイノベーションの例示のなかの3番目に“新マーケットの開
拓”が含まれているものの，どちらかといえば企業よりの視点である。これに
対して，マーケティング視点を導入したのがドラッカー（Drucker, P.F）であ
る[2]。ドラッカーは，「企業には二つの基本的な機能が存在する。すなわち，
マーケティングとイノベーションである。この二つの機能こそ，まさに起業家
的機能である[3]」とし，イノベーションに関しては「より優れた，より経済的な
財とサービスを創造することである。企業は単に経済的な財とサービスを供給
するだけでは十分ではない。より優れたものを創造し，提供しなければならな
い[4]」とするなど，マーケティング視点の導入とその意義を強調している[5]。

1）Schumpeter［1926］（塩野谷・中山・東畑訳［1980］（改訳版）p. 146）。
2）シュンペータがイノベーションについて言及したのが1926年，一方のドラッカーは1993
　　年であることに注意する必要がある。
3）Drucker［1993］（上田訳［1997］）。
4）同上書。
5）この点に関して，後述するように，本章では新製品開発を行った企業事例からのインプ
　　リケーションとして，中小企業の場合の MOT の T は total の T が重要であるとする。
　　これは，中小企業での新製品開発の失敗例として，製品は完成しても市場で販売し，投下
　　資本を回収するかの視点が弱いことがある。したがって，ドラッカーが示したように，イ
　　ノベーションにはマーケティングの視点を導入することが重要である。

わが国の研究者では，後藤晃がイノベーションとは「新しい製品や生産の方法を成功裏に導入すること[6]」として，売上や利益の視点を導入した定義を行っている。また，石川嘉英は顧客価値を顧客が感じる満足と支払う対価の差であるとした上で，「イノベーションとは新たな顧客価値を創造することである[7]」とし，顧客視点の視点からイノベーションを定義している。今日のイノベーションには単に革新的なものを創造するだけでなく，顧客が満足するような視点が重要で，あわせて企業の売上や利益にもつながるなど，成果を上げることが問われている。

（2）イノベーションの担い手

古くから，イノベーションの担い手は誰かといったことが数多くの研究者によって議論されてきた。たとえば，先のシュンペータ自身，初期の著作[8]において想定されていたのは既存企業ではなく新企業であり，また新企業である以上，相対的に規模の小さな企業と考えるのが自然であるとした[9]。こうした初期の著作で想定されている企業は，後期のそれと区別して「シュンペータ・マークⅠ」と呼ばれている。

後期の著作では，「大規模組織が経済進歩，とりわけ総生産量の長期的増大[10]のもっとも強力なエンジンとなってきた」とし，シュンペータ・マークⅠはもはやイノベーションの担い手となりえず，独占的な大企業（シュンペータ・マークⅡ）に移ったとする[11]。そこでは，一般的に大企業の方が研究開発に優位というもので，その源泉として研究開発の規模の経済性，研究開発投資の専有可能性，資金力，リスク負担能力をあげている。

一方，アクツとオードリッチ（Acts, Z. J. & Auderetsch, D. B.）はアメリカの企業データをもとに，産業部門ごとに大企業と中小企業のいずれがイノベーショ

---

6 ）後藤［2000］，p. 22。
7 ）石山［2008］，p. 19。
8 ）Schumpeter［1926］（塩野谷・中山・東畑訳［1980］（改訳版））。
9 ）野方［2005］。
10）Schumpeter［1950］（中山・東畑訳［1995］（新装版）pp. 164-165）。
11）野方［2005］。

第Ⅰ部　現代中小企業の経営戦略と地域性

表 3-1　産業部門ごとの企業規模別イノベーション発生率

部　門	大企業優位の産業数	(LIE＞SIE)	中小企業優位の産業数	(LIE＜SIE)	同等	(LIE＝SIE)
食　料　品	20	(42.55)	13	(27.66)	14	(29.79)
た　ば　こ	1	(25.00)	0	(0.00)	3	(75.00)
繊　　　維	2	(6.67)	4	(13.33)	24	(80.00)
衣　　　服	3	(9.09)	3	(9.09)	27	(81.82)
木　　　材	3	(17.65)	1	(5.88)	13	(76.47)
家　　　具	4	(30.77)	5	(38.46)	4	(30.77)
紙	10	(58.82)	4	(23.53)	3	(17.65)
印　　　刷	5	(29.41)	4	(23.53)	8	(47.06)
化　　　学	8	(28.57)	15	(53.57)	5	(17.86)
石　　　油	1	(20.00)	2	(40.00)	2	(40.00)
ゴ　　　ム	3	(50.00)	1	(16.67)	2	(33.33)
皮　　　革	1	(9.09)	3	(27.27)	7	(63.64)
窯 業・土 石	4	(14.81)	8	(29.63)	15	(55.56)
鉄鋼・非鉄金属	7	(26.92)	8	(30.77)	11	(42.31)
金　属　製　品	11	(30.56)	15	(41.67)	10	(27.78)
一 般 機 械 器 具	12	(27.27)	29	(65.91)	3	(6.82)
電 気 機 械 器 具	9	(24.32)	22	(59.46)	6	(16.22)
輸送用機械器具	9	(52.94)	6	(35.29)	2	(11.76)
精密機械器具	2	(15.38)	10	(76.92)	1	(7.69)
その他製造業	7	(35.00)	3	(15.00)	10	(50.00)
合　　計	122	(27.23)	156	(34.82)	170	(37.95)

注：LIE（The large-firm innovation rate）は従業員500人以上企業の従業員あたりのイノベーション発生率。SIE（The small-firm innovation rate）は従業員500人未満企業の従業員あたりのイノベーション発生率。
出典：Acts, Z. J. & Audretsch. D. B. [1990], p. 53.

ンを多く発生させたかを分析している（表3-1）。それによると，たとえば産業分類の2桁分類である「食料品」がさらに47の細かい産業に分類され，このなかで大企業の方でイノベーション発生率が高かったものが20，中小企業の方

84

で多かったものが13，同等が14となっている。業種によって大企業優位のもの
もあれば中小企業優位のものもあるが，合計を見ると大企業の方が優位な産業
数は122だったのに対し，中小企業は156と大企業を上回っており，中小企業の
方でイノベーション発生率が高い結果となっている[12]。もっとも，彼ら自身は
シェラー（Scherer, F. M.）[13]を引用し，技術進歩に関してどの規模の企業が絶対
的に有利だとはいえないとし[14]，中小企業のイノベーティブな活動は大企業のも
のとは異なり重要な貢献をしていると結論づけている[15]。

　また，ロスウェル（Rothwell, R.）は，イノベーションにおける中小企業と大
企業の優位性と劣位性を比較して，表3-2のようにまとめている。

表3-2　イノベーションにおける中小企業と大企業の優位性と劣位性

		中 小 企 業	大 企 業
マーケティング	優位性	市場の需要変化に対する迅速な対応力．	広範囲な流通・サービス施設．既存製品に対する市場での高いマーケット能力．
	劣位性	海外市場でのスタートアップコスト．	
マネジメント	優位性	官僚主義に陥っていないこと，企業家的経営者は新しい機会にすばやく対応し，積極的にリスクを受け付ける．	優秀な管理職による複雑な組織管理と企業戦略を構築する能力．
	劣位性		過剰な官僚主義に陥ること，しばしばリスク回避型の会計士による管理がなされる．管理職の中に事なかれ主義的な人もいる．
内部の特性	優位性	効率的で非公式な内部のコミュニケーション，内的問題に対するすばやい対応，外部変化に対してすばやく適応する能力．	
	劣位性		内部のコミュニケーションが取りにくくなっており，外部の環境変化への対応が鈍くなる．
	優位性		優秀な技術者を獲得できる可能性．大きな R&D の設立可能性．

12）大企業が優位な産業数（小分類）は122だったのに対し，中小企業が優位な産業数（小
　　分類）は156，同等が170であった。（Acts & Audretsch［1990］, p. 53）。
13）Scherer［1980］.
14）Acts & Audretsch［1990］, p. 54.
15）ibid., p. 59.

第Ⅰ部 現代中小企業の経営戦略と地域性

優秀な技術者	劣位性	適材適所の優秀技術者の不足. かなりの規模をもつ正式な R&D の取組をサポートすること.	
外部との連携	優位性		外部の科学的・技術的知識への接続能力. 研究機関や情報サービスの活用. 専門機関への研究開発委託. 必須の技術情報や技術の購入.
	劣位性	外部の科学的・技術的知識を活用するのに必要な時間や資源の不足.	
資金調達	優位性		資本市場からの調達能力. プロジェクトのポートフォリオに対するリスク分散. 新技術や新市場に対する多面的資金投入.
	劣位性	資金調達面（特にリスク資金）の困難さ. イノベーションは巨大なリスクを引き起こす. プロジェクトのポートフォリオに対するリスク分散ができないこと.	
規模の経済性とシステム的アプローチ	優位性		研究開発, 生産, マーケティングにおける規模の経済性の発揮. 補完的製品の提供能力. 大規模完成品を提供する能力.
	劣位性	ある分野では, 規模の経済性が中小企業にとって参入障壁となっている. 統合された製品ラインやシステムを提供することが困難.	
成 長 性	優位性		生産量に合わせた資金調達能力. 多角化や買収による資本拡大.
	劣位性	急成長を遂げているときに必要な外部資金を調達することの困難さ. 起業家はしばしば複雑化する組織に対処できなくなる.	
特 許	優位性		特許専門家の雇用能力. 特許侵害に対する防衛・訴訟能力
	劣位性	特許制度に対する対応. 特許訴訟時の時間と費用への対応.	
政 府 規 制	優位性		複雑な規制要求に対して弁護士を手当てする能力. 規制コストの分散. 法令順守に必要な研究開発を手当てする能力.
	劣位性	複雑な規制に対する対応力. 中小企業にとって法令順守のための費用が高いこと.	

出典：Rothwell [1989], p. 53.

ロスウェルらは別の著作で，「中小企業は，技術革新（筆者注：原書ではイノベーション）の過程で柔軟性があり，市場の変化にダイナミックに反応できること，企業家的経営環境にあること等，大企業に対して多くの優位性を有する反面，多くの固有の劣位性からも被害を被っている。これらの劣位性は主として規模と関連がある。すなわち，資金や優秀な人的資源の不足，生産・流通面での規模の経済を十分に得ることができないことによる。経営資源が不足しているので，大企業に比し，技術革新に伴う高リスクを負担することができない。だから，中小企業に対する政策は中小企業が小規模性からくる劣位性を克服し，高度の革新的専門製品の開発の中で技術的，財政的および市場化のリスクを軽減できるように援助することを目的とすべき[16]」としている。

（3）わが国中小企業の経営革新やイノベーションに関する実態調査と実証研究

①"経営革新"をタイトルに有する実態調査

　わが国では，中小企業の経営革新に関する実態調査が様々な研究機関等によって行われてきた。そのいくつかを見る。

　静岡県・財団法人しずおか産業創造機構の「中小製造業における経営革新等実態調査」[17]（2001年8月調査実施）では，業績が好調な企業ほど現状への危機意識が高く，幅広い分野の経営活動に取組んでいること，これら企業では新製品や新技術の開発を実施した企業が多い反面，人員削減によるコストダウンを実施した企業は少ないことを指摘している。経営革新への取組として，「技術・生産面」を見ると，売上が好調な企業では「モジュール化」に取組んでいることや，「コア事業の強化」を図るため，これに経営資源を集中的に投入できるよう，「アウトソーシング」を積極的に活用している。「市場開拓面」では業績が好調な企業では市場開拓の手段として新聞・専門誌やインターネット，メッセ等の展示会など，様々なメディアを有効に活用している。「組織改革面」を見ると，業種が好調な企業では「能力主義の導入」が進んでいることや，業務

---

16) Rothwell and Zegveld [1982]（間苧谷・岩田・庄谷・太田訳 [1987]，pp. 66-67）。
17) 静岡県・財団法人しずおか産業創造機構 [2002]。

第 I 部 現代中小企業の経営戦略と地域性

マニュアル，明確な業績評価基準を設けたり，独立採算制を導入する動きが盛んなことを指摘している。「ネットワーク面」では，全体的には外部機関等との交流状況は低いとしながらも，業績が好調な企業では大学と「共同研究など交流あり」とする割合が高いとしている。

大阪府立産業開発研究所の「中小企業の経営革新に関する調査[18]」（2002年9月調査実施）では，経営戦略や自社内外の資源活用のあり方が経営革新の成果・企業の業種や競争力に与える影響や，経営革新に関する国・大阪府の支援施策を利用した企業の雇用創出効果等について分析している。主な調査結果を記すと，経営革新計画が進んでいる企業ほど，最近3年間の売上，経常利益の向上割合が高いこと[19]，経営革新によって競争力が向上したとする企業割合が高いことが示されている。また，経営革新に役立った要素として「企画開発力」「技術力」をあげており，それらが「価格競争力」「ネットワーク形成力」と組み合わされることで「売れる」企画や技術となり，業績向上の可能性が高まるとする。経営革新活動の実施体制として，6割を超える企業が他社と連携しており，自社単独で実施する企業と比べて業績が向上している。また，経営革新により，雇用創出効果があることも指摘している。

大阪商業大学・東大阪商工会議所の「東大阪市における中小企業の経営革新と産学連携に関する調査[20]」（2005年7月調査実施）では，経営革新に関する項目として「生産する製品・加工品の変化」「生産設備・加工技術の変化」「原材料調達・外注先の変化」「販売（納入親会社）先の変化」「IT など社内の管理体制の変化」の5項目を取り上げ，それぞれ5年前と比較して「大きく変化した」「少しは変化した」「あまり変化していない」の選択肢を用意している。回答結果の集約として，「多くの中小企業では，何らかの経営革新への努力がみとめられるが，あまり変化がなかったとする企業が各項目ともに3分の1を占めた。一方で，繊維・衣服のように環境が大きく変わった業種では革新せざるを得なかったとする。また規模別では，小さい規模ほど革新性に乏しく，

---

18) 大阪府立産業開発研究所［2003］。

19) 経営革新活動で何らかの成果が上がったとする企業は69.0%にのぼる。

20) 大阪商業大学・東大阪商工会議所［2006］。

第3章　自社製品を有する企業に求められる経営戦略

30～50人程度の規模層が革新的で，それを超えると低下する傾向がみられた」としている。

　大阪府立産業開発研究所の「経営革新に挑戦する大阪の中小企業」[21]（2006年 5 月および 7 月調査実施）では，経営革新計画承認企業と承認を受けていない一般企業との比較を行っている。まず，経営革新計画承認企業（製造業と非製造業を対象）の経営革新計画の内容を見ると，「新商品の開発」「新サービスの開発」「既存商品の新たな生産方法の開発」「既存商品の新たな販売方法の開発」「既存サービスの新たな提供方法の開発」の 5 項目からなり，製造業，非製造業ともに新商品の開発が最も多くなっている。経営革新計画の成果として，製造業では「技術力の向上」「対外的な信用や評価の向上」「新規取引先の開拓」「設備投資の実施」「社員の事業意欲の向上」などが，非製造業では「対外的な信用や評価の向上」「新規取引先の開拓」「技術力の向上」「新たな事業ノウハウの習得」などが高くなっている。次に，経営革新計画承認企業と一般企業とで売上高や経常利益について比較すると，経営革新計画承認企業のほうがいずれも一般企業を上回ったことを指摘する。

　② "イノベーション" をタイトルに有する実証研究

　土井教之は，わが国の進歩的中小企業におけるイノベーション・システムに関する特徴として，① 工程革新よりも製品価値が重視される，② 新製品の源泉として，社内開発と外部との共同研究が補完的に実施される，③ 特に顧客との共同研究が戦略的に重要である，④ R&D には，マーケティング・営業サイドからの情報，圧力などが大きな影響をもつ，⑤ 社長が計画の策定・執行に直接大きく関与し，社長のパーソナリティ，資質が大きな影響をもつ，⑥ イノベーションには並行してマーケティング力と組織力が不可欠である，⑦ 優秀な研究者・技術者の確保，技術の市場性の目利き，研究資金の確保なども重要な要因である，⑧ 開発された新技術の利用は，特許戦略に見られるように企業間で多様であることをあげる。そこからのインプリケーションとして，

---

21) 大阪府立産業開発研究所［2007］。

第Ⅰ部　現代中小企業の経営戦略と地域性

① 技術開発はマーケティング革新や組織革新と一体として進める必要がある，② 社長の関与が大きいだけに，そのリーダーシップの下で機動的，効率的に革新を進めるためには，社長と従業員の両方とも技術・経営革新に対する高い意識を共有し，そのための仕組みづくりが不可欠である，③ 進歩的企業の多様性，独立性，自立性を考慮した公共政策を進める必要がある，とした。[22]

　本庄裕司は，中小企業のイノベーションの決定要因を検証している。すなわち，一部のイノベーションを除いて，相対的に年齢の高い企業群でイノベーションと企業規模との正の相関が見られること，また，成長志向の強い企業ほど，加えて，安定志向の弱い企業ほど，新技術・新商品の開発，新しい販売・宣伝方法の導入といったイノベーションを実現する傾向が見られることをあげる。インプリケーションとして，イノベーションを表す指標によって決定要因が異なること，経営目標や経営戦略の違いによってイノベーション活動に違いが見られ，イノベーション研究や中小企業政策において，多様な視点で中小企業のイノベーションを捉えることの重要性を指摘している。[23]

　以上，中小企業の経営革新に関する実態調査からは，経営革新実施企業は売上増や利益増といった成果に結びついていること，さらに，いくつかの調査からは雇用増にも貢献していることが明らかとなった。このことから，経営革新は個々の企業にとって重要な問題であるとともに，経営革新実施企業の業績拡大が雇用増にも結びつくことで，国や地方自治体が企業の経営革新を推進し，成果の高かった企業の表彰を行っているのである。

　中小企業のイノベーションに関する実証研究からは，イノベーションに果たす社長の役割の大きさとともに，技術開発とマーケティング，組織革新とが一体となって行われる必要があること（この点は，後述の事例から導き出されたインプリケーションとも合致する），シュンペータが指摘した5つのイノベーションの特徴を決定する要因は一意ではなく多様であること，中小企業のイノベーション活動は多様なものであることなどが明らかにされた。

---

22) 土井［2006］。
23) 本庄［2007］。

（4）中小企業のイノベーション促進に関する先行研究

　中小企業のイノベーション促進や，イノベーションによる成果を獲得するための研究として，MOT や企業内組織に関するものを見よう。

① 中小企業と MOT

　経済産業省によると「技術経営（MOT）とは，技術に立脚する事業を行う企業・組織が，持続的発展のために，技術が持つ可能性を見極めて事業に結びつけ，経済的価値を創出していくマネジメントとしている」[24]。中小企業の視点に立って技術経営の意義や重要性を捉えなおしたとする「中小企業の技術経営（MOT）と人材育成」では，技術経営を「コア・コンピタンスである技術力を競争力のある事業に結びつけ，他社に対する競争優位を確立することである。企業が長期にわたり競争優位を維持するには，他社とは異なる戦略的ポジショニングが必要で，そのための研究開発戦略や技術の活用方法を駆使することが『技術経営』だ」[25]とする。

　また，「MOT テキストシリーズ」のなかで桑原裕は，「技術経営の真髄はイノベーション」だとし，「技術の重要さ」を，技術という枠を超えて昇華させ『企業全体の経営』という立場で捉え直し，技術を軸にしたコーポレート経営を組み立てることに技術経営の本質があり，イノベーションを常に強く意識している」[26]とする。さらに，同シリーズのなかで，常盤文克は「MOT とは，マネジメントというテーブルの中央に技術を置いて経営戦略を議論し，立案し，その戦略を実践していくことである」[27]としている。

　ところで，この MOT に似た概念に MBA（Master of Business Administration）がある。両者は近年接近しており，今後も限りなく近づき，将来は融合の方向に向かっているとする見方があるが，そもそもの発展経緯は異なっている[28]。すなわち，両者の違いは教育ビジョンにあるとするもので，従来の MBA では

24）経済産業省大学連携推進課［2005］。
25）中小企業金融公庫総合研究所［2006］。
26）桑原［2006］, p. 1。
27）常盤［2006］, p. 25。
28）桑原［2006］, p. 26。

第Ⅰ部　現代中小企業の経営戦略と地域性

基本的にはマーケティングやゼネラルマネジメントに携わっている社会人学生に焦点を当てており，技術的バックグラウンドは必ずしも必要ではなかった。一方，MOT プログラムはゼネラリストの養成ではなく，より広い専門性をもち，技術の本質を理解し，かつビジネスプリンシプルとビジネスにおける基本概念を把握し，経営的視点からコミュニケートできる人材を目指している。技術の大きな流れを読み取り，適切な技術的・経営的判断がタイムリーにできる人材養成を目標としている。[29]

技術開発の急激な変化で，未来技術，技術の収斂，技術獲得やグローバルな技術移転，さらには研究・技術開発組織の複雑さなどから技術経営（MOT）は特に技術指向の企業にとって生き残りをかけた重要事項となっており，会社の発展と存続のカギとなっている。[30]

また，出川通は「MBA では主に既存の事業をベースとして，"勝ち抜き成長させる"ためのプロセスを受け持っているのに対して，MOT では研究から事業化まで不確定な中で"技術を商品まで移行させる"プロセスを主に受け持っているという違いがある。このため MOT ではイノベーションという用語が大切であり，MOT の方がより不確実性の高い中でのマネジメントである」とする。[31]

こうした MOT の概念を中小企業に適用しようとする場合，これまで大企業中心に考えられてきたこともあり，中小企業にそのまま適用できるだろうか，という問題が生じる。大企業で MOT が導入された背景の一つに，開発と生産現場の空間的な距離が離れていることがある。また，技術者・研究者と経営者とは別人物であり，空間的な距離も離れていることが多い。しかも，それぞれ従事する人が専門分化しているために，こうした MOT の考え方が必要となったと考えられる。一方，中小企業の場合はそれらの距離はきわめて近いか，もしくは一体化した建物のなかで行っていたり，同一人物（多くの場合，経営者）が研究開発も営業も経営全般も行っている。したがって，中小企業の場合

29）桑原 [2006], p. 27。
30）同上書, p. 28。
31）中小企業金融公庫総合研究所 [2006]。

第3章　自社製品を有する企業に求められる経営戦略

図3-1　イノベーション・マトリクス

テクノロジー	新規	セミラディカル	ラディカル
	既存に近い	インクレメンタル	セミラディカル
		既存に近い	新規
		ビジネスモデル	

出典：Davila, Epstein, R. Shelton［2006］（スカイラ
イトコンサルティング訳［2007］, p. 74）

は，自社の保有技術を経営にどう活かすかということのために，技術そのもの
を磨いたり，あるいはコア技術形成に向けた努力といったことのほか，技術を
事業化，商品化するための仕組みや組織にも注力することが重要と思われる。
この点については後述する事例からも同種のインプリケーションを得ることが
できる。

② イノベーションと組織

　タビラら（Davila, T., Epstein, M. J., Shelton, R.）は，技術がインクリメンタルか
ラディカルか，ビジネスモデルが新規か既存に近いかどうかでイノベーショ
ン・マトリクスを示した（図3-1）。

　十川廣國はこれをもとに，日本企業の製品イノベーションの取組実態を調査
した結果，「従来とは一線を画する斬新な製品技術の開発」のラディカル・イ
ノベーションを実践している企業は28％程度，製品の高機能化・品質改善を求
めて「社内のコア技術の強化」を図るインクレメンタル・イノベーション実施
企業が約40％，「コア技術の新たな組み合わせ」のセミラディカル・イノベー
ションを試みる企業が25％であったとする。その上で，インクレメンタル・イ
ノベーション，セミラディカル・イノベーションの戦略展開を実践するために
も，企業の組織は環境変化に柔軟に対処できる体制をもっていなければならな
いとする。[32]

32）十川［2009］, p. 99。

第Ⅰ部　現代中小企業の経営戦略と地域性

図3-2　コア技術の強化，斬新な製品技術の開発と組織要因

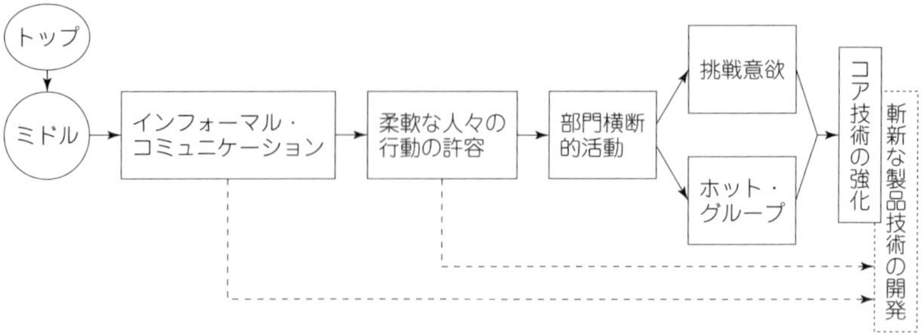

注：点線は「ラディカル・イノベーション」のルート。
出典：十川［2009］，pp.103-104の図を基に筆者作成。

　そして，各々のイノベーションを支える組織変革が重要だとし，インクレメンタル・イノベーションにおいては，異質の技術を組み合わせる必要があることから，事業部間にまたがる連携が実現されることが前提となり，組織横断的活動が実践されるような組織変革が必要となる。このため，ミドルの変革への抵抗を緩和することが部門横断的交流を促進する潤滑油として働いているとする。

　セミラディカル・イノベーションでは，技術あるいはビジネスモデルのいずれかが新規であるイノベーションである。そこでの製品イノベーション活動は次のような点を前提として土壌が形成されるとする（図3-2）。

① 変革へのミドルの抵抗の如何が，既存のルールに縛られない行動のきっかけとなり，組織横断的行動を促進する前提条件になる。

② 組織内でのインフォーマル・コミュニケーションが積極的に行われることによって異なった組織部門間の交流が促進される。

③ 活発な組織横断的交流が従業員の挑戦的意欲を高揚させ，職場内で問題解決にあたるホット・グループを自生させる効果がある。

④ 挑戦意欲の高揚とホット・グループの生成は既存のルールに縛られず，柔軟に人々が行動できる企業文化によっても支えられている。

　これら4つの条件が満たされることで，組織内で「コア技術の強化」が図られるとする。

第3章　自社製品を有する企業に求められる経営戦略

　ラディカル・イノベーションの場合は，図3-2のなかの「コア技術の強化」が「斬新な製品技術の開発」に置き換わり，インフォーマル・コミュニケーションが直接に「斬新な製品技術の開発」につながる（図中の点線の経路）。すなわち，インフォーマル・コミュニケーションが部門横断的活動，人々の挑戦意欲を刺激し，ホット・グループの活動を促進し，よりイノベーティブな成果を生み出す触媒としての効果を発揮している[33]，とする。

　十川が示したコア技術の強化あるいは斬新な製品技術の開発とそのための組織では，「トップ」の下での「ミドル」の役割が強調されていた。また，『マネジメント・イノベーション』で用いられたデータ・セットの属性は，そのもととなった十川ら[2008]に記されている。それによると2007年に調査が実施されたが，上場企業の1282社に対してアンケート調査が郵送され，115社から回答が得られたとある。上場企業であることから，大半は従業員数の多い大企業であると推測されるが，大企業ほどに組織が専門分化していない中小企業において，「ミドル」の役割を誰が担うのかといったことや，「インフォーマル・コミュニケーション」は誰と誰とのコミュニケーションなのかといったことを明らかとする必要がある。

　同様のことは，藤本隆宏・クラーク（Clark, K.B.）の研究成果を中小企業に適用する場合にも生じる。藤本とクラークは，世界の自動車企業で行われた新製品開発の調査を通じ，製品開発プロジェクト内部の機能部門間統合と顧客ニーズの統合が製品開発成果に影響を与えているが，この統合の鍵となっているのがコンセプトの創造から生産，販売に至るまでの開発プロセス全体に対して強い影響力をもつ「重量級プロダクト・マネジャー（Heavy-Weight Product Manager）」[34]だとする。中小企業においては，この重量級プロダクト・マネジャーを誰が担うのかが中小企業の組織においてさしずめ問題となる。

33）十川[2009], pp. 101-105。
34）野中編[2002], p. 13（オリジナルは Clark and Fujimoto [1991]）。

第Ⅰ部　現代中小企業の経営戦略と地域性

3．中小企業のイノベーションの実態

　中小企業のイノベーションの特徴として，『中小企業白書』は次の3点をあげ，アンケート調査結果をもとに実証している。① 経営者が方針策定から現場での創意工夫まで，リーダーシップをとって取組んでいる。② 日常生活でひらめいたアイデアの商品化や，現場での創意工夫による生産工程の改善など，継続的な研究開発活動以外の創意工夫等の役割が大きい。③ ニッチ市場におけるイノベーションの担い手となっている。[35]これらのことから，先に見たイノベーション・マトリクスではインクレメンタルな領域でのイノベーションが中心であり，組織が専門分化しているかはともかく，トップの役割がきわめて大きいことがわかる。

　また，先に見た先行研究から，中小企業のイノベーションは多様であり，それを決定する要因も様々であることから，それら多様性の部分に焦点を当ててケース研究を行っても，そこから得られるインプリケーションとして先行研究が示した以上のものを導出することは困難であると考える。そこで，以下では，ケースから MOT や組織に関するインプリケーションを引き出すこととする。

（1）新製品開発に取組んだが，事業化に結びつかなかった2つのケース
① 新製品開発には成功したものの事業化に失敗したケース

　A社は紙器・ダンボールの生産，印刷等を主要事業としてきたが，これら事業が伸び悩むなかで，新たな事業の柱を構築すべく異業種企業と連携し，「紙製のコンクリート型枠」を開発した。従来の木製型枠では，打設後も木製型枠の残材や廃棄物が発生するが，この新製品は古紙100％を材料にしているため，そのまま土に埋め戻すことができるなど，環境負荷の少ない製品として関係者からの評価も高く，県からも「産業デザイン賞」を受賞した。ここまでは，新製品開発というイノベーションを多角化のなかで，あるいは異業種交流のなか

35）中小企業庁［2010］，p. 46。

96

第3章 自社製品を有する企業に求められる経営戦略

で行うなど，成功事例として高く評価することができる。しかし，実際にはこの製品は販売するに至らず，同社の売上には貢献していない。

この製品を事業化するには，工務店やハウスメーカーなどに採用してもらう必要があるが，木製型枠を使うことが常識となっている町の工務店に新製品の採用を説得して回ることのコスト負担が大きいほか，仮にそのなかの数社が採用しても発注量としてはそれほど多くないため，採算ベースに乗らない。そこで，大手のハウスメーカーに採用してもらう必要が出てくるが，これまで既存顧客へのルート営業を中心としてきたA社にとって新規顧客を開拓することは人材面からも困難な状況となっている。

② 社内で成功した部門と失敗した部門を同時にもつケース

現在，B社は産業機械，電機機械，運搬機械，メカトロ機器など幅広く事業展開をしているが，創業時は下請として，モーターケースの製缶を主な事業としていた。1970年に「クレーン」の生産に進出するが，これは同社にとって安定して収益を見込める事業であると同時に，脱下請のきっかけともなった製品である。1987年にはアメリカの自動車会社向けに，250台の「ロボット」を納入する話が舞い込んだ。それまで，製缶やクレーンの仕事をメインにしていたB社が要求される製品精度は，ミリ単位や10分の1ミリ台の単位がほとんどであった。B社の保有機械でも100分台は出せるものの，求められる精度はもう一桁上のミクロン単位である。また，職人技でも要求精度を出すことは可能だが，250台もの量をばらつきなく出すのは困難であるし，納期にも間に合わない。関連業者やユーザーなどから情報収集するなかで，部品として組み付けることで精度が10分の1向上する装置を見つけ，これを組み付けることで問題を解決し納品に至った。これは，外部のアウトソースを利用して画期的な製品に完成させたオープン・イノベーションによる新製品開発と考えることができる。

このロボットによって同社に大きな利益がもたらされたが，それもあって近年，「福祉用具」の分野に進出した。これは，車椅子で階段を上り下りするときの段差を解消する装置で，製品化までに1年半ほどかかったが，完成後も病院や老人ホームなどに持ち込んでは手直しを行っていた。製品としては完成し

97

第Ⅰ部　現代中小企業の経営戦略と地域性

たが，実際に販売するとなると，① 利用者個々人に合わせる調整が必要となり，標準品として量産できないこと，② 機能を高めると高額になるが，それでは買ってもらえないこと，③ 今までB社が得意としてきた産業用機械であれば，製品図面をユーザー側ももっており，保守のできる人がユーザーのなかにもいたが，福祉用具ではそれが期待できないこと，④ 市の外郭団体が販売窓口になってくれるが，販売エリアが全国になると外郭団体ではメンテナンスができずB社が対応することになり，費用負担を考えると難しいこと，などの理由から事業化には至らず，事実上撤退した。

（2）新製品開発を行い利益を上げているケース

C社は，金属プレスを中心とした金属加工を中心とする企業である。部門別の売上を見ると，建築金物，エアーハンマー用部品，OA 機器部品，船舶用金物など下請業務の割合が約50%[36]，同じ建築金物であるが，ツー・バイ・フォー住宅向け建築金物として，別資本の卸会社と共同で認定番号を取得したオリジナル部品部門が約40%，福祉関連分野向けに踏み台などの自社製品部門が約10%となっている。

同社は1996年に福祉用品の分野に進出した。きっかけは複数の異業種交流会に参加していたことによる。そのなかの1つに「福祉用具研究会」があるが，そこに生協も参加しており，組合員からのニーズとして日本の浴室に合うコンパクトな踏み台が欲しいというのがあった。販路の確保とともに，販売価格も設定されていたこともあり，マーケットインの発想で製品作りを行うことができた。

---

36) 同社では，下請業務は技術を磨く機会と捉えている。たとえば，親企業である取引先から特注品製作の依頼がくるが，こうした業務は時代の流れに応じた新しい内容のものであることが多い。取引先から図面がくることもあるが，その図面どおりに作ると強度不足になることがあり，図面を書き換えたり，取引先の金型メーカーなどとも共同で改善を図っている。

そもそも，こうした難度の高い製品の依頼がくることは，同社の技術力がすでに相当程度高いことを示しているが，これらをこなすことでさらに技術力がアップする。下請業務を通じて培われた技術力は，同社の自社製品作りにも応用されている。こうした技術力を背景に，製品の価格決定は同社の意向が反映されたものとなっている。

第3章 自社製品を有する企業に求められる経営戦略

　自社製品を開発した企業の多くが販路開拓に悩んでいるが，同社では生協が初期段階で大きな販路となったこと，また，自社製品を開発しだした1996年からは社長と専務で営業を始めたが，2000年に営業部を設け，ネット販売などにも注力するようになっている。その結果，現在では福祉用品の売上の約50％は自社のホームページからのインターネットによる販売となっている。

（3）事例からのインプリケーション

　A社，B社，C社のイノベーションを先のイノベーション・マトリクスに当てはめてみると，すべての企業において，これまで行ってきた事業と異なる分野に進出を果たしている。したがって，ビジネスモデルはそれが成功したかはともかく，新規のものといえる。テクノロジーをみると，A社は異業種交流の研究会を通じた共同研究により完成させたもので，新規テクノロジーといえるが，B社，C社の技術は社内で蓄積してきた既存技術を活用したもので，特に新しい技術を開発したとはいえない。このことからA社の場合は「ラディカル・イノベーション」，B社，C社の場合は「インクレメンタル・イノベーション」と捉えることができる。イノベーション・マトリクスではこのように分類できるが，売上や利益といった企業にとっての成果の視点から見ると，成果が上がっているのはC社だけである。

　A社からのインプリケーションとして，企業が投じた資金を回収できるかは，事業化段階の成否で決まることがある。このため，従来の施策では，たとえば販売先企業を見つけ出す「マッチング事業」などで事業化段階に対する支援を行ってきた。企業側も販路開拓など個別課題に対処するため，それぞれ個別に対応策を練ってきた。しかし，今回のケースからのインプリケーションとして，問題が発生した事後に対応していたのでは手遅れになる可能性が高いことがある。したがって，経営者は事業化段階を十分見据えた経営をする必要がある。こうしてみると，中小企業にとっての MOT とは，技術開発，製品化，事業化（市場化）までを"一気通貫"に見て対応することにほかならず，"マネジメント・オブ・トータル"の視点が重要となる（図3-3）。したがって，中小企業ではマネジメント・オブ・トータル（MOT）型経営が重要ということにな

第Ⅰ部　現代中小企業の経営戦略と地域性

図3-3　中小企業に求められる MOT 型経営

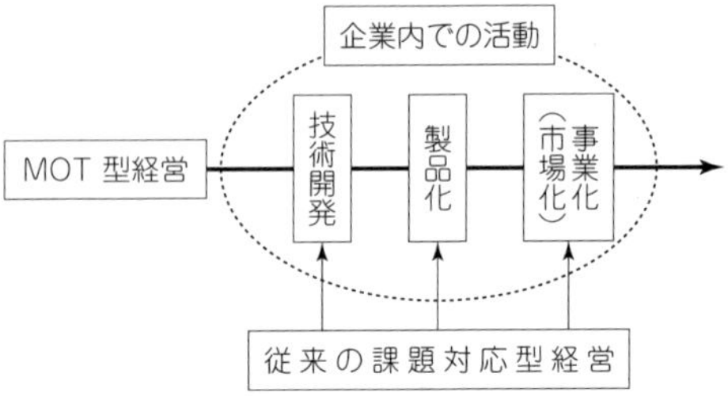

出典：筆者作成。

る。

　次に，B社からのインプリケーションを見る。B社には事業化に成功したロボットと失敗した福祉用具があるが，ロボットの場合，これまで蓄積してきた自社保有技術と，外部技術である精度を高める部品装置を融合させる形で技術開発が行われ製品化された。もともと特定ユーザーからの依頼により作った製品であるから，製品化されたものは事業化が保証されており，製品化と事業化は直結（製品化＝事業化）していた。一方，福祉用具の場合は，これまでの自社保有技術をもとにトライアルを繰り返しながら完成品として製品化したが，不特定の一般消費者がユーザーであるため，それに向けた営業体制が確立されていなかったことや，メンテナンスの困難さもあり事業化は見送られた。すなわち，製品化と事業化の間には深い溝（キャズム）があり，製品化≠事業化であった。

　B社の営業を見ると，ロボットの場合は受注生産で，しかも販売先が製品に関する知識が豊富な産業用ユーザー（B to B）だった。極論すれば営業マンがいなくても商売ができるのであり，製品化されたあとの“詰めの交渉”的な営業だけでも対応が可能だったといえる。すなわち，営業は後回しでも事業化に際して特段の問題はなく，それよりも技術化，製品化に力が注がれたのである。これに対して福祉用具の場合は，不特定多数の一般消費者向けの営業体制（B to C）が確立していなかったという問題のほか，製品化したあとに事業化に向けた営業方法を考えるといった点にも問題があった。

第3章　自社製品を有する企業に求められる経営戦略

図3-4　組織内で求められるコンカレントな情報共有

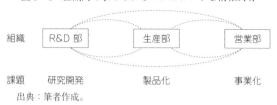

出典：筆者作成。

　MOT 型経営では，事業化に向けてどのような営業体制を敷くかは，技術化や製品化と同時に進めなければならない。MOT 型経営を進める上で，もし企業の課業としての研究開発，製品化，事業化に対応するように，R&D 部，生産部，営業部といった名称の部署があるとすれば，それら部署間で同時に情報を共有しあうことが求められる（図3-4）。

　わが国に MOT の考え方が導入された当時は，技術者に経営的知識を身に付けさせることに力点が置かれがちだった。中小企業においてももちろん，技術者がコスト意識など経営的知識を有することは重要だが，それとともに，組織内の情報が同時に共有され，最終的に売上や利益につながる事業化に向けたところの体制づくりが後回しにならないようにする必要がある。

　事業化に成功したC社のインプリケーションを見よう。同社のイノベーションを振り返ると，新製品開発とそれに伴う新しい販売先の確保，組織の設置があった。建築金物の分野ではプロセス・イノベーション的なイノベーションが多いが，それはユーザーが，これまでの加工方法では対応できないような加工難度の高い案件を持ち込み，それに対処するためにかなりの工夫が必要なことがある。C社では同族である社長，専務，部長が中心となって議論を交わし，図面を引きなおすなどの作業を通じて実現を図っている。また，同社の福祉用品の分野では，生協からの顕在化したユーザーニーズをもとに，販路と販売価格までが決定されたマーケットイン的発想で新製品が生み出された。

　製品的にはそれまでの B to B から B to C へと，これまでとは異なる業種の取引先に販売することとなったが，販路が確保されていたことがA社の場合と異なる。社内組織的には当初，社長と専務が営業活動をしていたが，途中か

第 I 部　現代中小企業の経営戦略と地域性

ら営業部を設け，新たに部長が就任するなど，営業を業務として社内組織のなかに設置し，儲ける仕組みの組織として確立させたことが事業化・市場化の成功に導いた。

4．おわりに

　先行研究や事例からも明らかなように，中小企業も活発にイノベーションを行っており，そのことに疑念をはさむ余地はない。ただし，今日のイノベーションは，単に新製品を開発したという自己満足の世界にとどまるのではなく，企業においては売上や利益の向上を，別言すればユーザーの顧客満足・顧客価値創造といった成果が求められており，そのための仕組みづくりが重要だということである。

　今回の事例からは，イノベーションの成果を上げるためにマネジメント・オブ・トータルの重要性を掲げ，事業化・市場化に向けた仕組みづくりの重要性を説いた。それも，研究開発や製品開発を行うと同時に，市場化に向けた仕組みを考え体制を整えることが重要なのである。中小企業は経営資源の余力に乏しく，その分，開発から成果の獲得までの時間的な余裕はさほど多くない。こうした限られた時間，限られた経営資源のなかで最善の仕組みづくりを考え，実施体制を整えるのは経営者にほかならない。藤本らが指摘した「重量級プロダクト・マネジャー」は，多くの中小企業においては経営者そのものである。中小企業では，全事業の総括責任者である経営者が，たとえば研究開発や生産，事業化など個々事業に対する「事業戦略」に加え，それらがお互いに齟齬なくスムーズに，かつスピーディに行われるよう，企業全体の「経営戦略」の立案，実現に向けた仕組みづくりとその実行が求められている。

第3章　参考文献

Acts, Z. J. & Audretsch, D. B. [1990] *Innovation and Small Firms*, The MIT Press, England.

Chesbrough, H. [2003] *Open Innovation*. Harvard Business School Press. （大前恵一朗訳

第 3 章　自社製品を有する企業に求められる経営戦略

[2004]『OPEN INNOVATION　ハーバード流イノベーション戦略のすべて』産業能率大学出版部。)

Clark, K, B., and Fujimoto, T. [1991] *Product Development Performance : Strategy, Organization, and Management in the World Auto Industry,* Boston, Mass.: Harvard Business School Press.

Davila, T., Epstein, M. J., Shelton, R. [2006] *Making Innovation Work : How to Manage It And Profit From It.* Wharton School Pub.（スカイライトコンサルティング訳 [2007]『イノベーション・マネジメン――成功を持続させる組織の構造英治出版。)

Deakins, D. & Freel, M. [2003] *Entrepreneurship and Small Firms* (4th edition), McGrawHill.

Drucker, P. F. [1993] *Innovation And Entrepreneurship,* Harper & Row Publishers : New York.（上田惇生訳 [1997]『イノベーションと起業家精神』ダイヤモンド社。)

Floyd, C. [1997] *Managing Technology for Corporate Success Gower,* Publishing Ltd.（前田琢磨訳 [2008]『経営と技術』英治出版。)

Jonash, R. S. and Sommerlatte, T. [1999] *How Next-Generation Are Achieving Peak Performance and Profitability,* Arthur D. Little.（グレン・S・フクシマ訳 [2000]『イノベーション・プレミアム――企業価値最大化の条件』東洋経済新報社。)

Johne, F. A. [1985] *Industrial Product Innovation : Organization and Management,* Croom Helm London.（金子逸郎・岡本喜裕訳 [1987]『イノベーションと組織運営――製品開発を促すマネジメント』HBJ 出版局。)

Morris, L. [2006] *Permanent Innovation.* www.permanentinnovation.com（宮正義訳 [2009]『イノベーションを生み続ける組織――独創性を育む仕組みをどうつくるか』日本経済新聞社。)

Rothwell, R., and Zegveld. W. [1982] *Innovation and the Small and Medium Sized Firm - Their Role in Employment and in Economic Change,* London : Frances Printer.（間芋谷努・岩田巌・庄谷邦幸・太田進一訳 [1987]『技術革新と中小企業』有斐閣。)

Rothwell, R. [1989] *Small Firms, Innovation and Industrial Change,* Small Business Economics, Kluwer Academic Pubishers, pp. 51-64.

Scherer [1980] *Industrial Market Structure and Economic Performance.* (2nd edition)

第 I 部　現代中小企業の経営戦略と地域性

Chicago: Rand McNally College Publishing.

Schumpeter, J. A. [1926] *Theorie Der Wirtschsftlichen Entwicklung.* Duncker & Humblot（塩野谷祐一・中山伊知郎・東畑精一訳 [1980]『経済発展の理論（改訳版）』岩波書店。）

Schumpeter, J. A. [1950] *Capitalism, Socialism & Democracy,* Allen & Unwin（中山伊知郎・東畑精一訳 [1995]『資本主義・社会主義・民主主義（新装版）』東洋経済新報社。）

Tidd, J., Bessant, J. and Pavitt, K. [2001] *Managing Innovation : Integrating Technological Market and Organizational Change,* John Wiley & Sons（後藤晃・鈴木潤訳 [2004]『イノベーションの経営学——技術・市場・組織の統合的マネジメント』NTT 出版。）

池田潔 [2006]「中小企業の MOT を考える」『中小公庫マンスリー』10月号。

池田潔 [2009]「下請企業の“自立と自律”に関する理論的考察——自立型から自律型企業へ」『商大論集』第61巻第 1 号。

石山嘉英 [2008]『米国巨大企業のビジネスモデル革新——イノベーション戦略と組織能力の実像』中央経済社。

今井賢一編 [1986]『イノベーションと組織』東洋経済新報社。

大阪商業大学・東大阪商工会議所 [2006]「東大阪市における中小企業の経営革新と産学連携に関する調査」。

大阪府 [2003]「経営革新により飛躍を図る大阪産業」『平成15年版　大阪経済・労働白書』。

大阪府立産業開発研究所 [2003]「中小企業の経営革新に関する調査報告書」。

大阪府立産業開発研究所 [2007]「経営革新に挑戦する大阪の中小企業——新事業活動促進法（旧経営革新支援法）における計画承認及び支援策と企業経営との関連実態調査」『産開研資料』No. 105。

近畿経済産業局 [2006]「MOT は中小企業を強くする」『パワフルかんさい』No. 440。

桑原裕 [2004]『技術経営とは何か』丸善。

桑原裕 [2006]「技術経営の本質」桑原裕・安部忠彦編『技術経営の本質と潮流』丸善。

経済産業省大学連携推進課 [2005]「技術経営のすすめ——産学連携による新たな人材育成に向けて」。

後藤晃 [2000]『イノベーションと日本経済』岩波書店。

後藤晃・児玉俊洋［2006］『日本のイノベーション・システム』東京大学出版会。

榊原清則［2005］『イノベーションの収益化——技術経営の課題と分析』有斐閣。

澤泉重一・塩瀬隆之・片井修・川上浩司［2005］「米国で生まれる技術経営と日本で開発される MOT」『オフィス・オートメーション』Vol. 25，No. 4。

静岡県・財団法人しずおか産業創造機構［2002］「中小製造業における経営革新等実態調査」。

中小企業金融公庫総合研究所［2006］「中小企業の技術経営（MOT）と人材育成」『中小公庫レポート』No. 2005-6。

中小企業庁編［1985］『技術革新と中小企業』財団法人通商産業調査会。

中小企業庁［2010］『2009年版　中小企業白書』。

中小企業庁指導部技術課監修［1986］『中小企業技術開発促進臨時措置法に基づく中小企業の技術開発』東洋法規出版。

出川通［2004］『技術経営の考え方——MOT と開発ベンチャーの現場から』光文社。

寺本義也・山本尚利［2004］『技術経営の挑戦』筑摩書房。

土井教之［2006］「進歩的企業のイノベーション・システム－アンケート分析」中小企業金融公庫総合研究所『中小企業総合研究』第 4 号。

十川廣國ほか14名［2008］「イノベーションの源泉としての学習能力」成城大学『社会イノンベーション研究』第 3 巻第 2 号，pp. 19-56。

十川廣國［2009］『マネジメント・イノベーション』中央経済社。

常盤文克［2006］「技術経営の哲学」伊丹敬之・森健一編『技術者のためのマネジメント入門——生きた MOT のすべて』日本経済新聞社。

日本工業大学大学院技術経営研究科監修［2007］『中小企業技術経営——実践講座』工学図書株式会社。

野方宏［2005］「イノベーション，企業および市場構造——シュンペーター仮説と最近の展開」神戸外国語大学外国学研究所『神戸市外国語大学外国学研究』第62巻。

野中郁次郎編［2002］『イノベーションとベンチャー企業』八千代出版。

延岡健太郎［2006］『MOT［技術経営］入門』日本経済新聞社。

原田雅顕・岩井義弘・澤口学・松尾尚［2008］『MOT の新展開——技術革新からビジネスモデル革新へ』産業能率大学出版部。

原山優子・氏家豊・出川通［2009］『産業革新の源泉——ベンチャー企業が駆動するイノベーション・エコシステム』白桃書房。

第Ⅰ部　現代中小企業の経営戦略と地域性

弘中史子［2007］『中小企業の技術マネジメント——競争力を生み出すモノづくり』中央経済社。

文能照之［2008］「中小企業におけるイノベーション促進要因」大阪経済大学　中小企業・経営研究所『中小企業季報』No. 1。

本庄裕司［2007］「イノベーティブな中小企業とは——機械・電機・情報系企業を対象としたアンケート調査にもとづく実証分析」中小企業金融公庫総合研究所『中小企業総合研究』第8号。

前田昇・安部忠彦［2005］『ベンチャーと技術経営』丸善。

水野博之・榊原清則・リチャード・K・レスター・内藤耕・西義雄［2007］『イノベーション創出の方法論』工業調査会。

森健一・鶴島克明・伊丹敬之［2007］『MOT の達人——現場から技術経営を語る』日本経済新聞社。

森俊也［2008］『イノベーション創発の戦略経営論——環境認識・トリガーの特定・トリガーの戦略化』創成社。

第4章

地域性を有する中小企業の企業行動

1. はじめに

　本書のテーマは「現代中小企業と地域・社会との共生」である。中小企業が地域・社会とどのように共生しているのか，あるいは共生していくのかを見る前に，なぜ，中小企業が地域と関係が深いのかを見ておく必要がある。中小企業は大企業と比べ，ドメスティックな分野で活動することが多く，地域との関係が深いことは自明のように思われる。たしかに，中小企業は地元の経営資源を活用したり，地元の消費者やユーザーを相手に経営をしたりすることが多いので，地域との関係が深いが，そうした一般論だけではなく，同じ業種に属する中小企業であってもその企業活動に地域差があることに注意する必要がある。このことは，中小企業の行動と地域とがより深いところで結びついていることを意味する。

2. 機械金属関連業種の中小企業の企業行動に
見る地域性とその背景

　ここで取り上げるのは，「プラスチック製品製造業」「鉄鋼業」「非鉄金属製造業」「金属製品製造業」「一般機械器具製造業」「電気機械器具製造業」「輸送用機械器具製造業」「精密機械器具製造業」の8業種からなる機械金属関連業種の中小企業で，これらはわが国産業のなかでも基幹的な位置を占めてきた。また，以下では大田区，東大阪市，尼崎市，北九州市を取り上げるが，これら

第 I 部　現代中小企業の経営戦略と地域性

は中京工業地帯を除く，わが国四大工業地帯の一角を占め，経済発展の牽引的
な役割を果たした地域でもある。

(1) 企業行動の地域差の実態

　一般的に機械金属関連業種の中小企業というと，どこでも同じようなものを
作っているように思われるかもしれないが，実態はかなり異なる。以下では上
記4地域の企業行動を，① 1ロットあたりの生産個数，② 加工・組立精度か
ら比較する。なお，調査年が異なるので，1つの表にはまとまっていない。

　① 尼崎市と東大阪市の中小企業の生産・加工個数と加工・組立精度
　尼崎市と東大阪市の調査は，2010年9月（尼崎市内企業を対象）と同年10月
（東大阪市内企業を対象）に実施したものである。尼崎市と東大阪市は阪神工
業地帯の一角を担っているが，1ロットあたりの生産・加工数量を見ると，尼
崎市の中小企業では「10個未満が主」とするところが多く，加工・組立精度は
「ミリ単位が主」とするところが多い。一方，東大阪市中小企業の1ロットあ
たりの生産・加工個数を見ると，「10万個台が主」や「1万個台が主」とする
企業が多く見られるなど，どちらかといえば量産ものを扱っている企業が多く，
加工・組立精度は「100分の1ミリ台が主」とするところが多い（表4-1，表
4-2）。
　詳しい理由はこの後で見ていくが，理由の一つとして，尼崎市は市内に住友
金属工業をはじめとする素材型の大企業が立地し，市内中小企業もこれら企業
と取引するところが多いのに対し，東大阪市の方はパナソニックなどの家電
メーカー向けに，比較的小物で量産品を扱うユーザーと取引をするところが多
いことがある。

　② 大田区と東大阪地域の中小企業の生産・加工個数と加工・組立精度
　次に，日本を代表する産業集積地である大田区と東大阪地域について，1995
年と2007年の状況を見たのが以下である。元になった調査は前者が大阪府
[1996]（以下，調査1）で，後者は大阪商業大学東大阪地域産業研究会 [2008]

108

第4章　地域性を有する中小企業の企業行動

表4-1　主要製品の加工・組立精度

上段：度数	加工・組立精度						
下段：%	合計	ミリ単位が主	1/10ミリ台が主	1/100ミリ台が主	1/1000ミリ台が主	1/10000ミリ台が主	その他
全体	155	34	30	61	16	1	13
	100.0	21.9	19.4	39.4	10.3	0.6	8.4
所在地　尼崎市	116	32	19	43	12	1	9
	100.0	27.6	16.4	37.1	10.3	0.9	7.8
東大阪市	39	2	11	18	4	—	4
	100.0	5.1	28.2	46.2	10.3	—	10.3

出典：池田［2012］，p. 188。

表4-2　主要製品の生産・加工個数

上段：度数	主要製品の生産・加工個数						
下段：%	合計	10万個台が主	1万個台が主	1000個台が主	100個台が主	10個台が主	10個未満が主
全体	168	3	10	12	19	37	87
	100.0	1.8	6.0	7.1	11.3	22.0	51.8
所在地　尼崎市	124	—	6	10	9	31	68
	100.0	—	4.8	8.1	7.3	25.0	54.8
東大阪市	44	3	4	2	10	6	19
	100.0	6.8	9.1	4.5	22.7	13.6	43.2

出典：池田［2012］，p. 188。

（以下，調査2）である。

　まず，1ロットあたりの生産個数を見ると，調査2では東大阪地域企業で「10個未満が主」が最も多く，次いで「1000個未満が主」「100個台が主」となり，大田区企業では「10個未満が主」，次いで「10個台が主」「100個台が主」となっている（表4-3）。調査1と比較すると，この12年間に「10個未満」が主とする企業の割合が増えており，両地域ともに生産の小ロット化が進んでいることがわかる。

　加工・組立精度を見ると，調査2では東大阪地域企業，大田区企業ともに「100分の1ミリ台」が最も多く，次いで「10分の1ミリ台」となっている（表4-4）。調査1と比較すると，この12年間で両地域ともに「100分の1ミリ台」

第Ⅰ部　現代中小企業の経営戦略と地域性

表4-3　1ロットあたりの生産個数

		10個未満が主	10個台が主	100個台が主	1000個台が主	1万個台が主	10万個台が主
東大阪	2007年	①31.4	12.7	③19.2	②23.6	9.2	3.9
	1995年	①24.9	13.4	③20.7	②23.7	13.1	4.2
大田区	2007年	①44.4	②19.8	②19.8	9.9	4.9	1.2
	1995年	①33.1	③18.2	②22.1	16.6	7.7	2.3

注：1．表中の①～③は順位を表す。
　　2．調査2の「100万個以上」は「10万個台が主」に含めた。
出典：大阪府［1996］，大阪商業大学東大阪地域産業研究会［2008］より筆者作成。

表4-4　加工・組立精度

		ミリ単位が主	1/10ミリ台が主	1/100ミリ台が主	1/1000ミリ台が主
東大阪	2007年	15.2	②21.4	①45.2	9
	1995年	②32.8	23.3	①35.1	8.9
大田区	2007年	19.5	②23.4	①50.6	6.5
	1995年	②22.4	20.7	①40.0	17.3

注：1．表中の①～②は順位を表す。
　　2．調査1の「その他」は件数から除外して再計算を行った。また，調査2の設問にあった
　　　「1／10000ミリ台が主」は「1／1000ミリ台が主」に含めた。
出典：大阪府［1996］，大阪商業大学東大阪地域産業研究会［2008］より筆者作成。

が主とする割合が増えており，高精度化が進んでいる。

　1ロットあたりの生産個数を比較すると，大田区の方がより少量生産している様子がうかがえるが，ひとつには大田区の中小企業の方が試作品などを作る企業が多いこと，東大阪市の中小企業の方では家電メーカーなど比較的量産傾向の強いユーザーに納入していることがある。加工・組立精度を見ると，95年当時は大田区の方でより高精度の加工をする企業割合が高かったが，2007年では逆転している。大田区の方はカメラなど精密機器を扱うユーザーが多いが，逆転した理由については不明である。

③ 北九州市の中小企業の生産・加工個数と加工・組立精度

　北九州市の調査は2000年10月に実施したもので，1ロットあたりの生産個数が「10個未満が主」が50％を占めているほか，加工・組立精度も「ミリ単位が

第4章 地域性を有する中小企業の企業行動

表4-5 北九州市の機械金属関連業種を中心とした中小製造業の1ロットあたりの生産個数

（単位：％）

	10個未満が主	10個台が主	100個台が主	1000個台が主	1万個台が主	10万個台が主
北九州市	56	22.4	11.9	6	0.7	2.9

出典：北九州大学産業社会研究所「北九州市中小製造業の活動実態に関する調査」（平成12年10月実施）より筆者作成。

表4-6 北九州市の機械金属関連業種を中心とした中小製造業の加工・組立精度

（単位：％）

	ミリ単位が主	1/10ミリ台が主	1/100ミリ台が主	1/1000ミリ台が主
北九州市	39.9	17.4	37.3	5.1

出典：北九州大学産業社会研究所「北九州市中小製造業の活動実態に関する調査」（平成12年10月実施）より筆者作成。

主」とする割合が最も多くなっているなど，どちらかというと尼崎市の中小企業の企業行動に近い（表4-5，4-6）。これは，北九州市中小企業のユーザーが，新日鉄や三菱化学に代表される素材型の大企業が多いことがその第一義的理由である。

（2）なぜ，地域性が形成され残存するのか

日本を代表する機械金属関連業種が集積する大田区，東大阪市，尼崎市，北九州市を取り上げて見てきたが，同じ機械金属関連業種に属する中小企業であっても，1企業あたりの生産個数や加工・組立精度といった企業行動に違いが見られた。これは，たとえば北九州市が新日鉄を頂点とする企業城下町を形成しており，そこで機械金属加工業者に発注するプラントものの加工は単品受注が多く，求める精度も10分の1ミリ単位程度のものが中心であるのに対し，東大阪市は都市型産業集積地として，自動車，家電などの業種に属する企業が中小企業のエンド・ユーザーとして存在しており，そこで必要とされる量や精度が北九州市の中小企業に求められるものとは異なるためである。もちろん，北九州市の中小企業であっても，精度でいえばミクロン単位の加工ができる企業が存在するが，ユーザーにそれを必要とする企業がなければ宝の持ち腐れとなり，必要のない精度ができる技術を保有・維持することは，短期的にはコス

111

第Ⅰ部　現代中小企業の経営戦略と地域性

ト増となり敬遠される。

　尼崎市を見ると，住友金属工業をはじめとする重厚長大型産業企業が市の
リーディングインダストリーだったこともあり，北九州市と似たような中小企
業行動となっている。一方，大田区はキヤノンやニコンなど光学機器や精密機
械をユーザーとする中小企業が多く，精度の点ではミクロン精度のものが多
かったり，試作品作りを求められることも多いことから1ロットあたりの生産
個数も少量生産のところが多くなっている。

　こうした中小企業の企業行動の違いの要因は，産業組織論の S‒C‒P モデ
ルでその一部を説明することができる。S‒C‒P モデルとは，メイスン，ベ
イン，ケイセン，ターナー，ケイヴス，シェパード，シェアラーなど，ハー
バード大学を中心に活躍した研究者が産業組織論のなかで用いたフレームワー
ク で，市 場 構 造（Market Structure），企 業 行 動（Market Conduct），成 果
（Market Performance）で構成されている。[1]

　市場構造とは，企業間の競争関係のあり方を基本的に規定する諸要因のこと
であり，① 売手の集中度，② 買手の集中度，③ 製品差別化の程度，④ 新規
参入の程度が重要である。市場行動とは，各企業が市場の需要条件や他企業と
の関係を考慮してとる様々な意思決定行動を総称したもので，各期の製品の品
質・種類，価格，生産量，広告・販売促進・研究開発などのほか，長期的には
設備投資，新製品開発，資金調達などが主要な決定事項となる。さらに，ライ
バル企業に対してどのような戦略をとるかも範疇に含まれる。市場成果は，経
済政策の目的である効率性，進歩性，公正性などがどの程度実現されているか
によって判断される。

　具体的な評価基準として，

　　　① 生産の技術的効率性…所与の技術的条件に照らして，工場や企業の規
　　　　模，それらの垂直統合の程度，工場設備の利用度などの点で，効率的な
　　　　生産を実現しているか

　　　② 価格—費用の関係…競争的市場で成立すると考えられる正常な率を上

───────────

1）彼らはハーバード大学を中心に活躍したのでハーバード学派と呼ばれ，「伝統的産業組
　　織論」として分類される（新庄編［1995］, p. 12）。

112

回る利潤が長期にわたって発生し，資源配分効率が損なわれていないか

③ 販売費用の規模…広告や販売促進費用など非価格競争に伴う販売費用が社会的に見て過大となっていないか

④ 技術進歩率…最新の技術的成果が産業技術の発展に応用され，新製品の開発や製法上の改善に活かされているか

等である。[2]

伝統的産業組織論では，市場構造（Market Structure）がどうなっているかによって市場での企業行動（Market Conduct）が自ずと決まり，その結果として当該産業の成果（Market Performance）である収益性の予測や，ひいてはその産業に所属する個々の企業の利益率もおおよそ予測できるとする。ただし，伝統的産業組織論のもともとの議論は，戦後アメリカの反トラスト政策の正当性を主張するための全土的なもので，そこには我々がテーマとしている「地域」の概念は捨象されている。したがって，主に地域中小企業研究においてこのS‐C‐Pモデルを適用する場合，Sは全国を範囲とする市場構造として捉えるのではなく，特定地域における市場構造として捉える必要がある。たとえば，機械金属加工業に属する企業は大田区をはじめ，東大阪市，尼崎市，北九州市など全国に立地しているが，当該企業がどこに立地しているかで企業行動が異なり，企業行動が異なれば成果も異なるのである。[3]

（3）なぜ，グローバル化や情報化時代の現在に地域性が残るのか

S‐C‐Pモデルにより，特定時点における地域の中小企業の行動に違いがあることは説明できる。しかし，近年のようにグローバル化や情報化が進展すると均質化の方向に向かう可能性があるなかで，中小企業の行動に地域性が残存するのはなぜだろうか。[4]

2）新庄編［1995］，pp. 7-11。

3）地域によってSが異なると，CやPが異なると考えるのが地域中小企業論のスタンスで，自ずと政策も地域中小企業の実情に合ったものが求められることになる。

4）地域の将来を考えると，中小企業行動の地域性を他地域との差別化に有効に活用できれば地域の強みとなる。この場合には，地域性を積極的に残していくことが今後の方策として重要である。

第Ⅰ部　現代中小企業の経営戦略と地域性

図4-1　中小製造業行動の地域性の形成理由

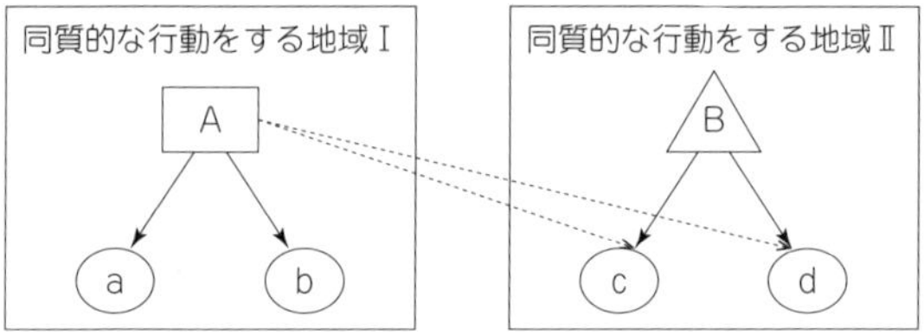

注：Bからａ，ｂへの矢印は省略。
出典：池田［2002］，p. 28。

① 中小製造業の地域性の形成要因

図4-1は，中小企業の行動に地域性が形成される理由をＳ-Ｃ-Ｐ理論から見たもので，ＡやＢは中小製造業に発注する大企業を，ａ，ｂ，ｃ，ｄはそれら大企業から受注する地元の中小製造業を示している。まず，中小製造業の企業行動で，ａとｂは同一の行動（たとえば，一品生産が得意で，加工精度は10分の1ミリ台が中心）をとるが，他地域のｃやｄとは異なる（たとえば，ｃやｄは量産ものが得意で，加工精度は100分の1ミリ台が中心）。これは，ＡやＢがどのような業種であるのか，たとえば鉄鋼など基礎素材型なのか，自動車など加工組立型なのかといったことが理由としてあげられる。

加工するときの精度など技術レベルは，社内で深く技術を探求することによっても高まるが，どちらかというとニーズが規定する側面が強い。それは，必要以上の精度で加工できる技術をもっていても，利用するユーザーがいなければ意味がないからである。この意味で，ユーザーの業種やそこから生じる企業ニーズは重要な意味をもっている。そしてそこから発注を受ける地域中小企業は，他の地域の企業からの受注がない限り，その地域のニーズにあったモノづくりを行うことになり，ここに同質的な技術レベルをもった地域が形成される。

このように，ａやｂ，ｃやｄが同じ行動をしたり，あるいはその結果として製品の品質レベルや生産ロットなどが類似したものになるのは，中小製造業の側から見ると発注者などの外的要因が大きい。しかし，現実には大企業など多くの発注者は，地域を越えた発注を行っている。具体的には企業Ａはｃやｄに

第4章　地域性を有する中小企業の企業行動

も発注を行っているのであり，企業Bがaやbにも発注を行っている。それでは，こうした取引が，最初に想定した地域の範囲を超え，グローバルに取引が行われるようになっても，中小製造業の地域性が残るのはなぜだろうか。

② 新たな設備投資の必要や取引慣行の違いによるハードル

　1つは異なった加工精度や大きさのものを取引先から依頼されたときに，新たな設備投資をすることが中小企業にとってハードルになっていることがある。たとえば，自動車メーカーが九州に進出してきた際に，地元九州の企業にも部品を発注しようとしたところ，すぐには発注先が見つからなかったという。これは，自動車メーカーの要求が今までの生産内容と比べ，1ロットあたりの生産個数がこれまでと比べはるかに多く，量産対応が求められたこと，加工精度も1ケタ上の精度を要求されたことから，要求に応えようとすると新しく設備を導入する必要があったこと，しかも365日休まず稼働することや，JIT（ジャスト・イン・タイム）に納品することなど，これまでの取引先とは大きく異なる取引慣行を要求されたこと等で，そうした取引を躊躇する中小企業も多かったことがある。

③ 技術者・技能者の地域粘着性

　中小製造業行動に地域性が形成され残存するもう1つの理由は，個々の中小製造業の内的要因に求めることができる。実際の製品作りにおいて重要な役割を果たしているのは，現場の技術者や技能者であり，彼らが中小製造業の地域性形成に重要な役割を果たしている。すなわち，ある地域において，中小製造業のモノづくりのレベルは個々には多少のバラツキが見られても，よその地域から見ればきわめて類似性が観測される。

　たとえば，先に見たように，北九州市は新日鉄を頂点とする産業構造を形成しているが，それら企業から発注されるものは，プラント設備の一部であることが多い。そこでの中小製造業の生産加工上の特徴は一品生産を得意とし，自動車部品のような量産は不適である。また，製品精度はせいぜい10分の1ミリといった程度で，製作日数も自動車で用いられる部品などと比べモノが大きい

第Ⅰ部　現代中小企業の経営戦略と地域性

こともあり長期のものが多いほか，納期も自動車の JIT ほどには細かく指定されない。

こうしていったん外的要因で形成されたモノづくりに関する地域性は，そこで従事する技術者・技能者に"体質"として染み付く。たとえば，かばん産地の東京と大阪を比較すると，東京は高級品，大阪は中級品，量産品の産地として知られてきた。しかし，1985年のプラザ合意以降の円高により，アジアから大量に安価な低級品，量産品が輸入されるようになると，大阪産地としても付加価値の高いものにシフトしていく必要に迫られた。業界をあげて付加価値を高める対応が検討されたが，実際には急な転換は困難であった。それは，高級品を作るには原材料に高価なものを使う，付加価値を高めるために有名デザイナーや有名ブランドを採用するといったことのほかに，実際に作業を行う職人がどれだけていねいに，1個1個時間をかけて作り上げていくかが問われる。しかし，それまで限られた時間内にどれだけ量をこなすかといった量産品加工になじんだ職人（技能者）は，頭ではわかっても身体が反応しない。逆も同じで，これまで高級品を主体に作ってきた東京の職人にこれからは量産品を作る，といっても無理なことを意味する。

このように，グローバル化しても企業行動に地域性が残存する大きな理由は，技術者・技能者のほとんどがその地域から移動せず，「地域粘着性」を有していることがある。地元の学校を卒業した者で，地元の中小製造業に技術者・技能者，あるいは現場労働者として就職したものは，ほとんどが定年までその工場で勤務し続けるのである[5]。ただし，技術者や技能者が地域粘着性を有することが，企業が新たな取組をする上で足かせとなる場合がある。たとえば，北九州市の中小製造業は量産ではなく単品モノの受注生産で，精度も10分の1ミリ程度のものを得意としてきたが，このことが日産，トヨタ，ダイハツなど自動車メーカーが相次いで進出してきたときに，JIT（ジャスト・イン・タイム）や量産要請，100分の1ミリ台の精度要求になかなか対応できなかったことがある。もちろん，これには設備の問題や納期に関する物流の問題などヒト以外

5）大企業とは異なり，中小製造業では事業所は本社と一体となっているところが多く，他所に転勤することはほとんどない。

第4章　地域性を有する中小企業の企業行動

の要因もあるが，自動車に代表されるインテグラル型モノづくりでは部品同士
のすり合わせが重要で，熟練技能者や技術者などヒトの関与する部分が大きい。[6]
部品作りを担う中小企業は，多くは工場が1か所しかなく，異動で余所に行く[7]
ことがないため，長く地域性が残存するのである。

　ただし，現在はこの3つ目の要因は少し状況が変わってきている。それは，
熟練技能者の後継者問題等で熟練技能者そのものが不足してきたことがある。
このため，中小企業のなかにはたとえば第2章で見たように，CAD，CAM
などの設備を導入し，熟練技能者がいなくても対応しようとしているところが
出てきている。

3．地場産業製品の地域差とその背景

　以上，機械金属関連業種の中小製造業の企業行動が地域によって違いがある
ことを見てきたが，同様のことは地場産業製品でも違いが見られる。地場産業
製品の生産は問屋が商品企画や販売の中心になっていることが多く，このため
地場産品を作るメーカーは「問屋制下請企業」と呼ばれていた。以下では同じ[8]
ジャンルの製品を取り扱う地場産業であっても，産地によって品質や価格に違
いが見られることを東京と大阪の東西比較で見る。

（1）問屋機能の地域間格差発生の背景

　大阪はかつて地場産業的な商品（以下では問屋視点で記述するので商品とす
る）を中心に，「阪もの」と呼ばれたものがあった。それは，大阪の商品を他
地域の商品（多くは東京の商品）と比較したときに，"安かろう悪かろう"的
な物の代名詞として使われていたのである。「阪もの」という言葉自体は近年
ではほぼ死後になったが，現在でもかばん・袋物をはじめ，ニット製品，自転

　6）藤本［2007］。
　7）池田［2002］，pp. 31-32。
　8）問屋制下請については，中山［1983］が「問屋，商業資本の主導する生産構造を『問屋
　　制』とし，そこで利用されている中小企業を『問屋制下請』とする」としている。同書，
　　pp. 196-197。

117

第 I 部　現代中小企業の経営戦略と地域性

車，眼鏡など，多くの地場産業商品において，東京と大阪を比較すると，どちらかといえば東京の商品に高級品，高価格品が多く，大阪の商品には中級品，低価格品が多い。紙幅の関係もあり，違いの数値データは池田 [2002] を参照していただき，ここでは主になぜそうした違いが生まれたかの背景について論じることとする。

① 問屋が産地の性格を規定

　一般的に製品レベルは製品を作るメーカーに大きく左右されるが，地場産業製品は商品づくりにおいてもそのイニシアティブは問屋が握っている。この問屋の販売先が，特定のユーザーを対象としたものか，あるいは仲間卸を経由した不特定のユーザーを対象としたものか，また，消費者に近い位置にある小売業か，あるいは仲間卸かといったことが，問屋における取扱商品のレベルを決め，それがメーカー，産地全体の商品特性をも規定している。

　つまり，問屋の販売先を大きく分けると，特定のユーザーあるいは，消費者に近い位置にある百貨店，量販店，一般小売店といった小売業である場合と，仲間卸といった卸売業という場合がある。前者は，販売先が消費者そのものか，消費者に近い位置にあるということで，消費者ニーズの把握に敏感となり，必然的にそれらニーズに合致した商品を提供していくことになる。後者は，いずれは最終ユーザーや消費者に商品がわたるにせよ，仲間卸が間に介在するため，消費者ニーズの把握も間接的となる。あらかじめユーザーや消費者を特定できず，各地方の仲間卸が販売先となるということは，地域による消費者ニーズの違いといったことはあまり問題とならず，最大公約数的な商品（標準品）を提供することになる。こうした問屋の販売先の違いが，問屋のモノづくりに関する違いを生じさせ，さらに，メーカーでの製品レベルや，産地の性格の違いを生じさせていると考えられる。

　以下では，そのことを東京と大阪の実態に則して，より具体的に見てみよう。東京の問屋は，消費者に近い位置にある小売業（特に百貨店）や，直接ユーザーに販売していることが多く，これらニーズの把握に敏感で，自社で商品企画を行う場合が多い。一方，大阪の問屋は，販売先に仲間卸が多く，消費者

ニーズの把握は間接的となり，そのことが，地域による消費者ニーズの違いを反映させた商品の提供よりも，どちらかといえば各地域のニーズを最大公約数的に満足させる商品を提供することになる。また，商品企画も，定番的な標準品が多いため，仕入先メーカーが行う場合が多く，そのメーカーも専属化されずに，複数の問屋と取引を行っている。これらのことが，産地としても標準品，量産品，中級品を特徴とする産地の形成につながっている。

また，こうした産地間での取扱商品の違いが，商品の価格決定においても，地域間で違いを生じさせている。すなわち，大阪の問屋は標準品の取扱が多いことから，価格の決定は市場の需給関係に加え，先行きに対する思惑が重要な要素となるため，問屋サイドの価格決定権は弱い。

② 「阪もの」の発生起源

次に，大阪の地場産品のなかに「阪もの」と呼ばれる商品があったが，それの発生起源について見よう。

京都の西陣織物，清水焼など伝統的地場産業を除き，多くの地場産業は明治以降，海外から移植されたものである。このことからすると，「阪もの」の起源は明治以降と考えられる。実際，江戸時代には，京都，大阪，奈良など近畿一円を「上方」といい，また，「江戸店持ちの上方商人」という言葉が示しているように，近江や伊勢などの商人が江戸に出店をこしらえて，主人は本国に居をかまえ，商品を江戸に送って販売しており，下り油問屋，下り米問屋，下り酒問屋というように，下り問屋が江戸で勢力を占めていたと同時に，その上方下りの品物が上等品であることを意味していた。そこから，「下らぬもの」が下等品と言われてきたのである[9]。つまり，江戸時代には「阪もの」などはなく，大阪（関西）の商品はむしろ高級であったのである。

したがって，大阪が標準品，量産品の産地となった背景は，明治以降に求めることが自然で，実際には，第一次世界大戦（大正3年）ころと考えられる。すなわち，大戦前までのアジア向け輸出は，主に欧米諸国が行っていたが，そ

9）中沢編［1962］，p. 122。

第Ⅰ部　現代中小企業の経営戦略と地域性

れが大戦でストップしたのを契機に，日本からの輸出が大幅に伸びたのである[10]
（大正期の輸出については後述）。

（2）地域の歴史的発展過程の相違

　では，明治以降に「阪もの」の起源を求めるとして，何が問屋機能において，
モノづくりに積極的な地域と，そうではない地域を生じさせたのであろうか。
ここでは，① 東西両地域の根幹的な相違として，地域の発展を支えた資本の
性格が異なっていたこと，② かばん・袋物など消費財の分野では，域内の商
圏の広さが異なっており，商圏の狭かった大阪では域外に販路を求める必要が
あったこと，③ ねじなど生産財，中間財の分野では，官営工場の立地状況や
生産内容の違いが，現在，一方は自動車や重電気といった特注品を必要とする
ユーザーが多く立地し，もう一方は弱電気といった標準品を主とするユーザー
が多くなるといった，地域によってユーザーの業種が異なることになった，と
いったことから分析を試みる。

① 大阪は商業資本が地域経済の発展に大きな役割

　まず，東京と大阪の明治初期における根本的な相違として，すなわち，その
後の地域の性格を大きく規定する要因として，東京は政商的資本が地域経済の
発展に大きな役割をもったのに対し，大阪は「天下の台所」と言われたころか
らの，問屋を中心とした商業資本がその担い手であった点があげられる[11]。たと
えば，明治10年代の商業活動を見ると，大阪は代表的商業都市としての伝統を
もっていただけに，商業戸数の全国平均が19.5％のところ，東京は平均を下回
る17.7％であったのに対し，大阪は33.5％を占め，また，商業の全国に占める
割合では，大阪が8％であるのに対し，東京はわずか3.5％と大阪の半分にも
満たないことが記されている[12]。

　このような，明治初期におけるそれぞれ地域の中心的資本の性格の違いが，

　10）大阪府［1968］，p. 524。
　11）菊浦［1977］，p. 51。
　12）同上書，p. 47。

地域経済のなかで風土の違いを醸成し，その後の発展に大きな違いを生じさせたと考えられる。すなわち，東京は，政商の立場をうまく利用し，官営工場の払い下げを受けて，重工業化の道を歩んだのに対し，大阪は，後に東洋のマンチェスターと呼ばれるほどの発展をするが，あくまで軽工業が中心であったのである。

ところで，一方の地域経済の中心的資本が政商的資本（後の産業資本）で，工業化への取組に積極的な風土をもったところと，もう一方の中心的資本が商業資本で，モノづくりには関与しないという風土の違いが，今回見たような，同じ問屋制下請の問屋（商業資本）を比較して，モノづくりに積極的な地域と，そうではない地域を生じさせた根幹部分を構成していることは想像に難くない。

もっとも，商業資本は産業資本とは異なり，その性格上，モノづくりにはあまり関与しないが，地域による風土の違いだけで，今回の同じ問屋制下請の業種を比較して，大阪が中級品や標準品，量産品の産地を形成したということにはならない。以下では，消費財の地域間格差に大きく影響したと考えられる市場の違いや，生産財，中間財の地域間格差に影響したと考えられる官営工場について見てみよう。

② 関西の域内市場の狭隘さが，全国や海外に活路を求めた

市場規模は人口，1人あたり所得，対象地域の面積の積で表せるが，大阪（関西）と東京（関東）では，その規模が大きく異なっている。すなわち，人口をみると，19世紀初頭の江戸時代では，江戸が140万人であったのに対し，大坂は45万人程度と言われており，昭和10年では東京の588万人に対し，大阪は299万人であった。また，1人あたり所得は，政府官僚や多くの知識人を抱えた東京の方が大阪に比べて高く，一次商圏と考えられる域内面積も府下と都下では都下が，あるいは，関西と関東では関東の方が広かったのである。

このように，域内の市場規模は大阪（関西）の方が小さく，この結果，大阪や周辺の関西で生産されたものは，域内での需要のほかに，域外での活路を見出す必要があったのである。この市場が小さいことと，大阪の特徴である商業資本が結びついたことが，域外への積極的な販路開拓となって現れたものと考

第Ⅰ部　現代中小企業の経営戦略と地域性

えられる。たとえば，大阪の特徴を表す言葉の一つに「産物まわし」があるが，これは，あちらのものをこちらへ，こちらのものをむこうへ回す，仲間卸機能を表現したものである。仲間卸機能は現在も大阪で強く残っており，各地域から集荷した商品を地方に卸しているのである。

　さらに，明治後期から輸出が拡大したが，日本の総輸出額の約2割余にあたる対中国輸出において，大阪港が神戸・横浜港をはるかに上回り，大正9年57％，10年60％，11年58％，12年61％，13年64％，14年61％，15年57％という圧倒的な高比率を占めていたことは，大正期の大阪産業の特質を示すものとして，きわめて重視すべき点である。

　こうした輸出市場にシフトすることが，たとえば，本来，多種少量生産を性格とするメリヤス工業においても，海外市場の拡大によって，単位取引数量が比較的大きくなり，しかも簡単な製品を要求されるようになったため，輸出向生産においては，多量の同一規格品の生産が可能となったとされるように，量産志向に結びついたのである。

③ 明治期の官営工場の配置や業種

　次に，官営工場を見てみよう（表4-7）。官営工場は，日本の重工業，機械工業の発展の基礎となり，明治15年前後からの民間への払い下げと合わせ，日本工業の地域的展開を規定することとなったとされている。しかし，その立地について軍需工場を見ると，関西には大阪砲兵工廠（後の陸軍造兵廠大阪工廠），兵庫造船所があるのみで，関東に傾斜していることがわかる。ちなみに，大阪の工業計に占める官営工場のシェア（職工ベース）は，1923年，27年で順に3.4％，2.3％で，東京での同比率が1917年で13.4％，26年で7.8％となっており，随分低かったのである。

　さらに，官営工場で問題となるのは，その立地地域とともに，工場で生産さ

───────────────

13) 宮本 [1971]，p. 253。
14) 武部 [1982]，pp. 103-105。
15) 大阪府立商工経済研究所 [1959]。
16) 川島 [1967]，pp. 74-75。
17) 辻 [1989]。

第4章　地域性を有する中小企業の企業行動

表4-7　明治初期の主要官営工場

区分	名　　称	創立	移管または払い下げ
軍需工場	東京砲兵工廠	1年	
	大阪砲兵工廠	3年	
	横須賀海軍工廠	1年	
	海軍造兵廠	4年	
	横浜製作所	1年	12年民間に貸与
	長崎造船所	1年	17年三菱に貸与
			20年払い下げ（三菱長崎造船所）
	兵庫造船所	4年	19年川崎に貸与
	石川島造船所	1年	9年消滅。同年民営石川島平野造船所として再生
	板橋火薬製造所	6年	
	目黒火薬製造所	12年	
	岩鼻火薬製造所	12年	
	赤羽工作分局	4年	16年海軍省に移管
			赤羽海軍造兵廠
政府勧業工場	深川工作分局	5年	
	（セメント製造所）		16年浅野に貸与，17年払い下げ
	（不溶白煉瓦製造所）		16年西村勝三に貸与，17年払い下げ
	品川硝子製造所	9年	17年稲葉正邦・西村勝三に貸与
			18年西村に払い下げ
	千住製絨所	9年	21年陸軍省に移管
	印刷局		31年内閣に直属
	釜石製鉄所	7年	16年操業停止，20年田中長兵衛に払い下げ
模範工場	富岡製糸場	5年	26年三井に払い下げ
	新町屑糸紡績所	10年	20年三井に払い下げ
	愛知紡績所	14年	19年篠田直方に払い下げ
	広島紡績所	10年	15年広島綿糸紡績会社に払い下げ
	堺紡績所	5年	11年肥後孫左衛門に払い下げ

出典：川島哲郎「日本の工業地域の形成」『図説日本国土大系　第5巻　日本の工業と工業地帯』
　　　誠文堂新光社，1967年，75頁。

れていた製品の中身である。すなわち，大阪では火砲用弾丸や爆弾，大砲といったものが主力であったが，東京では戦車や装甲車，光学兵器，通信兵器といったものが主力であった[18]。こうした製品の違いが，戦後の発展に大きな影響を与えたのは論を俟たない。すなわち，関東方面では，自動車や重電気，通信機器といった分野が発展したのに対し，関西では弱電気や化学といった分野で

18）東洋経済新報社［1950］，p. 562。

第Ⅰ部　現代中小企業の経営戦略と地域性

発展するといった違いをみるのである。

4．おわりに

　本章では大田区，東大阪市，尼崎市，北九州市の機械金属関連業種，東京と大阪の地場産業を例に中小企業の企業行動に地域性があることを見た。これをもう少し拡大して一般化してみよう。全国にはそれぞれ地域ごとに固有の産業構造があり，また地場産業が形成されているが，それら地域の中小企業にS-C-Pモデルや新規設備投資や取引慣行の違い，熟練技能者の保有する地域固有の技能，地場産業で見た地域による問屋機能の違い，当該地域固有の産業発展の歴史があることから，これらの要因によってそれぞれ地域の中小企業の企業行動を説明することができる。

　中小企業の多くはそれぞれ地域のなかで活動しているが，生まれながらにしてそこの地域で活動している経営者は地域への愛着が深いことが多い。そのことが自分もかつて学んだ小学校や中学校のPTAの役員をすることや，地域の祭りの担い手として参加することにつながっている。このことが，第Ⅱ部でみる地域・社会との共生を考える際の一つの基礎となっていると考えられる。

第4章　参考文献

藍原豊作［1960］「問屋制度」楫西光速・小林義雄他編『講座　中小企業』有斐閣。

池田潔［2002］『地域中小企業論』ミネルヴァ書房。

池田潔［2007］「自立型下請企業のビジネスモデル分析」『都市政策研究所紀要』北九州市立大学　都市政策研究所　第1号，2007年。

池田潔［2012］『現代中小企業の自律化と競争戦略』ミネルヴァ書房。

伊丹敬之・松島茂・橘川武郎編［1998］『産業集積の本質』有斐閣。

糸園辰雄［1988］「わが国における卸売研究ノート」『商学論集』西南学院大学，第35巻第1号。

上田達三［1989］『大阪の中小企業［上］』関西大学経済・政治研究所。

上田達三［1991］『大阪の中小企業［下］』関西大学経済・政治研究所。

植田浩史編［2000］『産業集積と中小企業──東大阪地域の構造と課題』創風社。

大阪商業大学東大阪地域産業研究会［2008］「東大阪中小工業における生産機能高度化
　　と企業間ネットワークの課題に関する研究——東大阪地域と東京・大田区との機械
　　金属関連業種の比較」2008年2月。

大阪府［1968］『大阪百年史』。

大阪府［1996］『平成8年版大阪経済白書』。

大阪府立商工経済研究所［1952］「発展過程よりみたる大阪工業とその構造」。

大阪府立商工経済研究所［1959］「輸出中小工業の経済——総括編その1・史的展開過
　　程」経研資料No. 181。

金井一頼・角田隆太郎［2002］『ベンチャー企業経営論』有斐閣。

川島哲郎［1967］「日本の工業地域の形成」『図説日本国土大系第5巻　日本の工業と工
　　業地帯』誠文堂新光社。

河田潤一訳［2001］『哲学する民主主義——伝統と改革の市民的構造』NTT出版。

菊浦重雄［1977］『日本近代産業形成期の研究』東洋経済新報社。

佐藤芳雄編著［1981］『巨大都市の零細工業』日本経済評論社。

新庄浩二編［1995］『産業組織論』有斐閣。

染谷孝太郎［1963］『日本中小企業の理論』白桃書房。

武部善人［1982］『大阪産業史』有斐閣。

大東和武司・金泰旭・内田純一編著［2008］『グローバル環境における地域企業の経営
　　——ビジネスモデルの形成と発展』文眞堂。

辻悟一［1989］「戦前期大阪の工業：統計資料による若干の考察」『経済学雑誌』大阪市
　　立大学，第90巻第2号。

東京都経済局［1977］『問屋制下請実態調査［II］』。

戸田京次［1962］「大阪の経済」中沢誠一郎編『大阪』有斐閣。

友澤和夫［2002］「学習・知識とクラスター」山崎朗編『クラスター戦略』有斐閣。

東洋経済新報社［1950］『昭和産業史　第一巻』。

中沢誠一郎編［1962］『おおさか』有斐閣。

中村隆英［1971］『戦前期　日本経済成長の分析』岩波書店。

中山金治［1983］『中小企業近代化の理論と政策』千倉書房。

藤本隆宏［2007］『モノづくりの経営学——製造業を超える生産思想』光文社新書。

二神恭一・西川太一郎編著［2005］『産業クラスターと地域経済』八千代出版。

宮本又次［1969］『上方と坂東』青蛙房。

第Ⅰ部　現代中小企業の経営戦略と地域性

宮本又次［1971］『関西文明と風土』至誠堂新書47。

宮本又次［1973］『大阪の商業と金融』毎日放送。

柳井雅人編著［2004］『経済空間論──立地システムと地域経済』原書房。

山崎充［1977］『日本の地場産業』ダイヤモンド社。

山本健兒［2005］産業集積の経済地理学』［財］法政大学出版局。

第Ⅱ部
地域・社会と共生を図る中小企業

第5章

地域・社会の課題解決を図る
ソーシャル・ビジネスと CSR

1. はじめに

　近年，地方や都市を問わず，多様な地域的課題や社会的課題が山積している
が，こうした課題に財政難に陥っている行政だけで対応することは困難となっ
ている。こうしたなか，これら課題解決の担い手として，「社会的企業」が注
目されている。社会的企業は「ソーシャル・エンタープライズ」や「ソーシャ
ル・ビジネス」の日本語訳だが，そもそもそれらの言葉が生み出された背景は
異なっている。ソーシャル・エンタープライズはヨーロッパとアメリカで広く
使われているが，それぞれ背景が異なり意味合いも異なる。また，ソーシャ
ル・ビジネスはムハマド・ユヌスが生み出したとされるが，ノーベル平和賞を
受賞したことで世界で注目度が高まっている。さらに，地域や社会の課題解決
に企業の CSR（Corporate Social Responsibility：企業の社会的責任）や CSV
（Creating Shared Value：共通価値の創造）が注目を浴びるようになったことも
社会的企業の捉え方を複雑なものにしている。

　本章は，中小企業が地域社会との考える上での冒頭の章にあたることから，
類似概念でのいくつかの言葉が生まれてきた背景や概要を整理する。次に，中
小企業と地域社会との共生をテーマに掲げているが，共生が成立するためには，
地域社会側，具体的にはユーザーであったり消費者が何らかの地域課題や社会

---

1) OECD は2009年に *The Changing Boundaries of Social Enterprises* を出版したが，邦
　訳では『社会的企業の主流化——「新しい公共」の担い手として』と，「社会的企業」が
　その訳語として与えられている。

128

課題を解決しようと考える中小企業の良き理解者であり，応援者であることが
必要であると考えている。その理屈について試論を提示する。

2．社会的企業，CSR，CSV に関する先行研究

（1）ヨーロッパとアメリカの社会的企業（ソーシャル・エンタープライズ）

　ヨーロッパ諸国では長期失業や貧困，障害などの困難を抱えた人々が労働市
場や地域のコミュニティから排除される現象を「社会的排除」として捉えてお
り，そのような人々を再び社会に統合していく「社会的包摂」を社会政策の目
標としている。このような目的に沿った活動をしている企業を「社会的企業」
（ここではソーシャル・エンタープライズ）として位置づけ，政府は様々な側
面から支援している[2]。このヨーロッパ諸国での社会的企業の特徴として，①
財・サービスの供給によって社会問題の解決を目指す明確な目的をもっている
こと，② 社会的企業の企業家は経済的なリスクを引き受けていること，③ 社
会的企業は有給の労働者を雇用していること，④ 社会的企業には意思決定権
力が持分割合に基づいておらず，ガバナンス構造に民主的特性があること，⑤
社会的企業には利益の分配における制約があること，がある[3]。

　一方，アメリカの社会的企業（ソーシャル・エンタープライズ）は，政府予
算の削減により問題として顕在化した「NPO の商業化」という文脈で取り上
げられる。アメリカの NPO は，アメリカ合衆国の草創期にはすでに形成され，
1960年代，70年代に政府との重要なパートナーシップを築きながら急速に広
がった。65年の民主党政権時代に当時，深刻な貧困問題が顕在化するなか，そ
の解決策の一つとして NPO に公的資金を注ぎ込み，準公共財的なサービスの
供給を担わせることによって社会的課題解決を図ろうとした。しかし，60年代
のベトナム戦争と福祉国家政策の拡大によって財政赤字が拡大し，70年代には
石油ショックによるスタグフレーション問題等から政府は，NPO が活躍する
多くの分野で支出を削減し，これまでの非営利セクター重視の方針を転換した。

　2）秋山［2011］。
　3）同上。

第Ⅱ部　地域・社会と共生を図る中小企業

この結果，NPO はサービス利用者から会費や料金を徴収するなど，自ら資本を調達せざるを得なくなり，商業化していったとされる。この結果，福祉サービスを提供する従来の NPO は営利と非営利の区別を徐々になくしていったが，このような事業体を捉える言葉として「社会的企業（ソーシャル・エンタープライズ）」という新たな概念が形成されていった。[4]

　アメリカでは社会的課題の解決をミッションとした事業体を「社会的企業（ソーシャル・エンタープライズ）」，その事業を興す人物を「社会的企業家（ソーシャル・アントレプレナー）」と位置づけ，社会的企業家には，① 事業性，② 革新性，③ 社会性，の３つの能力が求められる。アメリカの社会的企業論ではイノベーションの担い手となる「社会的企業家（ソーシャル・アントレプレナー）」や，企業を興すために必要な能力（ソーシャル・アントレプレナーシップ）に焦点が当てられており，供給する財・サービスに社会的な価値を付加することによるマーケット拡大戦略や，CSR に取組む企業も含まれるなど，広い範囲で社会的企業を捉えている。[5]

（2）ムハマド・ユヌスのソーシャル・ビジネス（社会的企業）

　ソーシャル・ビジネスという言葉はノーベル平和賞を受賞したムハマド・ユヌスが提案したとされるが，[6]事の起こりはバングラディシュの貧しい人々の経済的自立を助けるため1970年代中ごろにマイクロクレジット（小額無担保融資）を開始したときが最初とされる。ユヌス自身はソーシャル・ビジネスの定義として，「社会問題を解決するために利他的なビジネス」としており，「損失なし，配当なし」の企業としている。[7]

　ユヌスは，人間にとって最も緊急性の高い課題を解決することを可能とする新しい資本主義の形態を提案し，それをソーシャル・ビジネスとしたが，ユヌス［2010］の本の内容を従来企業と比較する形で岡部［2012］がまとめている

---

4 ）秋山［2011］。

5 ）同上。

6 ）岡部［2012］。

7 ）ユヌス［2010］。

第5章　地域・社会の課題解決を図るソーシャル・ビジネスとCSR

（表5-1）[8]。従来，人間の行動動機として，人間は利己的な存在であり，その集合体である企業も私的利潤の追求を前提に行動していると理解されてきた。し

表5-1　従来の企業とソーシャル・ビジネスの対比

	従来の企業	ソーシャル・ビジネス
人間の行動前提	• 人間は利己的な存在。	• 人間は利己的であると同時に利他心（同情心，慈悲）を併せ持つ。
企業の行動前提	• 利潤の追求。	• 個人的利益を追求する会社（営利企業）。他者の利益に専念する会社（ソーシャル・ビジネス）の二種類がある。
達成すべき社会目標	• 効率的な生産。	• 人類が苦しんできた社会・経済・環境の問題（飢饉，ホームレス，病気，公害，教育不足等）の解決。
企業の構造と行動（相違点）	• 利益を得ようとする人が企業に資金を提供。	• 多くの人が資金だけでなく，創造力，人脈，技術，人生経験を提供。
	• 企業の所有者（株主）に配当金の支払あり。	• 企業の所有者（出資者）への配当金支払はない（他者の役に立つという喜びが報酬）。
	• 投資活動は予想利益の多寡を基準に決定。	• 投資活動は予想利益を基準にせず社会的目標の達成によって決定。
	• 経営が悪化すれば株主は直ちに持株を売却するので経営は近視眼的になりやすい。	• 経営が一時的に悪化しても所有者は株式を手放さないので長期的視点に立った経営が可能。
（類似点）	• 資本主義制度の中で運営。	• 同左。とくに(1)株式を発行して資金を調達，(2)慈善団体のように寄付金には依存しない，(3)営利企業と同様に経費を穴埋めできるだけの収益を確保する。
	• 自らのアイデアを実行に移す野心的な起業家の存在を前提。	• 同左。
実　　例	• 世の中の圧倒的多数の企業。	• 2007年にグラミン・ダノン（ヨーグルト製造会社）をバングラデシュに創設。以後，飲料水，衣料品，医療などに関する会社を仏，独，米の大企業と合弁で相次いで設立。

出典：岡部［2012］。

131

第Ⅱ部　地域・社会と共生を図る中小企業

かし，ユヌスによれば，人間は利己的であると同時に利他的（同情心，慈悲）を併せもつ存在である。したがって，会社組織にとってもこれら2つの行動動機に対応した2つの制度が必要である。すなわち，1つは従来型の個人的利益ないし利潤最大化を追求する会社（営利企業）である。もう1つは他者の利益に専念する会社（ソーシャル・ビジネス）であり，資本主義社会において後者を新しく制度的に導入することが必要である[9]。このソーシャル・ビジネスの目標として人類が苦しんできた社会・経済・環境の諸問題（飢餓，ホームレス，病気，公害，教育不足等）の解決を掲げるもので，これら地球的諸問題（を直接解決できるとしている。つまり，ソーシャル・ビジネスはビジネスのもつ創造性や活力と，慈善のもつ理想主義や利他精神を組み合わせたものであり，社会問題を解決する上で個人がもつ政府にない能力（知恵，才能，想像力）を活用する仕組みであるとしている。その上で，この第三の事業形態は消費者，労働者，企業家にとって新たな選択肢を与え，市場の幅を広げるものであり，現代資本主義の未完成の部分を生める最善の方法であるとする[10]。

（3）日本のソーシャル・ビジネス

日本では，社会問題解決と組織存続の両立を可能にする収益構造をもつ革新的な事業のことを「ソーシャルビジネス（Social Business）[11]」と呼び，このような事業を本来業務として営む事業体を「社会的企業（Social Enterprise）」，その創業者を「社会企業家（Social Entrepreneur）」と呼ぶが，国内メディアに「社会企業家」が姿を見せたのは2000年前後であった[12]。

また，2009年9月に発足した民主党の鳩山内閣での所信表明演説において，「新しい公共」という概念が示され，2010年10月に内閣府で「『新しい公共』推進会議」の第1回会議が開催されている。

ところで，経済産業省がソーシャル・ビジネスを報告書として最初にまとめ

8）岡部［2012］。
9）岡部［2012］。
10）同上書。
11）原文では"ソーシャルビジネス"とワンワードで表記されており，そのまま使用する。
12）独立行政法人 中小企業基盤整備機構［2011］。

第5章　地域・社会の課題解決を図るソーシャル・ビジネスと CSR

たのは2008（平成20）年8月の「ソーシャルビジネス研究会報告書」である。これは谷本寛治を座長とする2008年9月の第1回研究会から2009年3月までの都合6回にわたる「ソーシャルビジネス研究会」の成果として出されたものである。この研究会が設立された背景として，当時，少子高齢化の進展，人口の都市部への集中，ライフスタイルや就労環境の変化等に伴い，高齢者・障害者の介護・福祉，共働き実現，青少年・生涯教育，まちづくり・まちおこし，環境保護，貧困問題の顕在化等，様々な社会的課題が顕在化しつつある。従来，こうした社会的課題は，公共セクター（行政）によって対応が図られてきた。しかしながら，社会的課題が増加し，質的にも多様化・困難化していることを踏まえると，それら課題のすべてを行政が解決することは難しい状況にある。こうした社会的課題を解決する行政以外の担い手としては，従来，市民のボランティアや慈善型の NPO といった主体が存在していた。近年，これに加え社会的課題を市民自らが当事者意識をもち，ビジネスとして積極的に事業性を確保しつつ解決しようとする活動が注目されつつある。これまでにも障害者雇用を積極的に行う企業等が見られたが，近年，「社会的企業家」「社会的起業家」「ソーシャルビジネス」等と呼ばれ，地域および地域を越えた社会的課題を事業性を確保しつつ解決しようとする主体として期待されている。同研究会ではこれらを「ソーシャルビジネス」と呼び，それらの組織形態は株式会社，NPO 法人，中間法人など多様なスタイルを想定している。[14]

　同報告書中のほか，この研究会の座長を務めた谷本［2013］においてもソーシャル・ビジネスの要件が記されている。すなわち，ソーシャル・ビジネスには，① 社会性：現在解決が求められる社会的課題に取組むことを事業活動のミッションとすること，② 事業性：①のミッションをビジネスの形に表し，継続的に事業活動を進めていくこと，③ 革新性：新しい社会的商品・サービスや，それを提供するための仕組みを開発したり，活用したりすることの3つの要件が求められている。

　このように，これまで日本のソーシャル・ビジネスは経済産業省が主導的に

13）注11）に同じ。
14）経済産業省［2008］。

第Ⅱ部　地域・社会と共生を図る中小企業

取りまとめをしてきたこともあり，「革新性」がソーシャル・ビジネスに必要な要件となっているが，この点はアメリカが社会的企業にイノベーションを期待した流れと類似している。この意味で，日本の社会的企業にはアメリカ型の社会的企業に近い内容を有することが期待されていることがわかる。ただし，現状の日本は，政府や自治体の歳出削減が重要課題となるなか，一方で複雑化・多様化する形で増加している現下の社会課題に対して質量ともに解決を図らなければならないという二律背反的な問題を有している。この点に関して秋山紗絵子は，以下のように指摘している。「ヨーロッパ型の社会的企業は必ずしも経済的に政府から自立することが求められていない。つまり，歳出削減という目標には，アメリカ型の社会的企業は適しているが，ヨーロッパ型の社会的企業は適していない。また，アメリカ型の社会的企業は企業の社会的責任や財・サービスの社会的な付加価値によるマーケットの拡大戦略を中心に展開しているのに対し，ヨーロッパ型の社会的企業は社会問題の解決を明確な目的としており，社会サービスの質の向上という目標にはヨーロッパ型の社会的企業の方が適している。したがって，歳出削減と社会サービスの質の向上を社会的企業によって両立させることは事実上困難ではないか」というのである。[15]

（4）日本における CSR，CSV の概要

　CSR の起源はそれぞれの国によって背景に違いがあるが，日本ではどうだったのだろうか。藤井敏彦は「2001年，CSR は日本ではまだ広く知られてなかったが，ヨーロッパでは大きなうねりとなっていた」[16]とする。その一方，日本では経済同友会が1956年「経営者の社会的責任の自覚と実践」として提言したのが最初としているが，経済同友会自身も第15回企業白書『市場の進化と社会的責任経営』を出した2003年が日本における「CSR 元年」だとしている。[17]

　日本で「企業の社会的責任」と訳されている CSR は，単に企業は収益を上

15）秋山［2011］。
16）藤井［2005］。
17）公益社団法人 経済同友会［2010］。

第5章　地域・社会の課題解決を図るソーシャル・ビジネスと CSR

げ従業員を雇用すれば十分に社会的責任を果たしたとされる考え方から，社会の公器として法令遵守はもちろんであるが，人権に配慮した適正な雇用や労働条件の確保，消費者への適切な対応，環境問題への配慮，地域社会への貢献など，企業が市民として果たすべき責任として捉えられている。[18]近年，このCSR が大きく取り上げられているのは，企業活動がグローバル化したことにより，世界各国で様々な問題を引き起こしていることがある。これらを背景に，2010年11月にジュネーブに本部がある国際標準化機構により，企業のみならずあらゆる組織を対象に，持続可能な発展への貢献を最大化することを目的にした国際規格である ISO26000が発行された。

　一方，CSV（Creating Shared Value）はマイケル・E・ポーターが2011年に発表した論文[19]のなかで提唱した概念で，企業は経済的価値を創造しながら社会的ニーズに対応することで，社会的価値も創造するというものである。この共通価値の創造に関して，一般的には「Creating」は価値創造により市場のパイを増やすという意味で，「Shared」はそのパイが企業の経済的価値と社会的価値によって共有されるという意味で，「Value」には単に便益だけでなく，費用対効果を勘案したものであると解釈されている。[20]

　ポーター自身は，企業が地域社会に投資する際，CSR に代わって CSV をその指針とすべきであるとする。CSR プログラムは主に評判を重視し，当該事業との関わりも限られているため，これを長期的に正当化し継続するのは難しい。一方，CSV は企業の収益性や競争上のポジションと不可分である。その企業独自の資源や専門性を活用して，社会的価値を創出することで経済的価値を生み出すとしている。[21]

18）藤井は，マルチステークホルダー・フォーラムによる CSR の定義として，「CSR とは社会面及び環境面の考慮を自主的に業務に統合することである。それは法的要請や契約上の義務を上回るものである。CSR は法律上，契約上の要請以上のことを行うものである。CSR は法律や契約に置き換わるものでも，また，法律及び契約を避けるためのものでもない。」と紹介している（藤井［2005］，p. 20）。

19）ポーター／クラマー［2011］。

20）奥村［2014］。

21）ポーター／クラマー［2011］。

第Ⅱ部　地域・社会と共生を図る中小企業

なお，中小企業庁は，『2014年版中小企業白書』において，CRSV（Creating and Realizing Shared Value）の造語を提示している。これは，中小企業者や小規模事業者は日常の事業活動で構築した「顔の見える信頼関係」を積極的に活用しながら，地域課題解決に自らの事業として取組み，持続的な事業活動をしていくことが重要であり，CSV を真に実現していくという意味で Realizing というワードを入れている。中小企業・小規模事業者が地域課題解決に取組むことは，課題解決による地域活性化とそれによる企業利益の増大という好循環を生み出すことにつながり，CRSV が事業者が持続的に生き残っていくための「生きる道」としている。[22]

（5）CSR の理論的概念図

CSR の起源についてはおおよそ先に記したとおりだが，理論的な概念図として経営学の教科書等でもよく使用されるキャロルと，それとは異なる概念図を示した水尾順一と田中宏司を取り上げる。

① キャロルの CSR ピラミッド

キャロルは「CSR のピラミッド」として図 5 - 1 を示した。キャロルは，「企業の社会的責任とは，企業組織に対する経済的，法的，倫理的，フィランソロピー的な要素を包含するものである」[23]とする。その上で，CSR の第 1 の要素にあげているのが経済的責任で，利益も上げられない企業が CSR を果たせるはずがないということが底流にある。次が法的責任である。社会は利益追求だけに責任を負っていても社会的責任を果たしているとはみなさない。企業は当然，法律を守って操業することが求められる。3 番目が倫理的責任である。倫理的責任では，法律で規定されていないが社会から求められる行動や慣習に当たる部分である。4 番目のフィランソロピー的責任は，企業は良き企業人であるという社会の要望にこたえるという企業の行動を指している。

22）中小企業庁編 [2014]。

23）Carroll [1996], p. 66.

第5章　地域・社会の課題解決を図るソーシャル・ビジネスと CSR

図5-1　キャロルの CSR ピラミッド

Philanthropic Responsibilities
Be a good corporate citizen.
Contribute resources
to the community;
improve quality of life.

Ethical Responsibilities
Be ethical.
Obligation to do what is right,
just, and fair. Avoid harm.

Legal Responsibilities
Obey the law.
Law is society's codification of right and wrong.
Play by the rules of the game.

Economic Responsibilities
Be profitable.
The foundation upon which all others rest.

出典：Carroll［1996］，p. 39.

② 水尾らによる CSR の概念図

　水尾らはキャロルの4つの責任を参考にしながら，図5-2の概念図を示している[24]。水尾らは CSR を「企業組織と社会の健全な成長を保護し，促進することを目的として，不祥事の発生を未然に防ぐとともに，社会に積極的に貢献していくために企業の内外に働きかける制度的義務と責任」と定義し，対象（ステークホルダー）を企業内と企業外に分けるとともに，領域についても予防倫理と積極倫理の2つに分けて捉えている。

　まず，CSR の対象を企業内のステークホルダーか，企業外のステークホルダーかとして，対象を二分している。次に，CSR に取組む領域であるが，予防倫理とは，社会や企業を様々なリスクから保護する活動であり，社会が企業に対するネガティブな意味をもつ倫理違反の行動，すなわち一般的に言われる

24）水尾・田中［2004］。

図5-2 水尾・田中による CSR の概念図

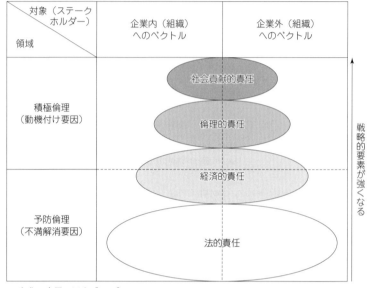

出典：水尾・田中［2004］，p. 10。

不祥事の発生を未然に防ぐ活動である。積極倫理とは，企業組織と社会の健全な成長を保護し促進する目的を達成するために積極的支援する活動で，社会の福祉や健全な成長を積極的に促進する領域である。企業が社会的存在として認められ，地域や社会に存在する一市民としての企業市民の活動であり，個人が社会に貢献すると同様に，企業が社会的公器として存在意義を発揮する意味をもつものであり，その活動内容を積極的に社会に開示する活動も重要であるとしている。

水尾らの CSR の捉え方であるが，CSR を 4 つの責任として捉えることはキャロルと同じだが，企業が社会の公器である以上，法的責任が根底にあるべきで義務として捉えている。このため，これを一番下にもってきているところがキャロルと異なる。その上で，企業において CSR は社会的・戦略的投資であり，"慈善事業"でなく"戦略"であり，その意味から企業戦略として位置づけないと継続性は維持できないとしている。[25]

3．社会貢献意識の高まり

　この章の「はじめに」で見たように，CSR を実施している企業が成果をあげ，さらに CSV が実現するためには，企業のステークホルダーも企業の行動を理解し，積極的に応援していくことが求められる。以下では，企業にとっての重要なステークホルダーの一つであるヒトの意識について，内閣府「社会意識に関する世論調査」の結果から見る（図 5 - 3 ）。同調査は昭和43年度から毎年行われているもので，社会や国に対する国民の基本的意識の動向を調査したものである。

　「社会への貢献意識」では，「何か社会のために役立ちたい」と思っているか，それとも「あまりそのようなことは考えていない」かについて聞いたところ，「思っている」と答えた人の割合が65.0％，「あまり考えていない」と答えた人の割合が32.4％となっている。この数値は，前回の調査結果と比較してみてもあまり大きな変化は見られない。

　世論調査の質問でこういう質問の仕方をされると「何か社会のために役立ちたい」と回答する割合が高くなるのは，今現在の経済社会状況で判断すると当然のような気もするが，時系列でみると昭和50年，51年，54年や60年も「あまり考えていない」人の割合が高かったことが記されており，過去もずっとそうだったわけではないことがわかる。また，昭和61年を境に傾向的に「思っている」人の割合が高まり，「あまり思っていない」人の割合が少なってきていることも読み取れる。日本経済がこれまでのように遮二無二成長を求める路線から，一時は世界経済の頂点にまで登りつめたあとの成熟社会に入り，人々の心にある種の余裕が生まれ，周囲にも気を配ることができる状況が生まれてきたことが考えられる。

　次に，「何か社会のために役立ちたい」と「思っている」と答えた人（3,820人）に，具体的な内容を聞いたところ，「社会福祉に関する活動（老人や障害

25）水尾・田中 ［2004］，pp. 18-19。

第Ⅱ部 地域・社会と共生を図る中小企業

図5-3 社会意識に関する世論調査

（4）社会への貢献意識

問4 あなたは，日頃，社会の一員として，何か社会のために役立ちたいと思っていますか。それとも，あまりそのようなことは考えていませんか。

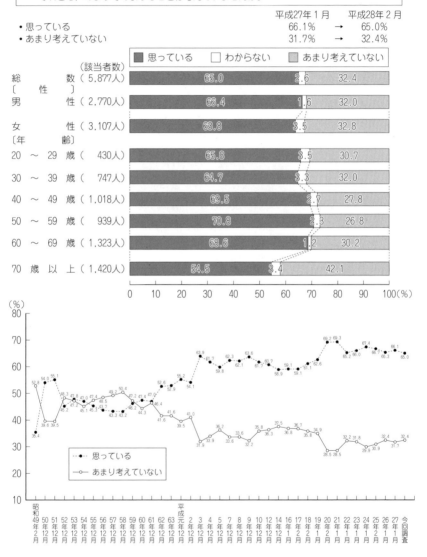

第5章　地域・社会の課題解決を図るソーシャル・ビジネスとCSR

ア　社会への貢献内容

更問　(問4で「思っている」と答えた方(3,820人)に)
　　　何か社会のために役立ちたいと思っているのはどのようなことですか。この中からいくつでもあげてください。(複数回答)

(上位5項目)
　　　　　　　　　　　　　　　　　　　　　　　　　　　平成27年1月　　平成28年2月

- 社会福祉に関する活動（老人や障害者などに対する介護、
　身の周りの世話、給食、保育など）　　　　　　　　　　37.5%　→　35.1%（減）
- 町内会などの地域活動（お祝い事や不幸などの手伝い、
　町内会や自治会などの役員、防犯や防火活動など）　　　32.2%　→　32.9%
- 自然・環境保護に関する活動（環境美化、リサイクル
　活動、牛乳パックの回収など）　　　　　　　　　　　　32.8%　→　31.6%
- 自主防災活動や災害援助活動　　　　　　　　　　　　　28.5%　→　25.4%（減）
- 自分の職業を通じて　　　　　　　　　　　　　　　　　26.4%　→　25.0%

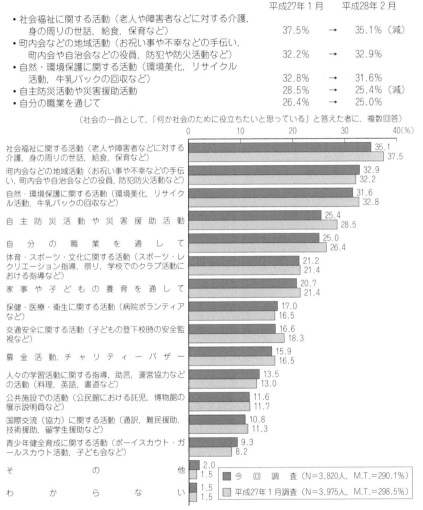

出典：内閣府「社会意識に関する世論調査」2016年4月。
http://survey.gov-online.go.jp/h27/h27-shakai/gairyaku.pdf

141

第Ⅱ部　地域・社会と共生を図る中小企業

者などに対する介護，身の周りの世話，給食，保育など）」をあげた人の割合が35.1％，「町内会などの地域活動（お祝い事や不幸などの手伝い，町内会や自治会などの役員，防犯防火活動など）」をあげた人の割合が32.9％，「自然・環境保護に関する活動（環境美化，リサイクル活動，牛乳パックの回収など）」をあげた人の割合が31.6％と高く，以下，「自主防災活動や災害援助活動」（25.4％），「自分の職業を通して」（25.0％）などの順となっている。

　項目のなかに，「災害防災活動」や「国際交流（協力）に関する活動（通訳，難民援助，技術援助，留学生援助）」など身近な地域以外に対する貢献も含まれているが，それよりもどちらかといえば身近な地域課題の解決に向けた貢献をしたいと考える人の割合が高くなっている。

　さてこのように，一般市民の間では社会貢献に対する意識が高まっているが，これらが実際の行動と結びついているかが問われる。以下では中小企業のCSR や CSV の活動と市民の社会貢献意識をどのように結びつければよいかを考える。

4．中小企業に問われる「責任ある競争力」

　社会が成熟化するなかで，市民にも社会貢献に対する意識が高まってきたが，企業も社会的影響力が増大するなかで企業活動に責任が問われるようになっている。谷本は，当初，CSR に関して理解度の差が大きく，なかには CSR を社会貢献活動と同義で捉えたり，本業そのものが社会貢献しているので取り立てて CSR 活動を行う必要がないと考える経営者がいたり，さらには企業ブランド促進として捉える考えもあったとするが，近年は CSR の本質が経営そのものであるとし，積極的に取組むようになっているとする[26]。その上で，新しい社会的・環境的な課題に社会貢献活動としてのみならず，本業として取組んでいくことが期待されるようになっている。企業が社会的に責任ある経営を果たし，ステークホルダーからの支持を得ること，サステナビリティを組み込んで市場

26）谷本［2014］。

第5章 地域・社会の課題解決を図るソーシャル・ビジネスと CSR

において新しい事業の可能性を提示すること，それらを踏まえた企業経営が今後社会において支持・評価されるようになるが，そうした企業を「責任ある競争力」を備えた企業と呼んでいる。

また，『CSR 企業総覧』（東洋経済新報社）をもとに CSR 担当部署の設置の有無，CSR 担当役員の有無，CSR 文書（報告書）の有無など CSR の制度化について分析してしている。2000年代の後半以降にこれらが急増しており，両者とも70％程度となっている。[27] これについては，日本では法律遵守などをのぞき，CSR に関する直接的な法的規制はないが，不祥事が引き金になって企業に対する世間からの風あたりが強くなっていることや，業界横並び志向も影響していると考えられる。ただしこれらの分析は，同総覧の2016年版に，上場企業を中心とする有力・先進企業1325社をデータとしているとあるように，中小企業は含まれていない。

ところで，2016年現在，経済センサスによれば日本にはおよそ382万社の企業があるが，そのうち大企業はわずか0.3％の１万1000社しか占めておらず，残りの99.7％，380万9000社が中小企業である。このことからすると，社会が変化していくためには中小企業がこの CSR や CSV に積極的に取組む必要がある。しかし，多くの中小企業は経営と所有が未分離で，私欲の追求に夢中な経営者は従業員のためというよりは，まず自分の報酬を先に考えがちである。そうなると，CSR をコストと考える経営者にあっては，これに取組もうとするインセンティブは低いと言わざるを得ない。現行の資本主義経済下では様々な格差や歪が生まれ，深刻化しているが，地域課題や社会課題の解決に，企業の CSR や CSV には大きな期待がかかっている。一般的に，大企業に比べると中小企業の方で小回りが効き，経営者が決断すると実行までのスピードが速い。

この中小企業が責任ある競争力をもつためには具体的にどのような行動が求められるのだろうか。谷本は経営活動のプロセスに社会的公正性・倫理性，環境や人権などへの配慮を組み込むことが必要であるとする。[28] ここでいうプロセスとは過程ということになるが，これだと本業のプラスアルファ的に捉えられ

---

27) 谷本［2013］。
28) 谷本［2014］。

第Ⅱ部　地域・社会と共生を図る中小企業

てしまう。そこで，考え方としては経営の根幹に据えることが考えられるが，それは経営理念に CSR を取り入れることにほかならず，文字通り "CSR 経営" ということになる。これについては実際のケースを次章で見ることにする。

5．CSR や CSV に取組む中小企業

　第1章で，中小製造業は受注生産型中小企業と独立型中小企業に分かれ，受注生産型中小企業はさらに自律型下請企業，自立型下請企業，下請企業の3タイプに分かれるとした。自律型下請企業は，いわゆる下請企業の範疇に含まれるが，取引先である親企業に対して技術力などを背景に「価格決定権」を有するほか，親企業にも様々な提案を行うなど，親企業とはギブアンドテークの関係にある。また，自立型下請企業も技術力などを背景に，親企業に対して「価格交渉力」を有するが，親企業のことを慮って行動する自律型下請企業の方を自立型下請企業よりも高次に位置づけている。

　また，ハーシュマンやヘルパーの Exit-Voice アプローチから下請企業，自立型下請企業，自律型下請企業を区別できることを導出した。すなわち，下請企業が親企業からの従属関係からの脱出を図る自立型下請企業や，あえて受注生産型中小企業にとどまることを選択し，親企業からの介入を自発的に受け入れたり，特定親企業からの退出能力を高めながらも退出しないなど，親企業との関係性のなかでの自律型下請企業の存在を明らかとした。自立型下請企業や自律型下請企業では，当該受注生産型中小企業が技術力を高めるなどして親企業に対する価格交渉力を有し，下請企業側にも交渉力が生まれる。下請企業側から見ると，親企業の方ではるかに技術力が高く，関係特殊的技能の形成に励んだ方が得策と判断したり，売上確保の面でも魅力的であるなど，下請企業にとって特定親企業との取引関係を維持したりする方が得策との判断が働く。一方，それほど高い技術力を有さず，また，特色もなく他社との差別化が図られていない下請企業には，親企業から Exit がちらつかされる。親企業から Exit がちらつかされているような場合でも，下請企業自身は取引を継続したいと考えている。

第5章　地域・社会の課題解決を図るソーシャル・ビジネスと CSR

図5-4　Exit-Voice アプローチから見た各下請企業とステークホルダーの関係仮説

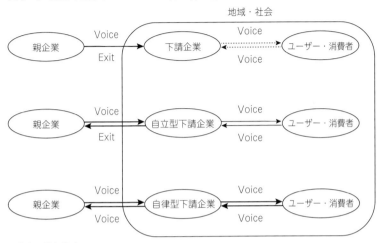

出典：筆者作成。

　上記の状態から脱出した企業が，自立型下請企業と自律型下請企業である。両者ともに受注生産型中小企業であるから親企業が存在し，そこには親企業と当該下請企業との間に何らかの関係性が形成される。そこでの関係性は，親企業から見た時に，それまで親企業からの Voice の"一方的受け手"であった下請企業の立場が大きく変化したことに特徴がある。すなわち，狭義の下請企業の時は，親企業側から発せられる Voice に対し，下請企業側は受容するしか選択肢はなかったが，技術力などを背景に自立化するようになると，すべての Voice を受容するのではなく，一種の"拒否権"のようなものが生まれ，その拒否権を背景にして今度は親企業との間で新たな関係性を構築しようとする。[29]

　以上を基に，自律型下請企業と親企業との関係性の様子や，ユーザーや消費者との間の CSV を見たものが図5-4である。親企業との関係性について記した図の左半分は，下請企業，自立型下請企業，自律型下請企業の区分を Exit-Voice アプローチから見たもので，今回はそれに右半分を追加している。すなわち，下請企業と比較すると自立型下請企業や自律型下請企業の方がより

---

29) 池田［2012］。

第Ⅱ部　地域・社会と共生を図る中小企業

積極的にユーザーや消費者にも強い働きかけを行っており，それにユーザーや
消費者も応えることで「共有価値の創造」を行っているというものである。自
律型下請企業の方は，自社が CSR の取組を実施していることを積極的にユー
ザーに PR し，ユーザー側も他社との比較で QCD に遜色がなければ積極的に
それに応えるというものである。このため，図ではそれぞれの矢印が点線か実
線の違い，実線でも太さが異なるように描いている。

　今回，筆者が考える仮説は，

　　① 自律型下請企業や自立型下請企業の方が，下請企業と比べてより積極
　　　的に CSR や CSV に取組んでいる
　　② 自律型中小企業の CSV とユーザーや消費者の関係は Voice 概念で説
　　　明できる[30]

である。

　この企業が行う CSR や CSV をサステナブルにするためにはユーザーや消
費者の支援が欠かせない。ポーターの CSV は"共通価値の創造"として訳さ
れることが多いが，筆者は"共有価値の創造"として捉えており，両者には根
本的な違いがあると考える。ポーターは，企業は社会的価値を創造することで
経済的価値を創造することができるとしており，ある分野で価値を向上すれば，
他の分野にチャンスが生まれることをもって"共通価値の創造"としている。
しかし，この議論はイノベーションの概念を世界で最初に提示したシュンペー
タが，プロダクトアウト的な発想で定義したことと似ている。その後ドラッ
カーは，イノベーションにマーケティング視点を導入することの重要性を示し
たが，CSV にもユーザーないしは消費者視点のアプローチが必要であると考
える。すなわち，ポーターは CSV を，社会的価値を創出することで経済的価
値を生み出すとしたが，その経済的価値（＝本業での売上増）を発生させ持続
させるには，企業の社会課題解決に向けた取組（＝社会的価値）をユーザーな

---

30) この仮説の導出には以下の背景がある。現在，多くの自治体で農水産物や加工食品の
　　「認証食品」制度が導入されている。たとえば，兵庫県では生産地での安全性検査，第三
　　者機関による書面審査を経たものが「兵庫県認証食品」として認証が与えられ，生産・流
　　通・消費拡大に向けた取組が行われている。消費者はスーパー等で安心・安全の代名詞と
　　もいえる「認証食品」のマークが付いたものを買うことができる。

第5章　地域・社会の課題解決を図るソーシャル・ビジネスと CSR

いし消費者が理解するとともに高く評価し，当該企業の製品やサービスを継続して購入する必要がある。このように解釈すると，企業の生み出す社会的価値を，ユーザーや消費者も企業と共に"共有"することが大切で，それによってCSV が成立し，また，企業の社会的価値の創造に共感したユーザーや消費者が一定数存在し，増加していくことが CSV の持続につながると考える。

　たとえば，わが国では東日本大震災で被災した福島県の復興を支援するため，キリンビールが福島の特産品である梨を原料に用いた「氷結」を販売していたり，イオンが地域のボランティア団体を支援するため，イオン・デーに「幸せの黄色いレシート」などの取組（第7章注39参照）をしていたりする。こうした活動が持続的な CSV として成立するには，消費者がその社会的活動を理解するとともに高く評価して，氷結やイオンで積極的に商品を購入する必要がある。まさに，企業が実施している社会的課題解決に向けた活動（＝社会的価値）を消費者も共有することで成り立つのである。

　これらが成り立つためには，企業が進んで CSR あるいは CSV を実践するのはもちろんだが，消費者もこれら企業の行動を正しく理解し，進んで応援，支援をすることが重要である。人々の社会貢献意識は高まっているが，これを実際の行動に結びつけるために，さらなる社会の成熟化が求められている。

147

第Ⅱ部　地域・社会と共生を図る中小企業

補　遺

様々な **CSR** 活動を展開するソーケン[31]

　株式会社ソーケン（東京都）は主にオフィスなどのインテリア空間の企画・デザインや内装業務，特注家具製作・販売などを行っており，これまで美術館の内装をはじめ，数多くの大企業の受付カウンターやオフィスの内装業務を手がけてきた。特注家具等の製作は，千葉県市川市にある別会社組織の株式会社ソーケン製作所で行っており，両社を合わせたグループ全体の従業員は60人規模の会社である。同社は急死した先代有吉徳礼氏の後を継ぐ形で有吉徳洋氏が事業を行っている。現社長の代になって後述する数々の CSR 活動を行っているが，同社が CSR を開始するようになったきっかけは，先代である父が残した社長心得の手帳のなかに「木を大事にしよう」といった言葉が書かれていたことにある。先代は「小さくてもキラリと光る会社」を目指していたが，現在はその遺志を引き継ぎながら，「モノ造りの総合インテリア企業として，関連するインテリアジャンルへの限りなき挑戦により"ナンバー1"を目指す」などの経営理念を掲げ，順調に業績を伸ばしている。

　同社はオフィス空間の企画設計や，受付カウンターなどオフィスのイメージに合う特注家具づくりをメイン事業にしている。そのなかの受付カウンター1つをとっても"木材"を多用するが，木を使って造形するとどうしても端材などの廃材が発生する。それまで廃材は処分していたが，先代の遺言のようなメモが現社長の頭に残っており，廃材を使って何かできないかと考えていたところ，児童養護施設と関わりができた。そこでは毎年クリスマスイベントを開催しており，クリスマスツリーには本物のもみの木を使ってデコレーションをしていた。しかし，イベント終了後の処分に困っていたことを聞き，廃材を活用した組立式のクリスマスツリーを作って贈ったところ大喜びされ，このことが実際に CSR 活動をはじめるきっかけとなった。

　31）2017年6月3日の有吉徳洋氏へのヒアリングによる。

また，工場のある千葉県の里山に間伐材が大量に放置されているのを見て，そのまま放っておくとやがては朽ちて CO_2 を発生することからなんとかしたいと思っていたころ，イオン株式会社が行っているイオンチアーズクラブとつながりができた。イオンチアーズクラブは小学生から中学生までを対象に，環境に興味をもち考える力を育てるとともに，集団行動を通じて社会的なルールやマナーを学んでいくクラブで，一年間活動に参加した子どもには記念バッチをプレゼントしている。この記念バッチを間伐材で作ることを思いつき，実際の製作は福祉事業所に行ってもらっている。福祉事業所の方も仕事が生まれ，工賃が発生することから喜んでいる。この取組は，「関わる全ての人が笑顔になる仕組み」として平成25年度の千葉県ちばコラボ大賞を受賞した。

図5-5 廃材で作ったクリスマスツリー

出典：株式会社ソーケン提供。

これ以外にも，美術館で発生した倒木の再生利用や，プロ野球の試合中に折れたバットで靴べらを作り，収益の NPO への寄付，かわさき FM で CSR 番組に毎月ラジオパーソナリティとして出演し，震災で被害の大きかった宮城県山元町復興応援番組を届けているほか，"CSR 列車"を走らせるなど多彩な活動を行っている。CSR 列車は千葉県庁，大多喜市など行政，いずみ鉄道会社（千葉県のローカル線を運営），福祉事業所とソーケンの連携事業で，1両の車両を貸し切り鉄道沿線の観光名所を訪れるかたわら，ソーケンは間伐材の話，障害児をもつ親からの話，行政の立場からの話などそれぞれが抱える課題を会話を通じて相互理解と交流を深めている。また，本社オフィスの向かいのビルの1階に，"ソーケン・ソーシャルサロン"をつくり，NPO など社会的活動を行う団体に無償で場所を提供し活動を支援している。もっとも，このサロンにはソーケンが代理店となっている海外有名ブランドのイスが置いてあり，自由に使ってもらうなかで本物の使い心地の良さを知ってもらい，それを SNS で拡散してもらうことも期待しており，ビジネス的要素も含まれている。

ところで，CSR を重視した経営をするようになり，工場と地域住民との関

第Ⅱ部 地域・社会と共生を図る中小企業

図5-6 キャットタワー

出典：株式会社ソーケン提供。

係にも変化が生じている。工場のある地域はいわゆる住工混在地区で工場と地域住民との間のトラブルが発生していたが，そこに「地域貢献CSR イベント」として地元住民を対象に芸人を招いたショーの開催や，バーベキュー大会を行うようになった。木で作ったパチンコ台を作り，従業員が相手をして子どもたちを喜ばせている一方，子どもの親には工場に入ってもらって社長自ら作業現場の説明を行っている。木工作業をするので多少の音が出るが，地域住民との距離が近くなったことで一方的に苦情を言われることはないという。

こうした CSR 活動は当初社長が率先して行っていたが，今では従業員も積極的に関わるようになっている。たとえば，図5-6のキャットタワーは廃材で作ったものだが，これの製作には当初 CSR 活動に懐疑的であった従業員が中心となって作成しており，収益の一部は動物保護団体や NPO などに寄付されている。また，最近の新入社員は同社の活動を知って入社を希望しているので，入社後は最初からこうした取組に意欲的に関わっている。社員の CSR 活動は勤務時間内に行われ，またその時間も1日何時間までといった制約もなく，本人の自由に任されている。

同社は2017年12月に創業50周年を迎えるが，ユーザー視点に立った製品作りや CSR に対する積極的な姿勢，社会貢献活動などが評価され，発注先からは特命で受注することが多く，近年の売上や利益は右肩上がりで推移している。

[謝辞] 補遺を取りまとめるに当たり，株式会社ソーケンの代表取締役社長有吉徳洋氏にヒアリングや写真提供等で，たいへんお世話になりました。この場をお借りしてお礼申し上げます。

第5章　参考文献

Carroll, A. B. [1996] *Business and Society : Ethics and Stakeholder Management*, 3rd ed., Mason : Thomson/South-Western.

OECD [2009] *The Changing Boundaries of Social Enterprises.*（連合総合生活開発研究所訳 [2010]『社会的企業の主流化──「新しい公共」の担い手として』明石書店。）

秋山紗絵子 [2011]「日本における社会的企業論の現状と課題」岩手大学大学院人文社会科学研究科『紀要』第20号。

池田潔 [2012]『現代中小企業の自律化と競争戦略』ミネルヴァ書房。

岡部光明 [2012]「社会問題の解決と企業の役割──ソーシャル・ビジネスと CSR」明治学院大学『国際学研究』第42号。

奥村剛史 [2014]「共通価値の創造」大阪中小企業投資育成株式会社『年輪』Vol. 156。

経済産業省 [2008]「ソーシャルビジネス研究会報告書」2008年4月。

公益社団法人　経済同友会 [2010]「市場を活用するソーシャルビジネス [社会性，事業性，革新性] の育成──日本的市民社会の構築に向けて」2010年7月。

株式会社ソーケンホームページ（http://soken-net.co.jp/about/）

谷本寛治編著 [2006]『ソーシャル・エンタープライズ──社会的企業の台頭』中央経済社。

谷本寛治 [2013]『責任ある競争力──CSR を問い直す』NTT 出版。

谷本寛治 [2014]『日本企業の CSR 経営』千倉書房。

谷本寛治・大室悦賀・大平修司・土肥将敦・古村公久 [2013]『ソーシャル・イノベーションの創出と普及』NTT 出版。

玉村雅敏編著 [2016]『ソーシャルパワーの時代──「つながりのチカラが革新する企業と地域の価値共創 [CSV] 戦略」』産学社。

独立行政法人 中小企業基盤整備機構　経営支援情報センター [2011]『ソーシャルビジネス調査』中小機構調査研究報告書 第3巻 第1号。

中小企業庁編 [2014]『2014年版　中小企業白書』日経印刷。

株式会社仁張工作所 [2015]「知的資産報告書」。

橋本理 [2009]「社会的企業論の現状と課題」大阪市政調査会『市政研究』No. 162　冬季号。

藤井敏彦 [2005]『ヨーロッパの CSR と日本の CSR──何が違い，何を学ぶのか』日

第Ⅱ部　地域・社会と共生を図る中小企業

科技連。

藤井敏彦・新谷大輔 [2008]『アジアの CSR と日本の CSR——持続可能な成長のために何をすべきか』日科技連。

マイケル・E・ポーター／マーク・R・クラマー [2011]「経済的価値と社会的価値を同時実現する共通価値の戦略」DIAMOND ハーバード・ビジネスレビュー　2011年6月号。

水尾順一・田中宏司編著 [2004]『CSR マネジメント——ステークホルダーとの共生と企業の社会的責任』生産性出版。

ムハマド・ユヌス [2010]『ソーシャル・ビジネス革命——世界の課題を解決する新たな経済システム』早川書房。

第6章

中小企業の CSR・CSV の取組実態

1．はじめに

　多くの中小企業は地域資源を活用して活動しており，その意味で，中小企業と地域は密接に関係している。中小企業が立地する地域は様々な地域課題，社会課題を抱えているが，こうした地域・社会の課題解決を自社の企業活動の中に取り込んでいるところがある。特に自律型下請企業はそうした取組にも積極的であるとの仮説のもと，東大阪市の中小企業へのアンケート調査結果とヒアリング調査から見ていく。

2．東大阪市中小企業の CSR，CSV の取組実態

（1）調査の概要

　今回，中小企業の CSR の取組実態を明らかとするため，東大阪市の中小企業を対象に下記の調査を実施した。

① 調査実施時期：2016年8月17〜31日までの期間，東大阪市シルバー人材センターにより対象企業に配布

② 調査対象：東大阪市内の中小製造業，卸・物流業，小売業2500社。なお小売業はスーパーなど量販店を対象としており，商店街などの一般小売店は対象外としている。

③ 締め切り：2016年9月10日

④ 有効回答数：240社（9.6％）

第Ⅱ部　地域・社会と共生を図る中小企業

　調査は東大阪市内の中小製造業，卸・小売業など2500社を対象に，東大阪市シルバー人材センターから各社に個配する形でアンケート票を配布した。シルバー人材センターに依頼したのは，このところの個人情報保護の関係から名簿を入手できなかったためである。また，対象を中小企業に設定したが，一部大企業も含まれている。

（2）回答企業の概要

　回答企業の業種・業態を見ると，「自社製品を持つ製造業」が32.1%，「下請製造業」が34.2%，「卸・物流業」が20.8%，「小売業」が7.1%，「その他」が5.8%となっている。また従業員数を見ると，「1〜2人」が5.5%，「3〜5人」が12.2%，「6〜10人」が12.2%，「11〜20人」が15.1%，「21〜30人」が12.2%，「31〜50人」が10.9%，「51〜100人」が17.2%，「101〜300人」が11.8%，「300人以上」が2.9%となっている。なお，業種・業態別と従業員数をクロス集計したものが表6-1である。

　次に，地元との関わりの強さがCSRやCSV活動に影響しているのではないかとの問題意識から，現在地での操業・営業年数を見たのが表6-2である。これによると，全体で最も多かったのは「30〜49年」の27.0%，次いで「50年以上」の24.5%となっており，現在地で比較的長期にわたって操業・営業している企業が多い。

　また，経営革新的な企業とCSRやCSVに取組む企業とが相関しているのではないかとの問題意識から，業種業態別の売上高伸び率と経常利益伸び率をみたものが表6-3と表6-4である。

（3）CSR, CSV 活動の取組実態

　ここではCSRやCSV活動と目される活動を「法的責任面」「環境面」「地域・社会面」「人的・労働面」「その他」に大括りし，合計34項目の取組実態について見ている（図6-1）。これによると，「何もしていない」と回答した企業はゼロ回答で，何らかの活動をしていることがわかる。そのなかで最も多かったのが「法令や社会規則の遵守」の83.2%，次いで「従業員満足，働きやすい

第6章　中小企業の CSR・CSV の取組実態

表6-1　業種・業態別従業員数

上段：度数 下段：%		従業員数									
		合計	1~2人	3~5人	6~10人	11~20人	21~30人	31~50人	51~100人	101~300人	301人以上
業種・業態	全　　体	238 100.0	13 5.5	29 12.2	29 12.2	36 15.1	29 12.2	26 10.9	41 17.2	28 11.8	7 2.9
	自社製品を持つ製造業	76 100.0	2 2.6	4 5.3	12 15.8	9 11.8	8 10.5	10 13.2	19 25.0	9 11.8	3 3.9
	下請製造業	81 100.0	6 7.4	11 13.6	8 9.9	16 19.8	12 14.8	10 12.3	12 14.8	6 7.4	— —
	卸・物流業	50 100.0	3 6.0	8 16.0	6 12.0	5 10.0	8 16.0	6 12.0	5 10.0	8 16.0	1 2.0
	小　売　業	17 100.0	1 5.9	3 17.6	1 5.9	1 5.9	1 5.9	— —	4 23.5	4 23.5	2 11.8
	そ　の　他	14 100.0	1 7.1	3 21.4	2 14.3	5 35.7	— —	— —	1 7.1	1 7.1	1 7.1

出典：大阪商業大学「地域課題解決と企業の社会的責任（CSR）に関する実態調査」（2016年8月実施）。以下同じ。

表6-2　業種・業態別操業・営業年数

上段：度数 下段：%		操業・営業年数						
		合　計	5年未満	5~9年	10~19年	20~29年	30~49年	50年以上
業種・業態	全　　体	237 100.0	9 3.8	11 4.6	56 23.6	39 16.5	64 27.0	58 24.5
	自社製品を持つ製造業	76 100.0	2 2.6	4 5.3	16 21.1	8 10.5	19 25.0	27 35.5
	下請製造業	80 100.0	4 5.0	3 3.8	19 23.8	10 12.5	23 28.8	21 26.3
	卸・物流業	50 100.0	2 4.0	2 4.0	9 18.0	15 30.0	15 30.0	7 14.0
	小　売　業	17 100.0	1 5.9	— —	9 52.9	3 17.6	3 17.6	1 5.9
	そ　の　他	14 100.0	— —	2 14.3	3 21.4	3 21.4	4 28.6	2 14.3

第Ⅱ部　地域・社会と共生を図る中小企業

表6-3　業種・業態別売上高伸び率

<table>
<tr><td rowspan="2">上段：度数
下段：％</td><td colspan="5">売上高伸び率</td></tr>
<tr><td>合　計</td><td>10％以上増加</td><td>5～10％未満増加</td><td>5％未満増加</td><td>マイナス</td></tr>
<tr><td rowspan="12">業種・業態</td><td rowspan="2">全　　体</td><td>231</td><td>31</td><td>41</td><td>88</td><td>71</td></tr>
<tr><td>100.0</td><td>13.4</td><td>17.7</td><td>38.1</td><td>30.7</td></tr>
<tr><td rowspan="2">自社製品を持つ
製造業</td><td>74</td><td>10</td><td>11</td><td>27</td><td>26</td></tr>
<tr><td>100.0</td><td>13.5</td><td>14.9</td><td>36.5</td><td>35.1</td></tr>
<tr><td rowspan="2">下請製造業</td><td>77</td><td>11</td><td>16</td><td>30</td><td>20</td></tr>
<tr><td>100.0</td><td>14.3</td><td>20.8</td><td>39.0</td><td>26.0</td></tr>
<tr><td rowspan="2">卸・物流業</td><td>49</td><td>6</td><td>12</td><td>16</td><td>15</td></tr>
<tr><td>100.0</td><td>12.2</td><td>24.5</td><td>32.7</td><td>30.6</td></tr>
<tr><td rowspan="2">小　売　業</td><td>17</td><td>1</td><td>1</td><td>11</td><td>4</td></tr>
<tr><td>100.0</td><td>5.9</td><td>5.9</td><td>64.7</td><td>23.5</td></tr>
<tr><td rowspan="2">そ　の　他</td><td>14</td><td>3</td><td>1</td><td>4</td><td>6</td></tr>
<tr><td>100.0</td><td>21.4</td><td>7.1</td><td>28.6</td><td>42.9</td></tr>
</table>

表6-4　業種・業態別経常利益率伸び率

<table>
<tr><td rowspan="2">上段：度数
下段：％</td><td colspan="5">経常利益率伸び率</td></tr>
<tr><td>合　計</td><td>5％以上増加</td><td>3～5％未満増加</td><td>1～3％未満増加</td><td>横ばい</td><td>減少</td></tr>
<tr><td rowspan="12">業種・業態</td><td rowspan="2">全　　体</td><td>233</td><td>38</td><td>35</td><td>49</td><td>61</td><td>50</td></tr>
<tr><td>100.0</td><td>16.3</td><td>15.0</td><td>21.0</td><td>26.2</td><td>21.5</td></tr>
<tr><td rowspan="2">自社製品を持つ
製造業</td><td>75</td><td>12</td><td>7</td><td>15</td><td>28</td><td>13</td></tr>
<tr><td>100.0</td><td>16.0</td><td>9.3</td><td>20.0</td><td>37.3</td><td>17.3</td></tr>
<tr><td rowspan="2">下請製造業</td><td>78</td><td>13</td><td>12</td><td>21</td><td>16</td><td>16</td></tr>
<tr><td>100.0</td><td>16.7</td><td>15.4</td><td>26.9</td><td>20.5</td><td>20.5</td></tr>
<tr><td rowspan="2">卸・物流業</td><td>49</td><td>9</td><td>14</td><td>7</td><td>6</td><td>13</td></tr>
<tr><td>100.0</td><td>18.4</td><td>28.6</td><td>14.3</td><td>12.2</td><td>26.5</td></tr>
<tr><td rowspan="2">小　売　業</td><td>17</td><td>2</td><td>2</td><td>3</td><td>6</td><td>4</td></tr>
<tr><td>100.0</td><td>11.8</td><td>11.8</td><td>17.6</td><td>35.3</td><td>23.5</td></tr>
<tr><td rowspan="2">そ　の　他</td><td>14</td><td>2</td><td>—</td><td>3</td><td>5</td><td>4</td></tr>
<tr><td>100.0</td><td>14.3</td><td>—</td><td>21.4</td><td>35.7</td><td>28.6</td></tr>
</table>

第6章 中小企業の CSR・CSV の取組実態

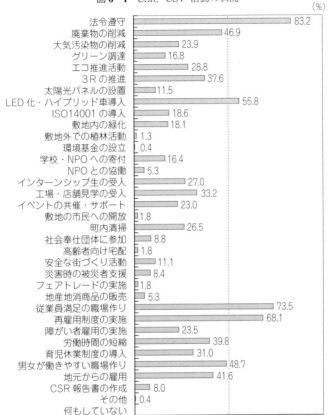

図6-1 CSR, CSV 活動の状況

職場作り」の73.5%,「定年後の再雇用制度の実施」の68.1%,「社内電球のLED 化や社用車のハイブリッド化」の55.8%などとなっている。

また,業種・業態別に見たものが表6-5である。「自社製品を持つ製造業」と「下請製造業」を比較すると,傾向的には類似した項目の CSR 活動の取組をしているが,ほとんど全ての項目で「自社製品を持つ製造業」の方で数値が高くなっている。また,「卸・物流業」と「小売業」の比較でも,ほとんど全ての項目で「小売業」の方で数値が高くなっている。

CSR を実施する理由について見ると,「社会の一員として最低限のことをす

157

第Ⅱ部　地域・社会と共生を図る中小企業

表6-5　業種・業態別の取組

		CSR 活動の内訳					
上段：度数 下段：%		合　計	法令遵守	廃棄物の削減	大気汚染物の 削減	グリーン調達	エコ推進活動
業種・業態	全　体	226 100.0	188 83.2	106 46.9	54 23.9	38 16.8	65 28.8
	自社製品を持つ 製造業	74 100.0	65 87.8	39 52.7	23 31.1	18 24.3	28 37.8
	下請製造業	76 100.0	64 84.2	29 38.2	13 17.1	13 17.1	13 17.1
	卸・物流業	48 100.0	39 81.3	23 47.9	10 20.8	4 8.3	13 27.1
	小売業	17 100.0	12 70.6	12 70.6	4 23.5	3 17.6	8 47.1
	その他	11 100.0	8 72.7	3 27.3	4 36.4	— —	3 27.3

		CSR 活動の内訳					
上段：度数 下段：%		3 Rの推進	太陽光パネル の設置	LED 化・ハ イブリッド車 導入	ISO 14001 の 導入	敷地内の緑化	敷地外での植 林活動
業種・業態	全　体	85 37.6	26 11.5	126 55.8	42 18.6	41 18.1	3 1.3
	自社製品を持つ 製造業	32 43.2	12 16.2	41 55.4	17 23.0	19 25.7	— —
	下請製造業	22 28.9	8 10.5	42 55.3	14 18.4	12 15.8	1 1.3
	卸・物流業	16 33.3	2 4.2	23 47.9	8 16.7	4 8.3	1 2.1
	小売業	11 64.7	2 11.8	14 82.4	2 11.8	5 29.4	1 5.9
	その他	4 36.4	2 18.2	6 54.5	1 9.1	1 9.1	— —

第6章 中小企業の CSR・CSV の取組実態

表6-5 業種・業態別の取組（続き）

		CSR 活動の内訳					
上段：度数 下段：%		環境基金の 設立	学校・NPO への寄付	NPO との協働	インターン シップ生の受 入	工場・店舗見 学の受入	イベントの共 催・サポート
	全 体	1 0.4	37 16.4	12 5.3	61 27.0	75 33.2	52 23.0
業種・業態	自社製品を持つ 製造業	— —	15 20.3	8 10.8	24 32.4	30 40.5	22 29.7
	下請製造業	— —	10 13.2	3 3.9	21 27.6	27 35.5	16 21.1
	卸・物流業	— —	6 12.5	— —	10 20.8	7 14.6	8 16.7
	小売業	1 5.9	4 23.5	1 5.9	5 29.4	10 58.8	5 29.4
	その他	— —	2 18.2	— —	1 9.1	1 9.1	1 9.1

		CSR 活動の内訳					
上段：度数 下段：%		敷地の市民へ の開放	町内清掃	社会奉仕団体 に参加	高齢者向け宅 配	安全な街づく り活動	災害時の被災 者支援
	全 体	4.0 1.8	60 26.5	20 8.8	4 1.8	25 11.1	19 8.4
業種・業態	自社製品を持つ 製造業	— —	18 24.3	11 14.9	— —	6 8.1	7 9.5
	下請製造業	— —	18 23.7	6 7.9	— —	8 10.5	3 3.9
	卸・物流業	— —	16 33.3	3 6.3	— —	7 14.6	3 6.3
	小売業	3 17.6	6 35.3	— —	4 23.5	3 17.6	6 35.3
	その他	1 9.1	2 18.2	— —	— —	1 9.1	— —

第Ⅱ部　地域・社会と共生を図る中小企業

表6-5　業種・業態別の取組（続き）

		CSR 活動の内訳					
上段：度数 下段：%		フェアトレードの実施	地産地消商品の販売	従業員満足の職場作り	再雇用制度の実施	障がい者雇用の実施	労働時間の短縮
	全　体	4 1.8	12 5.3	166 73.5	154 68.1	53 23.5	90 39.8
業種・業態	自社製品を持つ製造業	— —	4 5.4	57 77.0	58 78.4	19 25.7	25 33.8
	下請製造業	— —	1 1.3	57 75.0	50 65.8	12 15.8	26 34.2
	卸・物流業	— —	1 2.1	28 58.3	32 66.7	10 20.8	22 45.8
	小売業	4 23.5	5 29.4	14 82.4	10 58.8	10 58.8	12 70.6
	その他	— —	1 9.1	10 90.9	4 36.4	2 18.2	5 45.5

		CSR 活動の内訳					
上段：度数 下段：%		育児休業制度の導入	男女が働きやすい職場作り	地元からの雇用	CSR 報告書の作成	その他	何もしていない
	全　体	70 31.0	110 48.7	94 41.6	18 8.0	1 0.4	— —
業種・業態	自社製品を持つ製造業	27 36.5	41 55.4	33 44.6	6 8.1	1 1.4	— —
	下請製造業	16 21.1	30 39.5	36 47.4	5 6.6	— —	— —
	卸・物流業	15 31.3	21 43.8	15 31.3	3 6.3	— —	— —
	小売業	9 52.9	11 64.7	7 41.2	2 11.8	— —	— —
	その他	3 27.3	7 63.6	3 27.3	2 18.2	— —	— —

第6章 中小企業の CSR・CSV の取組実態

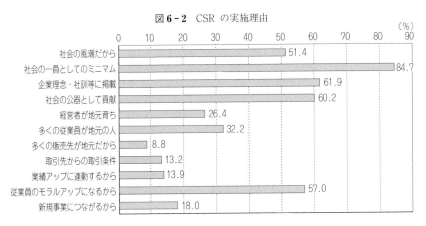

図6-2 CSR の実施理由

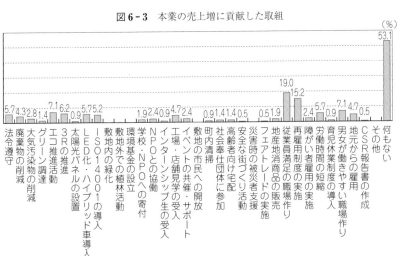

図6-3 本業の売上増に貢献した取組

べきだから」が84.7％で最も多く，次いで「企業理念・社訓等に謳っているから」(61.9％)，「社会の公器として積極的に貢献すべきだから」(60.2％)，「従業員のモラルアップ・やる気につながるから」(57.0％)，「社会の風潮だから」(51.4％) などとなっている。一方，CSV につながるような「業績アップに連動するから」は13.9％とそれ程高くない (図6-2)。

次に，本業の売上増に貢献した取組について聞いたところ，「何もない」が

161

第Ⅱ部 地域・社会と共生を図る中小企業

表6-6 売上高・経常利益増減と CSR 活動

CSR 活動のトップ10	最近3年間の売上高			最近3年間の経常利益		
	増加企業の 回答割合	減少企業の 回答割合	ポイント差	増加企業の 回答割合	減少企業の 回答割合	ポイント差
1位 法令や社会規則の遵守	86.7	76.1	10.6	86.2	69.6	16.6
2位 従業員満足，働きやすい職場づくり	78.7	62.7	16.0	81.0	43.5	37.5
3位 定年後の再雇用制度の実施	70.7	58.2	12.5	69.0	56.5	12.5
4位 社内電球の LED 化や社用車のハイブリッド化	62.0	40.3	21.7	57.8	37.0	20.8
5位 男女ともに働きやすい職場環境の整備	50.1	44.8	5.3	50.9	32.6	18.3
6位 包装・梱包資材等の廃棄物の削減	46.0	46.3	-0.3	48.3	41.3	7.0
7位 地元からの雇用	48.0	25.4	22.6	50.0	21.7	28.3
8位 労働時間の短縮	39.3	40.3	-1.0	42.2	37.0	5.2
9位 リサイクル・リユース・リデュースの推進	41.3	31.3	10.0	42.2	23.9	18.3
10位 工場・店舗・施設見学の受け入れ	24.0	28.4	-4.4	33.6	28.3	5.3

53.1％で最も多く，全体として見ると，これらの活動と売上とは結びついていないようにみえる。その中にあって「従業員満足，働きやすい職場づくり」（19.0％）や「定年後の再雇用制度の実施」（15.2％）等の雇用面の取組が比較的多く売上増に貢献したとしている（図6-3）。

　これを，CSR の取組状況と売上高増減企業，経常利益増減企業とのクロス集計した結果を見ると，興味深い結果が浮かび上がる。表6-6は，図6-1のCSR 活動の上位10項目と企業の売上増減，経常利益の増減をクロス集計したものだが，たとえば，CSR 活動の1位にあげられている「法令や社会規則の遵守」と売上増をクロスさせてみると，売上が増加している企業では86.7％が法令や社会規則を遵守していると回答したのに対し，売上が減少している企業では76.1％となり，10.6％ポイントの開きがある。同様に2位の項目の「従業員満足，働きやすい職場づくり」では16.0％ポイントの開きが，また3位の「定年後の再雇用制度の実施」では12.5％ポイントの開きが見られる。売上高が増加している企業の方でより積極的に CSR 活動に取り組んでいることが分かる。

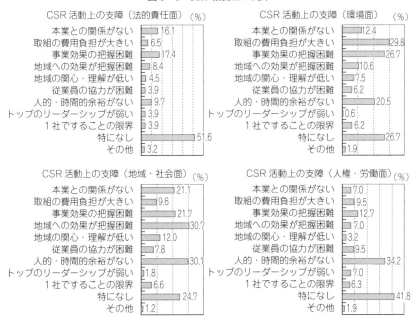

図6-4 CSR 活動上の支障

　なお，上位10項目のなかでは「包装・梱包資材等の廃棄物の削減」「労働時間の短縮」「工場・店舗・施設見学の受け入れ」の項目では売上高減少企業の方で高かったものの，それ以外の項目ではすべて増加企業の方で取組割合が高くなっている。また，経常利益とのクロスでは，すべての項目で増加企業の方で取組割合が高くなっており，強い相関関係がある。

　次に，CSR 活動を進めていく上で支障となっている点を「法的責任面」「環境面」「地域・社会面」「人権・労働面」に分けて聞いたところ図6-4のようになった。これを見ると，法的責任面では「特になし」とする企業が51.6％と半数以上を占めており，法令や社会規則の遵守は「当たり前」と捉えている企業が多いことが考えられる。一方，環境面では，「取組の費用負担が大きい」が29.8％，「事業への効果が把握しにくい」「特になし」が26.7％などとなっているほか，「地域・社会面」では「地域・社会への効果が把握しにくい」が30.7％，「人的・時間的余裕がない」が30.1％となっている。また，「人権・労

第Ⅱ部　地域・社会と共生を図る中小企業

働面」では「特になし」が最も多く41.8%，次いで「人的・時間的余裕がない」が34.2%となっている。

　今回の質問項目では，環境面や地域・社会面の項目で示したように，設問項目にあるような行動をすることで企業の名声や評判を高め，それによって売上増に結びつくことで CSV になると考えた。しかし，全体の調査結果からは，先の売上増に貢献した取組が主に雇用面に関する取組で，環境面や地域・社会面など企業の外部に対する取組に対してはあまり貢献していない結果となった。

（4）自律型下請企業と CSR 活動

　以下では，今回のアンケート結果から自律型下請企業，自立型下請企業，下請企業を抽出し，その CSR 活動について分析する。まず，3類型の下請企業の概要を見たものが表6-7である。今回，下請企業を分類するに当たり，親企業との間の価格決定権を見て「当社の意向で決定される」下請企業を自律型下請企業，「当社の意向がある程度反映される」下請企業を自立型下請企業，「ほとんど決定権はない」や「全く決定権はない」下請企業を下請企業として分類したところ，自律型下請企業は14社，自立型下請企業は44社，下請企業は22社となった。

　これを経常利益率の伸び率との関係で見ると，「5％以上増加」している企業割合が自律型下請企業で最も多く，次いで自立型下請企業となっている。また，「減少」した企業の割合は下請企業で最も多いなど，自律型下請企業，自立型下請企業，下請企業の3分類と経常利益率の伸び率の高低とは相関している。しかし，売上高伸び率とは相関しておらず，自律型下請企業よりも下請企業の方で伸び率が高い企業の割合が多く見られた。自律型下請企業では売上よりも利益を重視した経営をしていることが考えられる。

　CSR 活動の内容について見ると，「何もしていない」というのは自律型下請企業，自立型下請企業，下請企業のいずれにおいても見られず何らかの取組をしており，特に「法令遵守」は8割ほどの企業が実施している。しかし，1つ目の仮説である「CSR や CSV に取組む下請企業は"自律型下請企業"である」に関して，自律型下請企業であるから積極的に実施しているといえるもの

第6章　中小企業の CSR・CSV の取組実態

表6-7　自律型下請企業の概要

従業員数×業種・業態

上段：度数 下段：%		従業員数									
		合計	1~2人	3~5人	6~10人	11~20人	21~30人	31~50人	51~100人	101~300人	301人以上
業種・業態	自律型下請企業	14	1	2	3	1	3	—	3	1	—
		100.0	7.1	14.3	21.4	7.1	21.4	—	21.4	7.1	—
	自立型下請企業	44	3	7	3	9	4	7	8	3	—
		100.0	6.8	15.9	6.8	20.5	9.1	15.9	18.2	6.8	—
	下請企業	22	2	1	2	6	5	3	1	2	—
		100.0	9.1	4.5	9.1	27.3	22.7	13.6	4.5	9.1	—

操業・営業年数×業種・業態

上段：度数 下段：%		操業・営業年数						
		合　計	5年未満	5～9年	10～19年	20～29年	30～49年	50年以上
業種・業態	自律型下請企業	13	3	—	4	2	2	2
		100.0	23.1	—	30.8	15.4	15.4	15.4
	自立型下請企業	45	1	2	9	6	14	13
		100.0	2.2	4.4	20.0	13.3	31.1	28.9
	下請企業	21	—	1	5	2	7	6
		100.0	—	4.8	23.8	9.5	33.3	28.6

売上高伸び率×業種・業態

上段：度数 下段：%		売上高伸び率			
		合　計	10%以上増加	5~10%未満増加	5％未満増加	マイナス
業種・業態	自律型下請企業	14	1	5	5	3
		100.0	7.1	35.7	35.7	21.4
	自立型下請企業	42	5	9	17	11
		100.0	11.9	21.4	40.5	26.2
	下請企業	20	4	2	8	6
		100.0	20.0	10.0	40.0	30.0

経常利益率伸び率×業種・業態

上段：度数 下段：%		経常利益率伸び率				
		合　計	5％以上増加	3~5%未満増加	1~3%未満増加	横ばい	減少
業種・業態	自律型下請企業	14	5	5	1	2	1
		100.0	35.7	35.7	7.1	14.3	7.1
	自立型下請企業	42	7	3	13	10	9
		100.0	16.7	7.1	31.0	23.8	21.4
	下請企業	21	—	4	7	4	6
		100.0	—	19.0	33.3	19.0	28.6

第Ⅱ部　地域・社会と共生を図る中小企業

表6-8　CSR 活動の内訳

CSR 活動の内訳×業種・業態

上段：度数 下段：%		CSR 活動の内訳					
		合　計	法令遵守	廃棄物の削減	大気汚染物の削減	グリーン調達	エコ推進活動
業種・業態	自律型下請企業	14 100.0	11 78.6	6 42.9	1 7.1	2 14.3	3 21.4
	自立型下請企業	41 100.0	35 85.4	15 36.6	9 22.0	9 22.0	7 17.1
	下請企業	20 100.0	17 85.0	8 40.0	3 15.0	2 10.0	3 15.0

上段：度数 下段：%		CSR 活動の内訳					
		3 Rの推進	太陽光パネルの設置	LED 化・ハイブリッド車導入	ISO 14001の導入	敷地内の緑化	敷地外での植林活動
業種・業態	自律型下請企業	4 28.6	2 14.3	6 42.9	2 14.3	3 21.4	― ―
	自立型下請企業	12 29.3	3 7.3	23 56.1	8 19.5	6 14.6	― ―
	下請企業	6 30.0	3 15.0	13 65.0	4 20.0	3 15.0	1 5.0

上段：度数 下段：%		CSR 活動の内訳					
		環境基金の設立	学校・NPOへの寄付	NPO との協働	インターンシップ生の受入	工場・店舗見学の受入	イベントの共催・サポート
業種・業態	自律型下請企業	― ―	2 14.3	― ―	3 21.4	5 36.7	4 28.6
	自立型下請企業	― ―	6 14.6	2 4.9	12 29.3	13 31.7	7 17.1
	下請企業	― ―	2 10.0	― ―	6 30.0	9 45.0	5 25.0

が，「従業員満足，働きやすい職場作り」や「障がい者雇用の実施」と，いわゆる「社会性」に関する項目があがっていたものの，それ以外の項目では顕著な差は見られなかった（表6-8）。

166

表6-8 CSR 活動の内訳（続き）

上段：度数 下段：％	CSR 活動の内訳					
	敷地の市民への開放	町内清掃	社会奉仕団体に参加	高齢者向け宅配	安全な街づくり活動	災害時の被災者支援
自律型下請企業	— —	4 28.6	1 7.1	— —	1 7.1	— —
自立型下請企業	— —	9 22.0	3 7.3	— —	4 9.8	3 7.3
下請企業	— —	5 25.0	2 10.0	— —	2 10.0	— —

上段：度数 下段：％	CSR 活動の内訳					
	フェアトレードの実施	地産地消商品の販売	従業員満足の職場作り	再雇用制度の実施	障がい者雇用の実施	労働時間の短縮
自律型下請企業	— —	— —	12 85.7	8 57.1	3 21.4	6 42.9
自立型下請企業	— —	— —	31 75.6	29 70.7	7 17.1	14 34.1
下請企業	— —	— —	13 65.0	13 65.0	2 10.0	6 30.0

上段：度数 下段：％	CSR 活動の内訳					
	育児休業制度の導入	男女が働きやすい職場作り	地元からの雇用	CSR 報告書の作成	その他	何もしていない
自律型下請企業	4 28.6	6 42.9	5 35.7	— —	— —	— —
自立型下請企業	6 14.6	15 36.6	20 48.8	4 9.8	— —	— —
下請企業	6 30.0	9 45.0	11 55.0	1 5.0	— —	— —

（各表の左欄外に「業種・業態」と縦書きで記載）

　次に CSR 活動の実施理由について見ると，「社会の一員として最低限のことをすべきだから」にいずれの類型の下請企業も高い割合で回答しており，「企業市民」として高い自覚をもっていることがわかる。そのことは「社会の公器として積極的に貢献すべきだから」への回答もいずれの類型の下請企業も高い割合で回答したことにも示されている。また，「取引先から取引条件とし

第Ⅱ部　地域・社会と共生を図る中小企業

表6-9　CSR 活動の実施理由

CSR 活動の実施理由—社会の風潮だから×業種・業態

上段：度数 下段：％		社会の風潮だから			
		合　計	当てはまる	当てはまらない	わからない
業種・業態	自律型下請企業	11 100.0	5 45.5	6 54.5	— —
	自立型下請企業	33 100.0	17 51.5	14 42.4	2 6.1
	下請企業	14 100.0	5 35.7	3 21.4	6 42.9

CSR 活動の実施理由—社会の一員としてのミニマム×業種・業態

上段：度数 下段：％		社会の一員としてのミニマム			
		合　計	当てはまる	当てはまらない	わからない
業種・業態	自律型下請企業	13 100.0	11 84.6	2 15.4	— —
	自立型下請企業	34 100.0	32 94.1	1 2.9	1 2.9
	下請企業	15 100.0	11 73.3	2 13.3	2 13.3

CSR 活動の実施理由—企業理念に掲載×業種・業態

上段：度数 下段：％		企業理念に掲載			
		合　計	当てはまる	当てはまらない	わからない
業種・業態	自律型下請企業	11 100.0	4 36.4	5 45.5	2 18.2
	自立型下請企業	33 100.0	17 51.5	13 39.4	3 9.1
	下請企業	16 100.0	10 62.5	3 18.8	3 18.8

て求められるから」にも自律型下請企業で3社（25.0％），自立型下請企業で7社（21.9％），下請企業で0社となっており，技術力のある自律型下請企業に対して取引条件の1つに含めようとしている動きが感じられる（表6-9）。

表6-9 CSR 活動の実施理由（続き）

CSR 活動の実施理由—社会の公器×業種・業態

上段：度数 下段：％		社会の公器			
		合　計	当てはまる	当てはまらない	わからない
業種・業態	自律型下請企業	11 100.0	6 54.5	3 27.3	2 18.2
	自立型下請企業	34 100.0	23 67.6	8 23.5	3 8.8
	下請企業	14 100.0	7 50.0	3 21.4	4 28.6

CSR 活動の実施理由—経営者が地元育ち×業種・業態

上段：度数 下段：％		経営者が地元育ち			
		合　計	当てはまる	当てはまらない	わからない
業種・業態	自律型下請企業	11 100.0	4 36.4	7 63.6	— —
	自立型下請企業	33 100.0	11 33.3	22 66.7	— —
	下請企業	14 100.0	2 14.3	8 57.4	4 28.6

CSR 活動の実施理由—多くの従業員が地元×業種・業態

上段：度数 下段：％		多くの従業員が地元			
		合　計	当てはまる	当てはまらない	わからない
業種・業態	自律型下請企業	11 100.0	2 18.2	9 81.8	— —
	自立型下請企業	32 100.0	14 43.8	16 50.0	2 6.3
	下請企業	14 100.0	4 28.6	7 50.4	3 21.4

　一方，前章の第2節（3）「日本のソーシャル・ビジネス」で見たように，日本のソーシャル・ビジネスの要件として革新性が求められるが，「新規事業につながるから」の項目に「当てはまる」と回答した企業は自律型下請企業でも1社しか見られず，「当てはまらない」と回答した企業が8社（72.7％）で

第Ⅱ部　地域・社会と共生を図る中小企業

表6-9　CSR 活動の実施理由（続き）

CSR 活動の実施理由—多くの販売先が地元×業種・業態

	上段：度数 下段：%	多くの販売先が地元			
		合　計	当てはまる	当てはまらない	わからない
業種・業態	自律型下請企業	11 100.0	1 9.1	10 90.9	— —
	自立型下請企業	32 100.0	3 9.4	27 84.4	2 6.3
	下請企業	13 100.0	— —	10 76.9	3 23.1

CSR 活動の実施理由—取引先からの要請×業種・業態

	上段：度数 下段：%	取引先からの要請			
		合　計	当てはまる	当てはまらない	わからない
業種・業態	自律型下請企業	12 100.0	3 25.0	9 75.0	— —
	自立型下請企業	32 100.0	7 21.9	23 71.9	2 6.3
	下請企業	13 100.0	— —	9 69.2	4 30.8

CSR 活動の実施理由—業績アップにつながる×業種・業態

	上段：度数 下段：%	業績アップにつながる			
		合　計	当てはまる	当てはまらない	わからない
業種・業態	自律型下請企業	11 100.0	— —	10 90.9	1 9.1
	自立型下請企業	33 100.0	5 15.2	20 60.6	8 24.2
	下請企業	13 100.0	1 7.7	5 38.5	7 53.8

あった。また，「業績アップにつながるから」の質問に対しても自律型下請企業では「当てはまらない」と回答した企業が10社（90.9％）となっている。CSR の取組は企業市民として当然すべきことといった意識が強いようである。今回の調査では CSR を本業の業績と結びつけようとする意識は低く，その意

第 6 章　中小企業の CSR・CSV の取組実態

表 6 - 9　CSR 活動の実施理由（続き）

CSR 活動の実施理由―従業員のモラルアップにつながる×業種・業態

上段：度数		従業員のモラルアップにつながる			
下段：%		合　計	当てはまる	当てはまらない	わからない
業種・業態	自律型下請企業	11 100.0	7 63.6	3 27.3	1 9.1
	自立型下請企業	34 100.0	18 52.9	12 35.3	4 11.8
	下請企業	14 100.0	5 35.7	4 28.6	5 35.7

CSR 活動の実施理由―新規事業につながるから×業種・業態

上段：度数		新規事業につながるから			
下段：%		合　計	当てはまる	当てはまらない	わからない
業種・業態	自律型下請企業	11 100.0	1 9.1	8 72.7	2 18.2
	自立型下請企業	32 100.0	2 6.3	21 65.6	9 28.1
	下請企業	12 100.0	4 33.3	5 41.7	3 25.0

味で「守りの CSR」となっており，「攻めの CSR」や CSV として取組もうとするところは少ない結果となった。

　次に，地元との関係について見よう。「経営者が地元で育ち，地元に愛着があるから」は，自律型下請企業と自立型下請企業で約 3 割が肯定的で，「多くの従業員が地元の人だから」では自立型下請企業で約 4 割が肯定的だったが，自律型下請企業では 2 社（18.2％）しか見られなかった。また，「多くの販売先，顧客が地元だから」は，いずれの下請企業もほとんどが「当てはまらない」と回答している。『2014年版中小企業白書』では，地元で「顔の見える信頼関係」を活用しながら，地域の課題解決を自らの事業として取組み，持続的な事業活動をしていくことが重要であるとしているが，代替わりをした経営者も増加しており地元との関係が希薄化していることも考えられる。また，販売先に地元が少なかったのは，東大阪市の中小製造業の取引先は全国に広がって

第Ⅱ部　地域・社会と共生を図る中小企業

表 6 - 10　CSR 活動に対するユーザー評価

当社の CSR 活動をユーザーが評価×業種・業態

上段：度数 下段：%		当社の CSR 活動をユーザーが評価						
		合　計	多いに当 てはまる	ほぼ当て はまる	どちらと もいえな い	あまり当 てはまら ない	まったく 当てはま らない	わからな い
業種・業態	自律型下請企業	7 100.0	— —	— —	7 100.0	— —	— ·	— —
	自立型下請企業	16 100.0	2 12.5	4 25.0	10 62.5	— —	— —	— —
	下請企業	7 100.0	— —	1 14.3	6 85.7	— —	— —	— —

いることが，こうした結果の一因になっていることが考えられる。

　ユーザーとの関係を見るため，「当社・当店の CSR 活動に対して，販売先や消費者はそれなりの評価をしてくれている」を見ると，自立型下請企業のなかに「多いに当てはまる」と回答した企業が 2 社（12.5%），「ほぼ当てはまる」が 4 社（25.0%）見られたが，自律型下請企業では「どちらともいえない」が100％であった（表 6 - 10）。また，「仕入先に CSR 活動をしている企業がいれば」自立型下請企業で「積極的に取引する」が 2 社（5.4%），「価格次第で取引する」が 8 社（21.6%），自律型下請企業では「価格次第で取引する」が 3 社（23.1%）見られたものの，大半は「仕入先の CSR 活動の有無は取引には全く関係ない」（69.2%）であった（表 6 - 11）。

　このことから，2 つ目の仮説である「自律型中小企業の CSV とユーザーや消費者の関係は Voice 概念で説明できる」について，CSV として取組もうとしている企業は今回のアンケート調査からは回答数が少なかったこともあり，統計的有意な違いとして検出できなかった。

　以下では，CSR に取組んでいる自律型下請企業をアンケート回収企業の中から選出し，その実態を見ている。

第6章　中小企業の CSR・CSV の取組実態

表6-11　CSR 実施企業との取引

CSR 実施企業との取引×業種・業態

		CSR 実施企業との取引					
上段：度数 下段：%		合　計	積極的に取引	価格次第で取引	取引には無関係	わからない	その他
業種・業態	自律型下請企業	13 100.0	— —	3 23.1	9 69.2	1 7.7	— —
	自立型下請企業	37 100.0	2 5.4	8 21.6	19 51.4	5 13.5	3 8.1
	下請企業	15 100.0	— —	3 20.0	10 66.7	2 13.3	— —

3．CSR に積極的に取組む中小企業のケース

（1）　レッキス工業株式会社[1]

　レッキス工業株式会社（東大阪市〔登記簿上の本社は大阪市〕）の創業は1925年で，現社長の宮川純一氏は5代目に当たる。主な事業内容としてはパイプマシン，各種切断機，融着機，銅管工具，ダイヤモンド機械工具，環境機器等の企画，設計，製造，販売などで，国内従業員は195人。中国，アメリカの海外工場を含めると300人規模の企業である。石川県出身の創業社長，宮本作次郎氏が定めた社是の「三利の向上」精神を受け継ぎ，現在の中期経営計画では「独自の技術とサービスで豊かな社会造りを実現する」「感動を与える製品・サービスを提供し信頼される会社を実現する」「社員一人ひとりが元気と笑顔で，働きがいのある会社を実現する」をうたっている。三利とは「お客様」「社員」「社会」の三者の利をいい，この三者がいかなる場合にもともに利があるように全社一丸となって努力する。各人が互譲，信頼の精神をもってお互いの人格を尊重しあいここに社員の和を完成し，ついで共治・共栄・共福を達成して三利の向上を果たすとしている（なお，残念ながら社是策定の経緯に

1）2016年11月29日の宮川純一氏へのヒアリングによる。

第Ⅱ部　地域・社会と共生を図る中小企業

ついては伝えられていない）。

　中期経営計画では，「切る」「つなぐ」「環境保全」をテーマとし，「パイピン
グ・ソリューション」を合言葉に，大切なライフラインを支える配管設備の提
案や課題解決を中心として，レッキスならではの技術とアイデアで貢献するこ
とや，社会にもお客様にも安全と安心を届けるため，地球環境にも配慮し長く
愛される商品をつくり続けられるよう努力を重ねるとしている。

　同社は CSR にも積極的に取組んでおり，CSR レポートを毎年発行している。
CSR に取組むきっかけとして，創業以来障がい者雇用を進めているが，阪
神・淡路大震災以降，特に主要顧客であるガスや水などのライフラインを守る
ことが大事であることを再認識し，社会貢献を意識した商品開発に取組んでい
る。CSR に取組んだことにより，商品作りのなかで環境を意識したものを取
り入れることで，社会貢献を評価する顧客が増加したり，社内でもそれらを誇
りに思って仕事をする従業員が増えてきているという。ちなみに，同社では毎
年社員満足度を測定しているが，2010年に72.6％だったのが2016年には78.8％
に上昇している。

　同社の具体的な CSR の取組として，① 商品・サービスの提供を通じて社
会インフラの整備に貢献，② 障がい者雇用やボランティア活動を通じての地
域・社会への貢献，③ 環境にやさしい商品作りや，省エネ・リサイクルで地
球環境保全への貢献，を掲げている。また，これらの活動を社員一人ひとりが
「当たり前の行動」として積極的に取組み，人（従業員）の成長を通じて「社
会から選ばれる企業」を目指すとしている。これらが単なるスローガンではな
いことの証として，たとえば2016年３月現在の障がい者雇用率は11％（法定雇
用率は２％）に上っているほか，環境対応商品として従来製品と比べ重量を

2）同社の障がい者雇用に関する取組は以下のようである。「1935年，前年９月の室戸台風
　の被害を契機に工場を創業の地（大阪市西区）から現在地の東大阪市菱屋東に移した。こ
　の頃から日本は軍国化への道を進み，1937年には日中戦争がはじまった。工場では一般工
　員の大部分が徴兵されて人手不足となり，作業の継続が難しい状態となった。そんな時，
　創業者が大阪市立聾唖学校（現・大阪市立聴覚特別支援学校）を訪れる機会があり，そこ
　で耳は聞こえなくても黙々と仕事に打ち込む人たちの姿にすっかり心を打たれた。そして，
　この人たちに技術を教えて旋盤工に育ててみよう，と決意する。これは当時，日本では↗

174

第6章　中小企業の CSR・CSV の取組実態

28％削減した銅管工具の開発，2011年に87.5％だったリサイクル率を2015年には97％にまで上昇，主要部署の LED 照明化や「無電極ランプ」の導入等の改善により，2010年までの契約電力量が800 kw 近くあったものが現在では600 kw を切るまでになっている。このほか，社内では「ほめ合える文化」づくりといった企業文化の形成を浸透させようとしており，「ほめ合える掲示板」を設置して「心に残るありがとうカード」に書き込むようになっている。この取組の2015年のありがとう件数は1935件に達し，参加率は69％（2012年は456件で参加率は47％）となっているが，2020年には全員参加を目指している。

　さらに，同社は2008年から経営品質向上プロジェクトを展開しているが，そのメンバー選びにも特徴がある。すなわち，2010年まではプロジェクトチームのメンバーは社長とプロジェクト・リーダーが人選していたが，その後はプロジェクト・リーダーがメンバーを人選するようになっている。これまでは何事もトップダウンで会社方針の枠組みを決め実行していたが，多品種少量生産が主流となり現場で判断することが増えており，現場力を高める必要が高まってきたことが，これまでの CSR 活動による様々な取組が企業文化としても浸透してきたこともあり，従業員に任せることにしたという。これにより，計画や方針が決まるまでには時間がかかるが，いったん決まると全部門の全従業員が計画や方針を理解していることからスムーズに物事が進むようになったという。

　まだあまり前例のない身体障がい者雇用の先駆的な取組となった。
　創業者は身体障がい者を一般社員と同じように接するとともに，職場の指導者には全員にテマネ（手話）を学ばせて意思の疎通に不自由がないようにした。また作業面でも，働きやすい職場づくりを常に心がけた。その後，職場では中堅幹部として後輩の指導にあたる人も出てきたし，永年勤続者も相当の人数に達するようになっていく。後々のことだが，1970年ごろから知的障がい者も入社するようになる。1972年には東京で行われた身体障害者職業技能大会でレッキス工業から参加した2人が旋盤の部と溶接の部で，それぞれ日本一に選ばれている。一つの仕事を一心にやる，その集中力は並外れたものがある。事業のうえで大きく貢献している者が多い。」（東大阪市「工場を記録する会」（http://factory-museum.main.jp/k06_REX.html））

175

第Ⅱ部　地域・社会と共生を図る中小企業

（２）　株式会社仁張工作所[3]

　株式会社仁張工作所（東大阪市）の創業は1964年で，別注のスチール家具や
ステンレス家具，業務用スチールデスクやケース，各種精密板金加工などの製
造・販売を行っている。現社長の仁張正之氏は２代目で，大阪府中小企業家同
友会の代表理事も務めている。同社の経営理念は現社長が事業承継の際に策定
したもので，以下の３つから成っている。① 私たちは板金加工（塗装を含む）
を通じて良い商品を社会に提供し，安全で快適な生活空間を創造します。②
私たちはお客様の満足を通じて仕事に誇りを持ち，より良い生活を実現し，働
きがいのある会社づくりに努力します。③ 私たちは常に新しい板金加工技術
（塗装を含む）について積極的に学び，自分たちのものとし，共有化すること
によって，技術レベルの高い信頼される会社を目指します。

　同社は過去５年間に売上が大きく伸張したことにより，それまでの内製化率
を高める方針から，協力会社を積極的に活用する方針に変更した。現在取組ん
でいる中期経営計画では，「中堅企業としての責任を認識し，社員みんなが誇
りを感じる企業になろう」を掲げ，これまで規模が小さかったときの「トップ
ダウン・ボトムアップ」から，中堅企業に向けて「ミドルダウン・ミドルアッ
プ」ができるように組織を変革しており，全員が当事者意識をもって行動でき
る組織を目指している。

　また，同社は環境レポートを毎年公表しているが，社内で共有されている
「品質を良くすることは，環境にもやさしくなる」のスローガンのもと，2004
年よりエコアクション21の認証登録を受け，地域で当てにされる中小企業とし
て，持続可能な生産活動を目指している。経営環境が変化するなか，中長期的
な視点にたって，"環境"に配慮した経営を模索しているが，具体的な環境方
針として，「品質を良くすることは，環境にもやさしくなる」をポリシーとし
て以下の環境方針を定めている。すなわち，板金加工を通じて顧客に提供する
すべての事業活動において，環境に影響する項目があることを認識し，エコア
クション21ガイドライン2009年版に基づいた『環境マネジメントシステム

　3）2016年12月13日の仁張正之氏へのヒアリングによる。

第6章　中小企業の CSR・CSV の取組実態

図 6-5　2012年次の株式会社仁張工作所のこれからの事業展開

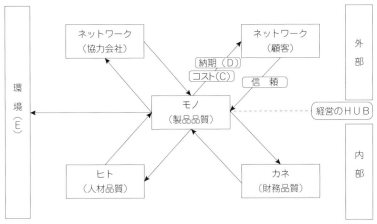

出典：株式会社仁張工作所「2012年版　知的資産経営報告書」。

(EMS)』を構築し，EMS の維持と継続的改善を図り，顧客や地域から信頼される経営理念追求型企業として，より地球環境，地域環境にやさしい環境維持改善活動を展開している。また，すべての従業員が環境方針を共有し，EA21EMS の要求事項に沿った活動を推進するため，社長をヘッドとする「EA（エコアクション）21推進組織」を設置している。

　ところで，同社は人材，技術，特許・ブランド，組織力，経営理念，顧客とのネットワークなどの目に見えにくい経営資源である知的資産をステークホルダー向けに公開している。これまでに2008年，2012年，2015年と「知的資産経営報告書」として作成しているが，事業展開の考え方に変化が見られる。2012年の同報告書の「これからの事業展開」のなかに，これまで同社は「品質が良くなればコストも下がる，納期も守れる，環境負荷も減らせる」を軸足に，製品品質を起点にコスト削減，納期遵守，環境配慮，その結果として顧客からの信頼を勝ち取ってきたとある。これからはこの理念をさらに拡大し，製品品質のみならず，これを支える人材品質や財務品質の向上にも軸足を並べ，総合的かつ複合的な品質供給体制のもと，積極的に協力会社との連携に取組み，さらに多くの顧客から信頼を勝ち取っていくと記している（図6-5）。

第Ⅱ部　地域・社会と共生を図る中小企業

図6-6　株式会社仁張工作所の CSR の考え方

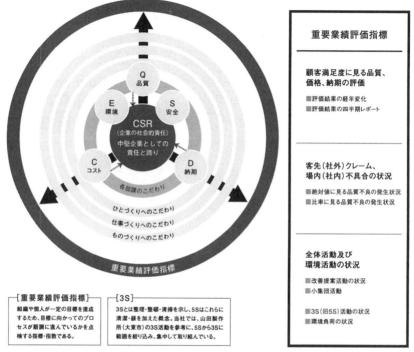

出典：株式会社仁張工作所「2012年版　知的資産経営報告書」。

　2015年版の報告書を見ると，これまでは「品質が良くなればコストも下がり，納期も守れる の指針のもと，環境や安全をはじめ，取組の結果として CSR を追求してきた」が，これからは中堅企業として責任と誇りをもつため，「CSR を前提・起点として品質・コスト・納期をよりいっそう研ぎ澄ます」とあり，その過程において「ひとづくりへのこだわり，仕事づくりへのこだわり，ものづくりへのこだわり」に徹底的に取組むと記されている（図6-6）。ここで注目すべきは，結果としての CSR ではなく，CSR を中心に置いて経営を行うという姿勢の変化である。CSR の位置づけが経営の中心に据えられたことで，「CSR 経営」に移行したといえる。また，「ひとづくりへのこだわり」といったいわゆる従業員満足（ES）を，重要業績評価指標のなかにある顧客満足

第6章　中小企業の CSR・CSV の取組実態

（CS）よりも円の中心に近い位置に配している点も特徴的である。

　CSR 活動に取組みだしたきっかけは，2000年ごろに建築業界で ISO9002取得がブームになっていたことがある。同社のユーザーには官公庁も多く，建築業界で求められていることは，やがて同社にも求められるようになるとの思いがあったこと，品質と環境は同じ方向を向いており，品質の良さがエコにもつながると考えたからである。すなわち，同社の売上は別注家具が大半を占めているが，不具合による作り直しになれば，コスト増以外に余分なエネルギーを使用することになり，不具合がなければ環境にも優しくなると考えたからで，2004年に認証番号ではかなり早い49番目に「エコアクション21」を取得している。

　仁張社長によると，CSR 活動の持続性を考えると利益を全く無視して実行することはできないが，利益追求のために行っているわけではない。短期的にはマイナスでも，将来的にはプラスと考えて取組んでいるほか，これまで継続して取組んでこられたのは，売上増など何らかのメリットがあるためで，ゼロではないという。CSR の取組によって今年の利益は減少するかもしれないが，来年プラスになるかもしれないということでやっており，それができるのも中小企業のオーナー経営者が経営しているからだという。実際，CSR に取組んでいることを同業者や行政が紹介したり，メディアで取り上げられたりしたことが新規取引につながったという。取引先からの同社の CSR 取組に対して，トータルコストが安くなる可能性があり，長く付き合っていけると評価している。

4．若干の考察と残された課題

　今回，中小企業の CSR や CSV の取組実態をアンケート調査やヒアリングによって見たが，東大阪市の中小企業は何らかの CSR の取組を行っていることが確認された。特に法令遵守については大半の企業が実施しており，CSR取組の基本となっていた。ただしこれについては水尾らが「義務」として捉えていたように（本書，138頁），社会的公器として当然の行為と見ることができ

179

第Ⅱ部　地域・社会と共生を図る中小企業

る。その意味ではこれへの回答が100％でなかったところにむしろ問題があるとも言える。

　自律型下請企業を取り出して見ると，「従業員満足，働きやすい職場作り」や「障害者雇用の実施」の項目が高い回答結果となっており，自律型下請企業は雇用面に関して「社会性」を有していることがわかった。しかし，仮説としてあげた「CSRやCSVに取組む下請企業は"自律型下請企業"である」は，自立型下請企業以外の下請企業でも多くの項目で同じように実施しており，十分な検証結果が得られなかった。その一方で，当初，仮説として取り上げていなかった，CSR活動と売上高増減や経常利益増減とは高い相関があることが分った。表6-6からだけでは因果関係までは明らかではないが，図6-3で本業の売上増に貢献した取組を聞いており，そこでは従業員満足（ES）の項目があがっていた。したがって少なくともESの取組をすることは，売上や経常利益の増加に結びつくと言えそうである。

　さて，自律型下請企業とそれ以外の下請企業とを比較したときに，一部の項目でしか違いが見られなかった。これには，中小企業のCSRに対する取組が全体として，法令遵守のように"実施して当然"のものが中心で，中小企業庁がいう戦略的なものとして捉えられるような取組はしていないことがある。このことはまた，中小企業がCSVを取組むには，かなりの隔たりがあることを示している。ただし，やや逆説的になるが，中小企業においてCSRを戦略的に捉えたり，CSVとして捉えたりしている企業が出てくれば，キリンビールの氷結のようにそれだけでニュースになる。今回は東大阪市の企業へのアンケート調査で有効回答数が少なかったが，今後，全国的な調査を行い，有効回答数を増やすことや，ヒアリング企業の数も増やしその実態を明らかにする必要がある。

　ヒアリング企業からは，CSRを経営の主軸に据えて経営を行っている企業が存在していることが確認された。これら企業は，膨大な数の中小企業からするとほんの一握りであるかもしれない。一方，雇われ社長の多い大企業と比べると，CSRへの取組スピードはむしろ中小企業の方が速い可能性がある。たとえば，大企業の場合は，CSRへの取組は総務部やCSRの専門部署を配して

180

いるところでも，そこでの部員の意識が業界横並びの意識が強ければ，それほど積極的に取組むことは考えられないほか，それら企業では CSR をコストとして捉えがちである。また，CSR を実施する際にボトムアップで稟議書がトップに回っていくとすると，意思決定までにかなりの時間を要することになる。そういう意味では，中小企業の方は経営者による意思決定が速い分，即効性が期待されるほか，先の仁張工作所のケースのように，多少コスト的に負担にはなっても長期視点で実行が決断されるなど，中小企業の方が積極的な場合もある。また，実際に多くの中小企業が取組むようになれば，地域に密着した活動をしていることが多いことや，そもそもの企業数が大企業に比べはるかに多いことも地域にとっては効果的といえる。

　ところで，今回の CSR の取組は，大きく「法的責任面」「環境面」「地域・社会面」「人権・労働面」などのテーマ別に分けたが，「インターンシップやトライアル生の受入」や「学校や NPO 等への寄付」などのように社外に向けての取組と，「従業員満足，働きやすい職場作り」や「定年後の再雇用制度の実施」などのように社内に向けての取組，さらに「NPO との協働」や「工場敷地内や店舗の一部にコミュニティスペース等を設置して市民に開放」などのように社内と社外の両方に効果を発揮するような取組がある。このなかで，インターンシップの受入やトライアル生の受入は，受入企業側にとって説明や指導など本来業務とは別に対応することが求められ，一見すると価値を生まない取組のように思われる。しかし，インターンシップや工場見学等を受け入れている企業（製造業）の話を聞くと，今まで従業員は外部の人に自分たちの仕事を見てもらうような機会がなかったが，見られることでモチベーションが上がるという。さらに，外部から見られることは当然，きれいにしようという意識が働き，３Ｓ（整理，整頓，清潔）活動につながる。３Ｓに結びつくことで企業全体の経営効率化などの改善活動につながり，結果として企業の利益増にもつながるという。CSR の取組には間接的な「目に見えない効果」があることを示している。これまで，CSV が本業の売上増に結びつく取組として捉えてきたが，CSR にもこうした側面があることがわかる。今後，こうした間接的効果についても検証していく必要がある。

第Ⅱ部　地域・社会と共生を図る中小企業

　残された課題として，前述したように今後，全国的な大規模調査を実施し，CSR や CSV に取組む中小企業の実態をさらに深く解明することがある。さらに，もう一つの課題である「自律型中小企業の CSV とユーザーや消費者の関係は Voice 概念で説明できる」についても十分には検証されなかった。1つ目の仮説と同様，今回の調査からは CSV 取組企業が抽出しきれていないことがあるが，大規模調査やさらなるヒアリング調査を実施することのほか，消費者との関係を見るため，小売業に絞った調査を実施することが考えられる。また，それらの調査ができたときの課題になるが，第5章注30で示したように，農水産物の認証食品制度と類似した「CSR 認証」制度の可能性を探ることがある。CSR 取組企業とそこでの製品やサービス等の品質とが連動し，一定以上の基準をクリアした企業が「CSR 認証企業」となり，それら企業の製品やサービスが社会からの評価も高まり，積極的に購入したいと思う企業が増加することが考えられる。これらの検討も今後の課題である。

　[謝辞]　本章で用いたアンケート調査（「地域課題解決と企業の社会的責任（CSR）に関する実態調査」）は，平成28年度の大阪商業大学「研究奨励助成費」（代表：池田潔）を受けて実施したものです。ここに記して感謝の意を表します。また，忙しいなかアンケート調査にご協力いただいた企業の方々ならびにヒアリングにご協力いただきましたレッキス工業株式会社の宮川純一社長，株式会社仁張工作所の仁張正之社長にもこの場を借りてお礼申し上げます。

第7章

地域密着型小売業に見る CSR 活動と
CSV 実現に向けて
——消費者が求める本来的機能とその追求——

1. はじめに

　小売業の減少に歯止めがかからないが，それには市場のパイそのものが減少するなかで大型小売店などとの競争が激化していることがある。流通論では小売業の存立理由に経済的側面と社会的側面があることを紹介しているが，近年では社会的側面に小売業の存立理由の多くを求めている。しかし，消費者が求めているのは経済的側面の方であり，社会的側面は副次的なものと考える。

　本章ではこれまでの小売業の存立理由に関する議論を振り返るとともに，小売業での CSR 的取組として，CSV 的取組として地元中学校に寄付を行う食品スーパーや，自ら宅配事業を始めた食品スーパーを取り上げ，地域と共生を図ろうとする企業の現状や課題を検討する。

2. 地域密着型小売業の低迷と小売業に求められる機能

　本章で取り扱う地域密着型小売業とは，近隣型商店街や小売市場，多店舗展開していない食品スーパーなどで，おおむね徒歩10分から15分程度の一次商圏に居住する地域住民の日常生活のニーズに応える中小規模の小売業をいう。こうした地域密着型小売業の多くは消費者のライフスタイルの変化や車社会への対応への遅れ，また一方で GMS など大型小売店との直接的な競争で敗れたり，地域密着型小売店が多く立地する中心市街地が GMS の立地する郊外との地域

第Ⅱ部　地域・社会と共生を図る中小企業

間競争や都市間競争で敗退して売上が減少したり，経営者が高齢化しているにもかかわらず後継者がいなかったりなど苦境に立たされているところが多い。

　ところで，地域密着型小売業の困難は今に始まったことではない。このため，国はその時々に必要と目される流通政策を打ち出してきたが，以下ではまず，中小小売業の振興や大型小売店との調整に向けてどのような流通政策が打ち出されたかを概観し，そのあと小売業の活動をどのように理論が説明しているのかを見る。

（1）変貌する小売業と流通政策の対応

　戦後，中小小売業振興に向けて登場したのが1956年に施行された「第二次百貨店法」である。当時はスーパー・マーケットが未発達で唯一の大型小売店が百貨店だったこともあり，百貨店が新増築する際には通産大臣の許可を必要としたほか，営業日数などが規制された。その後，スーパー・マーケットが成長し，消費市場で大きなポジションを占めるに至り1973年に「大規模小売店舗法（大店法）」が制定された。実際の施行は翌74年からだが，そこでは店舗面積500 m² 以上の大型小売店の出店に伴い，周辺の中小小売業者の事業活動機会を保護するため，出店規模や営業時間・営業日数等について調整が行われた。出店調整には地元商工会議所の意見を聴くことが定められていたため，「商業活動調整協議会（商調協）」が設置され調整に当たったが，スーパー・マーケットなど大型小売店の隆盛によって中小小売業との対立が激化し，実際の商調協では既存の商店街や中小小売店の既得権益を擁護するような運用が横行し，大型小売店が出店表明しても売場面積の大幅縮小や営業日数の削減のほか，地元との交渉が難航すると出店までに何年も擁するところが出てきたのである。

　80年代に入ると流通業は大きく変貌する。ここで，直接の流通政策ではないものの，後の政策策定に大きな影響を与える「80年代の流通産業ビジョン」を

---

1) 流通政策は大きくは流通業全体の近代化や効率化，大型店に対抗する競争主体である地域商業の振興を図る「流通振興政策」と，大規模小売業と中小小売業との間の調整を図る「流通調整政策」に分けられるが，南方は1997年の大店法が廃止された後，中心市街地活性化や都市問題の側面を重視しだしたことから「まちづくり政策」を含む3分割で見ている（南方［2013］）。

第 7 章　地域密着型小売業に見る CSR 活動と CSV 実現に向けて

取り上げ，その内容について触れておこう。同ビジョンは1983年に国の産業構造審議会流通部会・中小企業政策審議会流通小委員会がまとめたものだが，そのなかに，70年代までの流通ビジョンは，基本的には「生産の時代」を背景としたもので，生産の各分野の進歩と歩調を合わせた流通の近代化・合理化を図ることにより，経済の量的拡大に効率的に対処することに主眼が置かれていたとする。その後，わが国経済が成熟段階に達したことに伴い，消費生活の質的充足，快適で潤いのある生活環境，あるいは文化的，精神的側面の充実等生活の総合的充足感の達成が新たな経済社会の課題として求められ，80年代は「文化の時代」における新たな課題に対応した流通のあり方を検討する必要性を説く[2]。これまでの流通ビジョンにおける基本的テーマであった流通近代化とは，生産性の向上を図るとともに，消費者ニーズに的確に対応する経済効率的な流通システムを追求するものであった。流通近代化は流通産業の基本的使命であり，今後も引き続き追求されるべき方向であるとする一方で，流通システムは経済システムばかりではなく社会的システムとして大きな役割を果たしている。したがって流通産業を考える場合，「経済的効率性」ばかりではなく，「社会的有効性」，すなわち全体として一体感のある安定的な社会システムの維持，形成といった点についても十分配慮する必要がある。特に小売業は地域に根ざした産業であり，地域社会において，社会的コミュニケーションの場として，また，地域文化の担い手として，社会的・文化的機能をも果たしている。すなわち，地域小売業は地域文化や地域住民の生活のなかに溶け込むことによって各地域独自の生活空間を形成しているが，こうした地域小売業の「社会的有効性」に対する配慮が必要となっており，「経済的効率性」と「社会的有効性」の調和の必要を説いている[3]。また，そのため，後の「まちづくり三法」につながる商業政策と都市政策との連携強化を図る都市商業政策を推進し，流通の「街並み化」をうたっている[4]。

　80年代後半になるとグローバル化が急速に進展するが，小売業に関する問題

---

2 ）通商産業省産業政策局商政課［1983］，p. 94。
3 ）同上書，pp. 110-111。
4 ）同上書，pp. 108-109。

第Ⅱ部　地域・社会と共生を図る中小企業

が国内問題にとどまらず様相が一変する。当時，アメリカの対日赤字は膨らむ
一方で，アメリカ議会は相手国に対する強力な報復制裁を含む新貿易法・スー
パー301条を通過させ，政府に強行措置を迫っていた。日米貿易摩擦解消のた
めに1989年7月14日の日米首脳会談の席上，当時のジョージ・H・W・ブッ
シュ大統領が宇野宗佑総理大臣に提案し実現したのが「日米構造協議」である。
85年のプラザ合意以降の円高ドル安のなかにあってもアメリカの対日赤字が膨
らむのは，日本市場の閉鎖性（非関税障壁）にあるとして，主に日本の経済構
造の改造と市場の開放を迫る内容となっていた。要求された内容は公共事業の
拡大や，土地税制の見直しなど多項目にわたるが，そのうち流通政策に関する
ものを見ると大店法に対する大幅な規制緩和であった。この要求を受け，大型
小売店の出店調整期間の上限が1年半に設定されたほか，94年には1000 m² 未
満の出店が原則自由となるなどの改正が行われた。さらに，98年には大店法に
代わる「大規模小売店立地法（大店立地法）」が公布され，2000年にそれまで
の大店法が廃止され大店立地法が施行された。これまで国内問題であった流通
政策が海外（この場合はアメリカ）からの外圧によって大きな影響を受けるこ
ととなり，日本独特の規制や不透明な取引慣行に風穴を開けられたほか，大店
法から大店立地法への改変を余儀なくされたのである[5]。

　大店立地法はそれまでの実質上出店調整を行ってきた大店法とは異なり，大
型小売店が立地する周辺地域の生活環境の保持をうたっており，駐車台数，周
辺地域の交通混雑，ごみ問題など生活環境に及ぼす影響を抑えることが前面に
出された法律である。このため，大型小売店の出店に対するハードルはずいぶ
ん低くなったが，一方で新たな問題が発生した。大型小売店の出店がこれまで
地域の重心であった都市部の中心市街地（いわゆる駅前）から郊外へと向かう
流れをいっそう加速させたのである。

　すなわち，大資本である大手小売業は，それまでの中心市街地に出店してい
た既存店の中から売上の伸び悩んでいる店舗をスクラップし，新しく郊外に誕
生した大型ショッピングセンターの核店舗として出店するというスクラップア

───────────

　5）近藤［2011］。

ンドビルドの道を選択した。資本の論理で行動する大型小売店は，立地先の意向に縛られることはなく，元来ロックインとは無縁の存在である。一方，スクラップされた地域にとっては巨大な商業機能が流出することになるが，親の代からそこで営業してきた多くの中小小売業は当該地域にロックインされたままである。このことが次の新たな問題を発生させた。中心市街地空洞化問題である。大型小売店は資本の論理に沿って常に最大利潤を求めて行動するが，大店法時代から出店に際し多大な資金が必要となる一方で，地元小売店の反対などもあり，売場面積の削減など思い通りの出店ができないことに加え，モータリゼーションの流れのなかで，都市部の中心市街地では十分な駐車場確保ができないことから郊外への出店に切り替えた。そのときに，これまでの既存店で想定した利益を上げられなくなったところや，効率の悪くなった店舗をスクラップし，新たに郊外に新規出店させる動きを加速させたため，中心市街地の空洞化問題が大きくクローズアップされることとなった。

　この対応策として登場してきたのが，いわゆる「まちづくり政策」である。まちづくり政策は「中心市街地活性化法」(98年施行)，「改正都市計画法」(98年施行)，「大店立地法」(2000年施行) のいわゆる「まちづくり三法」からなるが，① 中心市街地のにぎわい回復，② 都市計画による大型店等の適正配置，③ 大型店の周辺環境への適応を狙いとしている。[6] このうち，中心市街地活性化法について見ると，道路の整備等の市街地の環境整備（ハード面）と空き店舗対策等の商業振興（ソフト面）とを関係省庁，地方自治体，民間事業者等が連携して一体的に推進することを目的として制定された。市街地の整備は市区町村が行うこととする一方，商業振興は民間のまちづくり組織（Town Management Organization：TMO）が中心になって進めるのが望ましいとしている。

　この中心市街地活性化法が施行されたものの十分な成果を上げることができず，2006年に「改正中心市街地活性化法」が制定されている。[7] これまでの中心

---

6) このころから，阿部編 [1995]，石原 [2000]，石原・加藤 [2005]，和田 [1987] など，「街づくり」をテーマとした出版が数多く見られるようになった。

7) 中心市街地活性化法は，少子高齢化の進展や商業施設・病院などの公共施設の郊外移転により，中心市街地における空き店舗，未利用地の増加に歯止めが掛かっていない状況を鑑み，「日本再興戦略」において定められた「コンパクトシティの実現」に向け，民間↗

第Ⅱ部　地域・社会と共生を図る中小企業

市街地活性化法では，「中心市街地における市街地の整備改善及び商業等の活性化の一体的推進」を法目的としていたため，中心市街地の活性化が商業者保護のように捉えられ，地域住民の十分な協力が得られないケースもあった。このような反省を踏まえ，改正中心市街地活性化法では，法目的を「少子高齢化，消費生活等の状況変化に対応して，中心市街地における都市機能の増進及び経済の活力の向上を総合的かつ一体的に推進」に改めた。多様な関係者が集う中心市街地の活性化には関係者間の連携が必要不可欠であり，中心市街地に対する参加意識を促していく必要がある。そのため，基本理念においても「地域における社会的・経済的及び文化的活動の拠点となるにふさわしい魅力ある市街地の形成を図ることを基本とし，地方公共団体，地域住民及び関係事業者が相互に密接な連携を図りつつ主体的に取り組むことの重要性に鑑み，その取組みに対して国が集中的かつ効果的に支援を行う」ことを掲げ，「連携」の重要性を指摘している。

　また，TMO に対する機能強化も図られ，民間によるまちづくりの司令塔として，まちづくり全体に関わる活動を総合的に実施することを可能とするタウン・マネジメント体制が構築された。具体的には，内閣総理大臣の認定を受けた基本計画に記載された事業を，一体的かつ円滑に実施するために必要な事項を協議する「中心市街地活性化協議会」が新たに設置された。協議会は，商工会議所・商工会・まちづくり会社等と中心市街地整備推進機構等が共同で組織し，市区町村や地権者など多様な担い手の参画を得て，様々な民間事業活動をとりまとめ，地域のまちづくりを総合的にコーディネート（企画・調整）する。この取組によって，TMO を中心市街地に関わる様々な人々が参画できる総合マネジメント組織として機能させることを目指している。改正都市計画法について見ると，これまで無制限に3000 m² 以上の大規模商業施設の立地が可能となっていた第二種住居地域，準住居地域，工業地域といった商業系以外の地域について制限を加えるなど，法全体として郊外にいくほど規制が厳しくなる体系に移行した。大規模商業施設の立地調整の面では機能していなかった立地調

＼投資の喚起を通じた中心市街地の活性化を図るため，2014年 7 月に一部改正されている（http://www.meti.go.jp/press/2013/02/20140212001/20140212001.html）。

第7章　地域密着型小売業に見る CSR 活動と CSV 実現に向けて

表7-1　2015（平成27）年度関係省庁（国）の買い物弱者対策関連事業

（各省庁から登録があったもの）

担当省庁	事業名等	事業概要	予算額
厚生労働省	地域支援事業 担当課：老健局振興課	要支援・要介護状態となることを予防するとともに，要介護状態等になった場合においても，地域において自立した日常生活を営むことができるように支援することを目的とし，市町村において実施する「地域支援事業」において，国も一定の費用を負担する。	798億円
農林水産省	農村集落活性化支援事業 担当課：農村振興局農村政策部農村計画課	集落営農組織等を活用した集落間のネットワーク化により，地域の維持・活性化に必要なサービス（農業資材等の購入サポート（買い物支援）等を含む）の提供が可能な体制の構築等を支援します。	6億円の内数
	都市農村共生・対流総合対策交付金 担当課：農村振興局農村政策部都市農村交流課	農山漁村のもつ豊かな自然や「食」を観光，教育，福祉等に活用する地域の手づくり活動を支援し，都市と農山漁村の共生・対流を推進（農産物の庭先集荷，加工・販売や合わせて行う配食サービスの取組を含む）します。	20億円の内数
	食料品アクセス環境改善対策事業 担当課：食料産業局食品小売サービス課	食品流通業者と市町村等の地域の関係者が連携して設置・運営する企画検討会が，当該地域における食料品アクセス環境の改善に向けた方策を策定する取組を支援します。	0.1億円
国土交通省	地域公共交通確保維持改善事業 担当課：自動車局旅客総合政策局公共交通政策部交通支援課	地域のニーズを踏まえた最適な交通手段を確保・維持するため，地域の関係者の議論を経た計画に基づく幹線バスや乗合タクシー等の運行を支援する。	290億円の内数
経済産業省	地域商業自立促進事業 担当課：中小企業庁商業課	商店街が取り組む，地元産品を販売するアンテナショップの設置やオリジナル商品の開発・子育て・高齢者支援サービスなど，商店街の魅力を向上し，中長期的な発展に貢献する取組について，費用の2/3を補助。	23億円
	中心市街地再興戦略事業費補助金 担当課：中心市街化活性化室	中心市街地活性化法に基づき内閣総理大臣の認定を受けた市町村において，民間事業者が実施する取組を支援する。具体的には， ①まちの魅力を高めるための事業化調査， ②先導的・実証的な取組 ③専門人材の派遣に対し，重点的支援を行う。	6億円

出典：経済産業省「買物弱者対策支援について」。
（http://www.meti.go.jp/policy/economy/distribution/kaimonoshien2010.html）

第Ⅱ部　地域・社会と共生を図る中小企業

整の仕組みを取り入れたものとなっている。

　さらに，近年，消費者の高齢化や中山間地域等の過疎化に伴う支援策として打ち出されてきたものに「買物弱者」対策がある（表7-1）。買物弱者対策の対象の一つが消費者であるため，それに対する支援は厚生労働省が，農作物を中心とした食料品に関するものは農林水産省が，買物弱者を小売店に送迎する交通手段に関する問題は国土交通省が，商品提供を担う小売業に対しては経済産業省がそれぞれ窓口になっている[8]。

（2）流通政策に見る経済的視点と社会的視点

　戦後の流通政策について概観したが，この間の評価として馬場雅昭は「戦前から1960年ごろまでの流通部門に対する政策は，流通部門の一角である商業のみを対象とする政策で，その内容は中小商業に対する保護政策であった。しかし60年代以降に登場した流通革命論を契機として流通部門の合理化，近代化を目的とする流通政策が経済政策ないし産業政策の一環として登場した[9]」と商業政策から流通政策への転換があったと指摘する。また，80年代以降の評価として，濱田恵三は「1980年代中頃から地域社会における中小小売業の役割や重要性が高まり，商店街のような歴史ある商業集積地は地域文化やコミュニティの担い手としての考え方が強まり，まちの資産の見直しや生活環境の快適性を考慮した視点を強化することになるが，それは経済的な視点から社会経済的な視点へ転換[10]」であるとする。

　ところで，濱田の「社会経済的な視点への転換」であるが，考え方としては経済的視点に後から社会的視点が加えられた，いわばプラス a としての社会経

8）実際に小売業に対して支援を行う中小企業庁では，以下の取組に対する支援策を用意している。① 商店街の活性化に向けた取組，② 活気とにぎわいのある中心市街地のまちづくり，③ 中小小売商業者による取組支援，④ 中小小売商業者の組織化，⑤ 共同物流に対する取組。その中の①については，「地域コミュニティの担い手」として活性化を図る商店街の取組を重点的に支援するとして，地域資源活用，外国人対応，少子・高齢化対応，創業支援，地域交流に補助金がつけられている（中小企業庁［2015］）。

9）馬場［2004］。

10）濱田［2006］。

済的視点と，もう1つは後掲図7-1のように，小売業には元来，経済的視点と社会的視点の二側面が備わっているとする見方である。今日，地域密着型小売業に対して経済的視点だけではすでにレーゾンデートルを語れなくなっており，むしろ積極的に社会的視点からレーゾンデートルを見出そうとしているようだが，筆者は前者の見方を支持する。すなわち，小売業本来の機能という視点から考えると，社会経済的視点から小売業を見るというのは，小売業に本来求められているものの本質を見失う危険性があるように思えるからである。小売業の本質は，本来的機能である経済的機能を果たすことにそもそものレーゾンデートルがあり，社会的機能はあくまで副次的機能でしかない。それがいつのまにか経済的機能が十分に果たせなくなったため，社会的機能を前面に出さざるを得なくなったように思える。この間の状況を少し振り返ってみよう。

　商店街や小売市場，あるいはそのなかに立地する一般小売店など地域密着型小売業にとって，大型小売店との競争が激化し業績低迷を余儀なくされ，どこにレーゾンデートルを見出すかは，当事者である小売業よりもむしろ国にとっての重要な課題であった。資本主義経済であるからレーゾンデートルをどこに見出すかは本来，経営者である小売業自身の問題である。しかし，当時の流通政策が保護政策と言われたように，地域密着型小売業と大型小売店との競争が激化するなかで競争緩和のための政策が打たれ，それでも市場のパイが限られているなかで消費者の支持を受けた大型小売店が隆盛することに歯止めをかけることはできず，社会的視点を持ち込まざるを得なくなった。もともとは経済的視点だけでレーゾンデートルを語れていたのが，社会的視点も導入しないとレーゾンデートルを語れなくなったのは，好意に解釈すれば時代環境の変化に応じて小売業の役割・機能をより多面的に捉える必要が出てきたともいえる。しかし，一方ではもはや経済的視点だけではレーゾンデートルを語れないところまできているということでもある。

　地域密着型小売業が地域文化やコミュニティの担い手として位置づけられ，国の施策に沿う形でまちづくりが行われたとしても，人々はそれを目当てにして買物に行くだろうか。もちろん，何らかの文化性が感じられるまちの方が，そうでないまちよりも人々の精神的豊かさや満足度が高くなることが期待され

第Ⅱ部　地域・社会と共生を図る中小企業

るほか，祭りの担い手として商店街が頑張っていることにありがたみを感じ，それを応援したいと思う消費者が存在することは想像に難くない。それでも，そうした商店街で提供されている商品やサービスに魅力を感じなければ，購入場所としてその商店街が選択される可能性はそう高くない。社会的側面を前面に出してレーゾンデートルを語っても，次節で見るような理論的フレームワークに沿った小売業のレーゾンデートルを説明できない以上，一種の"べき論"でしかない。[11]

3．小売業のレーゾンデートルに関する理論的研究

　石原武政は，商業が有する機能を「売買集中の原理」と「商業の内部性」「商業の外部性」という理論的枠組みで捉えようとした。すなわち，それまでの商業の存立基盤として「取引総数最小化の原理」や「不確実性プールの原理」「品揃え形成」「商業資本の社会性」といった先学の理論があるが，それらの共通点として，売買を商人の手許に集中することによって生産者と消費者が直接取引するよりもはるかに効率的に両者を結びつけられることがあり，石原はそれを「売買集中の原理」と名づけた。[12]これこそが商業の存立を根拠づける最も基礎的な原理であり，それが作用することによって大量生産と商品経済化が進展する。この理論をベースに商業の内部性，外部性と議論を拡張することによって商業集積の機能を捉えようとした。すなわち，商業の最小単位である個店（筆者注：ここでは業種店を想定している）では，経営者は最大限努力して売買集中の原理を働かせようとする。このときの売買集中の原理には，この当該小売店のなかでのみ作用する「一定の作用範囲」があり，この当該業種店の内側に働く論理を「商業の内部性」と名づけた。[13]この「一定の作用範囲」は個店における消費者への品揃え満足度を高めようとするなかで，輸送手段の発

11）筆者は小売業の社会的側面の存在そのものを否定しているのではない。小売業が社会的な役割を果たすことは，社会の一員としても重要であると考えるが，それが小売業の本来的役割ではないと考える。

12）石原［2006］，p. 13。

13）同上書，pp. 16-17。

達や各種技術の進展により長期的には拡大する方向に作用しようとするが，個店レベルでは技術的制約を受ける業種店は商業集積を形成することで，より広い範囲で売買集中の原理を体現しようとする。そこでは，各商人の品揃え物が互いに他を補完しあいながら，時に競争関係に立つという「依存と競争」が働くとする。[14]すなわち，個店の業種店レベルでは消費者の買物行動に十分対応できないため，他の業種店と相互に補完しあいながら商業集積を形成することになるが，商業がその外部に対してもつ関係，あるいは外部と関係をもつことによって生じる事態を「商業の外部性」と表現している。[15]この内部性と外部性だけでは環境変化に対しても静的にしか表現できないため，石原はさらに「能動性」というツールも用意する。すなわち，「消費者の直接的な反応と集積内部における依存と競争，商人がこの両者を受け入れ，それに能動的に対応することによって商業集積は環境条件の変化に対して弾力的に適応していく動力を与えられる[16]とした。

　石原は商業論において，売買集中の原理によって個店，それを含む商業集積，さらに大きな商業地区でのレベルでその作用を理解することができるとし，そのいずれのレベルにおいても，この売買集中の原理を作動させるものは基本的には内部性，外部性，能動性であるとした。[17]小売業のレーゾンデートルを純粋に小売本来の機能から見れば，石原の言う売買集中の原理によって説明がつく。しかし，80年代後半から中心市街地の空洞化問題がクローズアップされ，小売業を立地産業として見ざるを得なくなったときに新たな分析枠組みが必要となる。この問題を考えるに当たり，石原自身はまずコミュニティそのものが変質していることを指摘する。人間は誰しも一人では生きられず，他者との関わりをもつ必要がある。かつてのコミュニティでは地域の人々は互いに接触しあい，助け合って生きてきた。そこでは，地域の人々の人間関係が強く織り込まれたコミュニティが形成されていたが，それは人々の通信手段と移動手段の極度の

14）石原［2006］，p. 16。
15）同上書，p. 17。
16）同上書，p. 20。
17）同上書，p. 43。

第Ⅱ部　地域・社会と共生を図る中小企業

制約の上に成立していた。しかし，通信手段と移動手段が改善されるとコミュニティそのものが変化し始め，「近くの他人より遠くの仲間」といった関係が強くなり，地縁関係からネットワーク社会への移行が進んだ。ただし，地域社会への依存から逃げられるのは，通信手段と移動手段を自在に利用できる人に限られているという点と，人々は地域への依存を弱めてもそれから完全に逃れられないことを指摘している。その上で，変質しつつあるコミュニティに小売業はどう向き合えばよいのか，コミュニティ型小売業の課題はひとえにこの点にあるといっても言い過ぎではないとしている[18]。

　さて，石原の前掲書のなかにも「コミュニティ型小売業」と名づけられた商業集積が登場する。それは従来の最寄型小売業のことで，そこでは商人が日常の消費者との接触や会話を通して商人の下に地域情報が蓄積することから，地域情報の結節点の役割を担っている[19]。

　ところで，商業を取り巻く環境はコミュニティ型小売業にとって厳しいものとなる。すでに見たように，郊外のショッピングセンターが隆盛期を迎える一方，中心市街地に多く立地するコミュニティ型小売業が低迷したことで，その後の流通政策は，中心市街地にコミュニティ機能や，まちづくりの視点を導入することに力点が置かれる。

　商業集積にコミュニティ機能やまちづくりの視点を導入することは，これまでの商業論の理論的フレームワークでは解明されない。石原自身は，大店法から大店立地法への移行により「まちづくりの時代がはじまった」とし，その後，まちづくりの取組が実際に行われるようになると「小売業を小売商店主のものとしてみるのではなく，地域の一つの重要な施設として捉えようとする視点も浸透してきた[20]」とする。

　この点に関して，加藤司はこれまでの売買集中の原理で見たような経済的側面に加え，社会的側面を加えることでこの問題を取り扱おうとする[21]」。すなわ

18)　石原［1997］。
19)　石原［2006］，p. 122。
20)　石原［2000］，p. 42。
21)　商業を本来の経済的機能以外の機能も含めて見ようとする見方として，田中道雄は中心商業地や地域商業が本来的にもっている多面性として，経済，交流，シンボル，伝承の↗

第 7 章　地域密着型小売業に見る CSR 活動と CSV 実現に向けて

図 7-1　地域商業の二側面性（経済的・社会的システム）

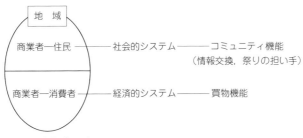

出典：加藤［2005］, p. 234。

ち，「地域商業の二側面性[22]」である（図 7-1）。加藤は，「商業はそれまでの消費者に対して買物機能を提供する経済的システムとして捉えられていたのに対し，地域に根ざした産業であり，地域コミュニティの核として，また地域文化の担い手として社会的・文化的機能を果たしているものと位置づけられるようになった。中小小売店が大型店のできない地域密着という特徴を活かしつつ『棲み分け』を図り，魅力あるまちづくりへ貢献していく方向が指し示された。こうして商業振興の中にまちづくりの視点が導入され，商業者と消費者という基礎的関係が拡張され，重層的となっていく[23]」と説明している。その上で「イベントで集客した住民を商店街のお客さんに変えることができるかどうかは消費者が求めている商品・サービスを商店街が提供するかどうかにかかっている。つまり，商店街の地域貢献は商売以外のプラス α ではなく，本来の買物機能を通じて，消費者に対して利便性の高い買物環境を提供すること自体にあることが再確認された[24]」としている。

ところで，図 7-1 では地域商業の二側面性は社会的システムと経済的システムが均等に描かれているが，実際には加藤も指摘するように，地域コミュニティ再生の担い手として，商業者以外の住民やまちづくりに高い関心を示す事

↘ 4 要素をあげている（田中［2007］, pp. 128-134）。
22）加藤［2005］, p. 234。
23）同上書, p. 234。
24）同上書, p. 235。

第Ⅱ部 地域・社会と共生を図る中小企業

図7-2 小売業に期待される本来的機能と副次的機能

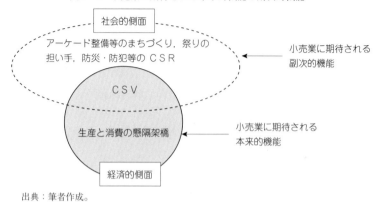

出典：筆者作成。

業家などが台頭してきており，商業者だけがコミュニティ機能を担っているわけではない。商店街とそれ以外の住民や市民グループ，NPO との直接・間接のネットワーク化が地域振興やコミュニティの再生に大きな役割を果たしているのである。[25]

　こうして見ると，商業という本来的な機能（経済的側面）は，理論的には石原の言う売買集中の原理，さらには商業の内部性や外部性，能動性によってその存立理由が明らかとなったが，コミュニティ機能は商業のもつ社会的機能として理解すべきとされ，また田中道雄が指摘するように，中心商業地や地域商業は交流機能，シンボル機能，伝承機能といった多面的な側面を有しているとされる。商業がこれら機能を有していることに対して否定するつもりはないが，ひとつ疑問が生じる。それは，これら経済的側面以外の機能は商業においてはやはり副次的機能であり，本来的機能である経済的機能と同列，同等に扱うには無理がある，という点である。

　流通環境変化のなかで中心市街地の空洞化問題が発生し，商店街がシャッター通りとなるなかで，旧来の商業集積に期待されたのがコミュニティ機能であり，まちづくりの核となることであった。加藤は，地域商業の機能を経済的

---

25) 加藤［2005］，pp. 235-236。

側面と社会的側面の等分割した二面で示したが，商業の本来的機能はあくまで売買集中の原理で示された経済的側面ではなかったのか。社会的機能は商業者が担わなくても，それを専門にする NPO などの組織や個人が存在するし，予算規模が縮小しているとはいえ，自治体も一定の役割を果たしている。また後述するように，消費者が商業に期待するのは，社会的側面ではなく経済的側面であるとの調査結果もある。商業者にしても，社会的側面を重点的に取り入れたからといって売上が上がる保証はない。また，社会的側面の担い手はコミュニティ・ビジネスやソーシャル・ビジネス，CSR 活動をする企業など多数存在し，商業者はそれらのワンオブゼムと捉えるべきである。そうだとすると，加藤の図は商業機能の中に経済的側面と社会的側面を 1 つの円のなかに含め，しかも両者を等分に描いているが，経済的側面と社会的側面には距離があるかもしれないし，社会的側面を商業機能に含めて考えることに無理があるように思える。

　この経済的視点と社会的視点に関して，早くから喝破していたのが阿部真也である。阿部は経済的視点と社会的視点とは，現実には矛盾しているという。「たとえば，都心部の商業機能の空洞化が街の活力を喪失させる問題を見ても，その原因は企業が経済的効率性の視点に立って地域間競争をしてきたからで，その競争志向を都市計画のような公共的な視点，別言すれば社会的効率性の視点から是正しない限り問題の解決はありえない。環境問題への配慮が，企業に予想外のコスト負担を課すことになれば，それは経済的効率性の視点と矛盾する。その上で，この矛盾を解決するためには『社会的有効性』の視点の中に『経済的効率性』を位置づけるという新たな概念的フレームワークが必要」[26]であると説く。

　ここで，筆者なりに経済的側面と社会的側面の位置関係を見たのが図 7 - 2 である。阿部も指摘するように，本来は社会関係のなかに経済が埋め込まれていると考えられる（これを図示すれば，社会的機能のなかに経済的機能が包含されるように描かれるであろう）。しかし，我々は小売業視点（起点）で考察

26）阿部［2006］，pp. 96-97。

第Ⅱ部　地域・社会と共生を図る中小企業

していることもあり，小売業の社会的側面を副次的機能として位置づけて見ている。ただし，この社会的側面のなかで CSV だけは経済的側面と交差する部分に描いている。CSV（Creating Shared Value：共通価値の創造）はポーターが提唱しているもので，本業で社会的課題を解決することにより，経済的価値と社会的価値を同時に創造しようとするビジネス戦略である[27]。たとえば大型量販店のイオンでは，毎月11日に「イオン・デー」を設けており，地域のボランティア団体など顧客が応援したい団体を選び，そこに買物金額合計の１％が品物で寄贈される。また，兵庫県尼崎市の食品スーパー・生活広場ウィズでは，地元中学の吹奏楽部を応援しているが，趣旨に賛同した顧客がレシートを特定のボックスに入れることで，投函されたレシート総額の0.25％分を楽器で寄付している。

　このように，CSV 視点を取り入れて活動すれば，社会的側面も経済的側面に組み入れて考えることができる。一方，アーケード整備などのまちづくりや防災・防犯など，コミュニティ機能として示された社会的システムや，町内清掃など本業の売上増に直接結びつかない CSR 活動は，副次的機能として本来的機能のプラス a として示している。

　以下では，都市部の買物弱者を対象に，宅配事業を始めた地域密着型の食品スーパーと，同じく地域密着型の別の食品スーパーが，地元中学校の部活を応援するために行っている寄付活動の様子についてケーススタディする。

4．都市部でも見られる買物弱者

　買物弱者の問題の多くは，過疎地など地方の問題として取り上げられることが多いが，実際には都市部でも発生している。ここでは兵庫県尼崎市を例に都市部の消費者と地域密着型小売業の実態を見る。

---

27) ポーター［2011］。

（1）尼崎市の概要と買物弱者の存在

① 中核市尼崎市の概要

尼崎市は，わが国四大工業地帯の一つである阪神工業地帯の一角を占め栄えてきたが，人口は1971年の55万4155人をピークにその後減少傾向をたどり，2015年9月1日現在では44万5900人（世帯数：21万3429世帯）となっている。しかし，2009年には「中核市」[28] に指定されるなど，今でも"都市"として位置づけられている。尼崎市の2015年2月1日現在の高齢化率は27.1％であり，兵庫県全体の平均値の26.3％と比べて若干高い程度であるが，市内のなかでも地区によって差があり，JR 神戸線以南では30％を超える地区が多く，後で見る同じ JR 神戸線以南の大庄地区などでは高齢者単身世帯が多い[29]。

尼崎市には，「イオン」「関西スーパー」「マックスバリュ」「ダイエー」「グルメシティ」「イズミヤ」「万代」「スーパーマルハチ」「いかりスーパー」「業務スーパー」「コープ」などスーパー・マーケット，ディスカウント店など大手量販店が76店舗立地している[30] が，それでもエアスポット的に買物弱者が存在している。この実態を明らかとするため，2014年3月に尼崎市大庄地区の食品スーパー「生活広場ウィズ」の一次商圏（半径500 m），約6000世帯を対象にアンケート調査（「尼崎市南部地域の消費者アンケート調査」）を実施した[31]。

---

28) 中核市は，地方自治法の改正により，1995年から施行された都市制度で，大阪市や神戸市のような政令指定都市以外の規模，能力が比較的大きな都市について，その事務権限を強化し，できる限り住民の身近なところで行政を行い，より充実した市民サービスを提供できるように設けられた制度で，尼崎市は2009年4月1日に中核市に移行した（尼崎市ホームページ：http://www.city.amagasaki.hyogo.jp/sogo_annai/special/cyukaku/009tyu-kakusi.html）。

29) 公益財団法人　尼崎地域産業活性化機構（2013年3月）。

30) 全国スーパーマーケットマップによる（http://supermarket.geomedian.com/）。

31) 調査概要は次のとおりである。
- 調査日と配布方法：2014年3月6日・7日にシルバー人材センターのスタッフによる戸配
- 締切：3月17日
- 回収方法：郵送
- 有効回答数：759件

第Ⅱ部　地域・社会と共生を図る中小企業

表7-2　回答者の属性　　　　　　　　　　　　　　　　　　　[単位：人（％）]

	合計	一人暮らし	夫婦のみ	夫婦と子供	夫婦と親	親男(女)と子供	3世代同居	その他
全体	752	170(22.6)	242(32.2)	195(25.9)	9(1.2)	69(9.2)	33(4.4)	34(4.5)
20代	23	9(39.1)	4(17.4)	6(26.1)	0(0.0)	3(13.0)	0(0.0)	1(4.3)
30代	61	7(11.5)	8(13.1)	33(54.1)	1(1.6)	6(9.8)	4(6.5)	2(3.3)
40代	70	9(12.9)	9(12.9)	35(50.0)	0(0.0)	11(15.7)	3(4.3)	3(4.3)
50代	109	15(13.8)	18(16.5)	40(36.7)	5(4.6)	12(11.0)	13(11.9)	6(5.5)
60代	214	41(19.2)	78(36.4)	51(23.8)	3(1.4)	19(8.9)	6(2.8)	16(7.5)
70歳以上	275	89(32.4)	125(45.5)	30(10.9)	0(0.0)	18(6.5)	7(2.5)	6(2.2)

出典：兵庫県立大学「尼崎市南部地域の消費者アンケート調査」（2014年3月）。

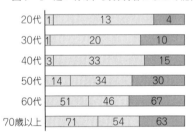

図7-3　現在，買物に支障をきたしている　　図7-4　近い将来，買物弱者になる可能性

注：図中の数値は回答者数（人）。
出典：兵庫県立大学「尼崎市南部地域の消費者アンケート調査」（2014年3月）。

② 「尼崎市南部地域の消費者アンケート調査」の概要

　回答者の年齢を見ると，「70歳以上」の回答者が最も多く，また回答者は「一人暮らし」の割合も高いなど，国勢調査の結果と符合するものとなっている（表7-2）。

　次に，現在の買物状況について見たものが図7-3である。「現在，買物に支障をきたしている」とする人は70歳以上で23人（9.0％）となっている。これは60代の倍以上の割合（4.3％）となっている。また，「現在は支障をきたしていない」と回答した人に対し，将来の買物に支障をきたす可能性を聞いたものが図7-4で，60代，70歳以上でその割合が増加している。

　今回の調査対象となった生活広場ウィズの一次商圏のエリアは，バス路線が

第7章　地域密着型小売業に見るCSR活動とCSV実現に向けて

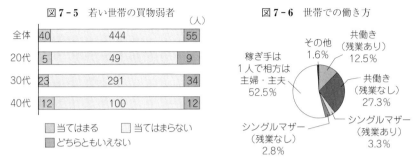

注：図7-5の「全体」は50代以上を含む全数。
出典：兵庫県立大学「尼崎市民の買物行動ならびに子育てに関するアンケート調査」2014年9月。

縦横に走るような交通至便地区ではない。マイカーを保有している人は車を利用するが，それ以外の人は自転車や徒歩で買物するしかないような地域である。実際，同調査で買物先までの交通手段を見ると，「徒歩のみ」28.5％，「自転車・バイク」57.0％，「自家用車」11.5％，「バス」1.6％，「その他」1.3％となっている。また，同調査で買い物に対する不便・不満を聞いたところ，70歳以上で「身体的理由で買い物に行くことが困難」とした人が21人（8.0％）おり，高齢者を中心に買物弱者と呼べる人たちが少なからず見られ，将来，買物弱者になる可能性があると考えている人も多数存在することが明らかとなった。

ところで，実際の買物弱者は高齢者ばかりではない。同じ尼崎市で幼稚園・保育所に通う子どもがいる世帯にアンケート（「尼崎市民の買い物行動ならびに子育てに関するアンケート調査」[32]）を実施したところ次のようであった。図7-5を見ると，20代や30代でも買物弱者であると答えた人が存在していることがわかる。[33] この理由として，若い世帯のなかには「残業ありのシングルマ

---

32) 調査概要は次のとおりである。
 ・調査用紙の配布・回収方法：市内全域の公立・私立幼稚園と私立保育所の計8か所にアンケート用紙を持ち込み，施設から園児を通して保護者に配布，施設にて回収
 ・調査日：2014年8月28日
 ・締切：9月10日
 ・有効回答数：577件
33) 回答は幼稚園・保育所の保護者を対象としたため，20代，30代からの回答が多いが，↗

第Ⅱ部　地域・社会と共生を図る中小企業

ザー」や「二人とも残業ありの共働き世帯」が合計で16％近く存在していることがある（図7-6）。こうした人々は，24時間利用できるコンビニエンスストアは別として，一般の商店街や食品スーパーには閉店時間があることから，それら小売業の利用が難しく買物弱者となっていることが考えられる。

5．買物弱者に向けた地域密着型小売業者の新たな挑戦

（1）消費者が小売業に求めるものとは

　前述のアンケート結果より，尼崎市のような都市部でも買物弱者が存在することがわかった。買物弱者に対する商店街や小売店の対応策として，来街や来店を促す仕組みづくりやきっかけづくりを行い，店舗に来てもらうことや，店舗の側から顧客の近くや顧客の家に商品を届けることが考えられる。このため，前者の対策として商店街や，食品スーパーの空店舗，空きスペースを活用したコミュニティ施設を併設し，来店を促す仕組みが多くの店舗で実施されている。

　すでに見たように，本章では売買に関わる本来的機能以外は，CSV は別として，副次的機能として見ている。そのことは次の兵庫県養父市での調査結果にも示されている。養父市は八鹿町，養父町，大屋町，関ノ宮町の4町が2004年に合併してできた市で，合併時は3万人近くあった人口も年々減少し，2015年1月現在では2万5566人となっている。全国的には農業の国家戦略特区に指定されたことで有名になったが，逆に言うと人口減少が進み，養父市に多い中山間地農業を活性化しないと，ますます人口減少が進むという厳しい状況に直面している。こうした状況下，養父市の周辺に大型ショッピングセンターが立地したことなどもあり，八鹿町にあるショッピングセンターの核テナントが撤退し，その空いたスペースにどのような機能を持ち込むことが消費者ニーズに応えることになるかという調査（「養父市消費者の買物行動に関するアンケート調査」）が行われた。[34]

　＼50代以上も6人いた。

34）調査概要は次のとおりである。養父市八鹿町内の住民600世帯と，関宮町，大屋町，養父町の八鹿町以外の500世帯を対象に，2013年2月13日に郵送で配布したところ，八鹿町↗

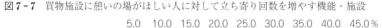

図7-7 買物施設に憩いの場がほしい人に対して立ち寄り回数を増やす機能・施設

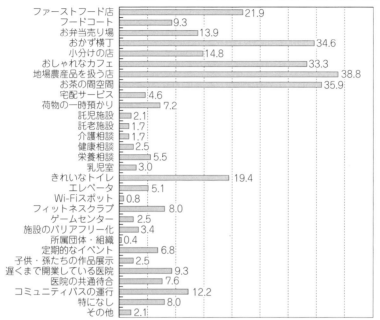

出典：兵庫県立大学「養父市消費者の買物行動に関するアンケート調査」(2013年3月)。

まず，消費者に「普段の買物施設に市民の憩いの場の必要性」を尋ねたところ，「必要」と答えた人が45.6％，「いいえ」が12.6％，「どちらともいえない」が41.9％であった。憩いの場にはいろいろな意味・内容が考えられるが，そこにはコミュニティ機能なども含まれると考える。次に，上記で「必要」と回答した人に，普段利用している店舗にどのような機能や施設があれば立ち寄り回数が増えるかを問うた回答が以下である（図7-7）。これによると，最も回答の多かったのが「地場農産品を扱う店」の38.8％，次いで「お茶の間空間」35.9％，「おかず横丁」34.6％，「おしゃれなカフェ」33.3％などとなっている。「お茶の間空間」や「おしゃれなカフェ」にはコミュニティ機能的要素が感じ

↘内からは319通，八鹿町外からは297通の有効回答（有効回答率は合計で56.0％）があった。

第Ⅱ部　地域・社会と共生を図る中小企業

られるが，一方で，これもコミュニティ機能の一つと考えられる「託児施設」
「託老施設」「介護相談」「健康相談」「栄養相談」などの相談機能には回答割合
が低かった。しかし，それよりも驚くのは1位に上がった「地場農産品を扱う
店」である。

　養父市は，農業特区に指定されるほど農業は市内の有望産業の一つであり，
当該ショッピングセンターの周囲はもとより，市内の中心部でも圃場が広がっ
ている。にもかかわらず，地場農産品を扱う店舗に対するニーズが高いのは，
ひとつには良い商品（金になる商品）は都市部に回り，地元には回ってこない
といった流通上の問題が考えられる。しかしそれには，地元小売店に小売業と
しての本来的機能を果たしていないのではないかという疑問がわく。消費者は
小売業の有する副次的機能に必要性を感じることがあっても，それが十分条件
ではない。石原が売買集中の原理として示した本来的機能があってはじめて副
次的機能も活きる。すなわち，消費者が小売業に求めるのは，まずは本来的機
能であり，消費者の求める商品が，そこで販売されていることが重要である。
たとえ副次的機能に魅力的なものがあったとしても，またそれに引き寄せられ
て商店街や食品スーパーに来店することがあり，多少のついで買いが期待でき
たとしても，消費者が求めている商品がなければ，その小売業に対する持続的
な支持者とはなり得ない。そこで以下では，消費者自身が求めているものを提
供する手段として，宅配を活用したビジネスを展開している企業を紹介する。

（2）地域密着型小売業者（シャンティかんだ）による近隣住民への宅配事業の開始

　これまで商店街や食品スーパーなど地域密着型小売業者には，買物弱者への
宅配を検討するところも多かった。なかには，実際に顧客サービスの一環とし
てはじめたところも見られるが，その多くはうまくいっていない。それは，宅
配事業を自社事業としてやろうとしたため，人件費や車輌費用，ガソリン代な
ど固定費的にかかる費用が大きく，断念せざるを得ないことがある。また，商
店街等の経営者自身の高齢化も進み，自らがサービスの一環として宅配を行う
ことに限界が生じていることもある。

第7章　地域密着型小売業に見る CSR 活動と CSV 実現に向けて

　こうした状況下，兵庫県立大学の COC 事業[35]の一環として，地域密着型小売業である「シャンティかんだ」で宅配事業の社会実験を開始することになった。以下はその概要である。

　シャンティかんだ（法人名は神田市場商業協同組合）は，尼崎市内の商店街の中に立地し，1 店舗で経営している食品スーパーである。設立は1953年 7 月で，当時は「神田市場」として現在地の尼崎市神田中通 5 丁目で開業した。阪神・淡路大震災で大きな被害を受け，さらに2000年11月に全焼したものの営業を再開し，2003年11月には高度化事業の認定を受けてオーナーセルフ方式の「シャンティかんだ」としてリニューアルし，現在に至っている。

　シャンティかんだが高齢者を中心とした買物弱者向けに宅配事業を検討しているとの情報を得て，2015年度ソーシャル・ビジネス系の COC 事業[36]として協力することとした。シャンティかんだでは，セルフ化する前の神田市場当時，それぞれの店舗で宅配を行っていたが，セルフ化したことに伴い宅配した際に誰が費用を負担するかや，責任の所在が不明確なこと，市場を構成する個店経営者の高齢化もあり中断していた。しかし，顧客に高齢者が多いこともあり，店側には顧客サービスの一環として宅配事業を実施したいとの希望が強かった。その一方，先にも見たように，店が単独で宅配事業を実施するとなると経費が高く，宅配事業そのもので儲ける必要はないとはいえ，赤字になることは必定であった。そこで，大学側は宅配を専門にする業者に宅配事業を任せることを提案し了承されたため，宅配業者の選定とマッチングを行うこととした。市内には赤帽ほか大手宅配業者の営業窓口があったが，バイク便業者として登録さ

---

35)「地（知）の拠点整備事業（COC 事業）」とは，「地域のための大学」として地域社会と連携し，地域を志向した教育・研究・社会貢献（地域課題の解決や地域振興策の立案・実施）に取組む大学に対し，文部科学省が最長 5 年間補助するもので，兵庫県立大学は2013年度に採択された。現在，県内全域にキャンパスが分散する特性を活かして，県内自治体等と戦略的に協働しながら地域再生と活性化に貢献する 6 つのフィールド・プロジェクトで構成された「ひょうご・地（知）の五国豊穣イニシアティブ」に取組んでいる。このうちの尼崎市フィールドでは，「新たな公共」と位置づけられるソーシャル・ビジネスやコミュニティ・ビジネスを活用した地域の課題解決に向けた取組を開始しており，"課題解決先進都市"の形成に取組んでいる。

36) 兵庫県立大学ホームページ（http://u-hyogo-coc.net/project04/）。

第Ⅱ部　地域・社会と共生を図る中小企業

れていたジャパンメッセンジャーサービス株式会社を相手先として選んだ。これは，同社の本社が尼崎市に隣接する伊丹市にあるが，尼崎市にも営業所があるなど地の利があること，ネットの発達により企業間の信書配達といったバイク便の本来の需要が下がっており，バイク便側にも新規顧客開拓の必要性に迫られていると推測したこと，そして何より同社社長に地域活性化に貢献したいとの思いが強かったことがある。

　こうして両者をマッチングさせることに成功したが，正式契約が締結されるまでに数回の交渉があった。一番のハードルは，ジャパンメッセンジャー側が採算ラインに乗るだけの受注量が確保できるかどうかであった。ジャパンメッセンジャー側の売上を考えると，1回あたり顧客から受取る金額と配達個数から損益分岐点となる最低受注個数が決定されるが，これまで宅配実績がない現在，すぐに最低受注ラインに達することは考えにくい。そこで，シャンティかんだ側から最低受注ラインに達しない分は宅配量の多寡にかかわらず定額保障をつけることで合意に至り，2015年9月1日より宅配事業がスタートしている[37]。

6．生活広場ウィズの取組[38]

（1）生活広場ウィズと同社が取組む CSR の概要

　兵庫県尼崎市大庄北にある生活広場ウィズは1997年12月に設立された地域密着型食品スーパーである。元々この付近にあった市場が阪神・淡路大震災により半壊したため，市場内の店主7人によって設立されたものある。正式名称は「大島事業協同組合」という協同組合（代表：打樋弘氏）であるが，実態はセルフマーケット形式の食品スーパーである。この大庄地区は65歳以上の高齢者が35％を占めるなど，高齢化が進んでいるほか，生活保護家庭も多い地域である。

　打樋氏は同地域で生まれ育ったこともあり，この地域への愛着が人一倍強い。

37）宅配事業としてはスタートしたばかりということもあり，電話やFAX，ネット等での受付は行っておらず，シャンティで買物された商品の宅配を行っている。配達日は月・水・金の週3日で，14時までに受付したものを当日の17～19時に配達している。配送料は購入金額が1000～3000円未満は300円，3000円以上は無料としている。

38）生活広場ウィズに対する調査も，兵庫県立大学の COC 事業の一環である。

206

第7章　地域密着型小売業に見る CSR 活動と CSV 実現に向けて

しかし，同地域からの進学率が他地域と比べて低いことや，地域に愛着や誇り
をもっていない子どもたちが多いことを見るにつけ，何かこの子どもたちに自
信をもたせたい，誇りをもたせたいと思うようになった。そのことが，同地区
の大庄北中学校で，何か全国に誇れるものを生み出したいという思いとなり，
同校の吹奏楽部への寄付活動につながっていった。

　吹奏楽部への寄付活動の取組は2008年からスタートしたが，具体的には以下
のようである。同店の取組に賛同した消費者（保護者）は，同店のレジ横と中
学校に設置してある「レシート投函ボックス」にレシートを投函し，投函され
たレシートの合計金額の0.25％が大庄北中学校に楽器の形で寄付される。これ
により毎年30万円ほどが寄付されるが，大庄北中学校からは毎年「サンクス・
コンサート」を開催し，寄付してもらった人などの地域住民に応えている。[39]

（2）大庄北中学校保護者へのアンケート調査

　生活広場ウィズの取組に対し，直接的に関係がある保護者がどのようにこの
取組を評価しているのかを見るため，以下のアンケートを実施した。

① 調査の概要

　尼崎市立大庄北中学校の全生徒484人（435世帯）[40]に対し，2016年7月に「生
活広場ウィズの社会貢献活動に関するアンケート」を実施した。配布は全クラ
スの生徒に対し，各担任の先生からクラスごとに配布と回収をお願いした。そ
の結果，有効回答数は190世帯で有効回答率は43.7％であった。

---

39) 類似の寄付活動はイオンでも行われている。イオンは，「お客さまを原点に平和を追求し，
　人間を尊重し，地域社会に貢献する」という基本理念のもと，かねてより“企業市民”とし
　て地域のお客さまとともに様々な環境保全活動に取組んでいるが，2001年8月にジャスコ株
　式会社からイオン株式会社へと社名変更したことを機に，毎月11日を「イオン・デー」と
　制定している。2001年10月11日から実施する「イオン 幸せの黄色いレシートキャンペー
　ン」は，お客さまがレジ精算時に受け取った黄色いレシートを，地域のボランティア団体
　名が書かれた店内備え付けの BOX へ投函していただき，レシートのお買い上げ金額合計
　の1％をそれぞれの団体に還元するというシステムである（同社ホームページ）。
40) 兄弟姉妹が同一中学校に在籍しているため，世帯数は生徒数よりも少なくなる。

第Ⅱ部　地域・社会と共生を図る中小企業

表7-3　回答者の年齢

No.	カテゴリ	件数	（全体）%	（除不）%
1	30代	54	28.4	28.4
2	40代	127	66.8	66.8
3	50代	8	4.2	4.2
4	60歳以上	1	0.5	0.5
	不明	0	0.0	
	N(%ベース)	190	100.0	190

出典：兵庫県立大学「生活広場ウィズの社会貢
　　献活動に関するアンケート」（2016年7月）
　　以下同じ。

表7-4　回答者の子どもとの続柄

No.	カテゴリ	件数	（全体）%	（除不）%
1	父親	6	3.2	3.2
2	母親	182	95.8	95.8
3	祖父	0	0.0	0.0
4	祖母	2	1.1	1.1
5	その他	0	0.0	
	不明	0	0.0	
	N(%ベース)	190	100.0	190

表7-5　部活動実施の有無

No.	カテゴリ	件数	（全体）%	（除不）%
1	している	152	80.0	80.0
2	していない	38	20.0	20.0
3	知らない	0	0.0	0.0
	不明	0	0.0	—
	N(%ベース)	190	100.0	190

表7-6　ウィズの利用頻度

No.	カテゴリ	件数	（全体）%	（除不）%
1	ほとんど毎日	7	3.7	3.7
2	週3～4回	21	11.1	11.1
3	週1～2回	28	14.7	14.7
4	月1～2回	47	24.7	24.7
5	ほとんど利用しない	70	36.8	36.8
6	まったく利用しない	17	8.9	8.9
	不明	0	0.0	—
	N（%ベース）	190	100.0	190

② 回答者の概要

　回答者は以下のような概要となっている。

　回答者の年代は中学生の保護者ということもあり，40代が66.8%と多い（表7-3）。また，子どもとの関係を見ると母親からの回答が95.8%と最も多くなっている（表7-4）。

　生徒が部活動をしているかを見ると，「している」が80%であった（表7-5）。

第7章 地域密着型小売業に見る CSR 活動と CSV 実現に向けて

表7-7 ウィズの利用理由

No.	カテゴリ	件数	(全体)%	(除不)%
1	価格が安い	36	18.9	29.3
2	品揃えが豊富	10	5.3	8.1
3	品質がよい	17	8.9	13.8
4	ここにしかないものがある	10	5.3	8.1
5	店員の対応がよい	2	1.1	1.6
6	なじみの店員がある	2	1.1	1.6
7	家・会社から近い	65	34.2	52.8
8	宅配をやっている	0	0.0	0.0
9	寄付をやっているから	17	8.9	13.8
10	その他	14	7.4	11.4
	不明	67	35.3	—
	N (%ベース)	190	100.0	123

表7-8 ウィズの寄付活動について

No.	カテゴリ	件数	(全体)%	(除不)%
1	知っている	135	71.1	71.1
2	知らなかった	55	28.9	28.9
	不明	0	0.0	—
	N(%ベース)	190	100.0	190

表7-9 サンクス・コンサートの認知状況

No.	カテゴリ	件数	(全体)%	(除不)%
1	知っている	138	72.6	72.6
2	知らなかった	52	27.4	27.4
	不明	0	0.0	—
	N(%ベース)	190	100.0	190

③ ウィズの利用状況

ウィズの利用頻度と利用理由を見ると，「ほとんど利用しない」が36.8％と最も多く，次いで「月1～2回」の24.7％となっている（表7-6）。中学校区内にあるスーパーであるが，それほど高い利用頻度とはいえない。また，利用者に利用理由についてみると，「家や会社から近い」が52.8％と最も多く，次いで「価格が安い」（29.3％）となっている（表7-7）。

④ ウィズの寄付活動について

ウィズの寄付活動についてみると，「知っている」が71.1％とかなりの割合を占めている（表7-8）。また，「サンクス・コンサート」についても「知っている」が72.6％となっている。先の利用頻度からすると，寄付活動やサンクス・コンサートの認知状況は高いといえる（表7-9）。

⑤ ウィズの寄付活動に対する自らの関わり合い

保護者のウィズの寄付活動を支援するためのレシート投函活動に対する参加

第Ⅱ部　地域・社会と共生を図る中小企業

表7-10 レシート投函経験

No.	カテゴリ	件数	(全体)%	(除不)%
1	ある	82	43.2	43.2
2	ない	65	34.2	34.2
3	今後してみたい	43	22.6	22.6
	不明	0	0.0	―
	N(%ベース)	190	100.0	190

度合い（投函経験）を見ると，「ある」が43.2%で最も高くなっている（表7-10）。

　このレシート投函経験を部活動の有無とのクロスで見ると，「部活動をしている生徒」の保護者でレシート投函経験「ある」が45.4%であった。一方，「部活動をしていない生徒」の投函経験は「ある」が34.2%であったのに対し，「ない」が44.7%と「ない」方が高かったものの，部活動をしていない生徒の保護者であっても少なからず投函していることがわかる（表7-11）。

　また，ウィズの利用頻度とのクロスを見ると，「ほとんど毎日」の利用者が全員「投函経験あり」と高かったものの，「週1～2回」や「月1～2回」の利用者であっても半数以上が投函経験ありとしている。

　投函しない理由を見ると「ウィズを利用しないから」が64.2%と最も高く，次いで「レシートが必要だから」が17.9%となっている（表7-12）。レシートの必要理由を聞くと，当該レシートには顧客の個人情報が記載されていることや，レシートを持ち帰って家計簿をつけていることがある。

⑥　保護者の寄付活動に対する思い

　保護者が自身のレシート投函活動が社会貢献活動につながるかを聞いたところ，「多少あると思う」が62.5%，次いで「大いにあると思う」が29.5%となり，レシート投函活動が関係していると答えた保護者で90%を超えた（表7-13）。また，将来，ウィズが部活動を応援するような「寄付的商品」を販売すれば，「購入しないと思う」は3.2%にとどまり，「積極的に購入したい」が15.0%，「価格次第で購入したい」が59.9%と，自身の社会貢献活動に前向きな保護者が多い（表7-14）。

　表7-13で見たように，レシート投函は自身が社会貢献活動をしていると関係性を感じている保護者が多かったが，それには自身のこれまでのボランティ

第7章　地域密着型小売業に見る CSR 活動と CSV 実現に向けて

表7-11　部活動の有無とウィズ利用頻度から見たレシート投函経験

上段：度数 下段：%		レシートのボックスへの投函経験			
		合計	あ　る	な　い	今後してみたい
部活動の有無	全　体	190 100.0	82 43.2	65 34.2	43 22.6
	している	152 100.0	69 45.4	48 31.6	35 23.0
	していない	38 100.0	13 34.2	17 44.7	8 21.1
	知らない	— —	— —	— —	— —
ウィズの利用頻度	全　体	190 100.0	82 43.2	65 34.2	43 22.6
	ほとんど毎日	7 100.0	7 100.0	— —	— —
	週3〜4回	21 100.0	12 57.1	5 23.8	4 19.0
	週1〜2回	28 100.0	19 67.9	2 7.1	7 25.0
	月1〜2回	47 100.0	26 55.3	10 21.3	11 23.4
	ほとんど利用しない	70 100.0	18 25.7	36 51.4	16 22.9
	まったく利用しない	17 100.0	— —	12 70.6	5 29.4

　アなどの社会貢献活動の経験や関心が関係していることが考えられる。そこで，まず，ボランティア活動への関心の有無別に見ると，全体ではボランティア活動に関心があるともないとも「どちらともいえない」とする保護者が多かったが，それらの人のレシートボックスへの投函行動が「あり」の人の割合よりも，ボランティア活動に「関心あり」と答えた人の方で投函行動「あり」とした人の割合の方が倍近く高かった（表7-15）。

　また，実際にボランティア活動を経験したことのある人の方で，活動経験の

第Ⅱ部　地域・社会と共生を図る中小企業

表7-12　レシートを投函しない理由

No.	カテゴリ	件数	（全体）%	（除不）%
1	ウィズを利用しないから	43	22.6	64.2
2	子どもが部活をしていないから	1	0.5	1.5
3	寄付金額が少ないから	0	0.0	0.0
4	寄付先が吹奏楽部限定だから	2	1.1	3.0
5	寄付先が大庄北限定だから	0	0.0	0.0
6	レシートが必要だから	12	6.3	17.9
7	価格転嫁されているように思うから	0	0.0	0.0
8	メリットがないから	0	0.0	0.0
9	面倒・興味がないから	0	0.0	0.0
10	その他	15	7.9	22.4
	不明	123	64.7	—
	N（%ベース）	190	100.0	67

表7-13　自身のレシート投函活動と社会貢献活動

No.	カテゴリ	件数	（全体）%	（除不）%
1	大いにあると思う	26	13.7	29.5
2	多少あると思う	55	28.9	62.5
3	あまり思わない	7	3.7	8.0
4	まったく思わない	0	0.0	0.0
	不明	102	53.7	—
	N（%ベース）	190	100.0	88

表7-14　寄付的商品の購入に関して

No.	カテゴリ	件数	（全体）%	（除不）%
1	積極的に購入したい	28	14.7	15.0
2	価格次第で購入	112	58.9	59.9
3	購入しないと思う	6	3.2	3.2
4	わからない	38	20.0	20.3
5	その他	3	1.6	1.6
	不明	3	1.6	—
	N（%ベース）	190	100.0	187

第7章　地域密着型小売業に見る CSR 活動と CSV 実現に向けて

表7-15　ボランティア経験等とレシート投函経験

上段：度数 下段：％		レシートのボックスへの投函経験			
		合　計	あ　る	な　い	今後してみたい
ボランティアへの関心の有無	全　体	189 100.0	82 43.4	64 33.9	43 22.8
	あ　る	80 100.0	50 62.5	18 22.5	12 15.0
	な　い	6 100.0	2 33.3	4 66.7	— —
	どちらともいえない	93 100.0	29 31.2	36 38.7	28 30.1
	わからない	10 100.0	1 10.0	6 60.0	3 30.0
ボランティア経験	全　体	188 100.0	82 43.6	63 33.5	43 22.9
	あ　り	57 100.0	37 64.9	13 22.8	7 12.3
	な　し	131 100.0	45 34.4	50 38.2	36 27.5
募金・チャリティ活動の経験の有無	全　体	187 100.0	81 43.3	63 33.7	43 23.0
	あ　り	102 100.0	49 48.0	30 29.4	23 22.5
	な　し	85 100.0	32 37.6	33 38.8	20 23.5

ない人よりもレシート投函をしたことのある人の割合の方がこれも倍近く高かった。

　さらに，募金やチャリティ活動の経験の有無別に見ると，こちらも過去に経験したことがある人の方でレシート投函をした人の割合が高かった。

　以上より，レシート投函活動はボランティア活動に関心があり，過去にボランティア活動や募金・チャリティ活動の経験をしたことのある人の方が実際の行動に結びつきやすいことがわかる。なお，ボランティア活動へのハードルの

213

第Ⅱ部　地域・社会と共生を図る中小企業

表7-16　ボランティア活動はハードルが高い

No.	カテゴリ	件数	（全体）%	（除不）%
1	そう思う	43	22.6	23.0
2	そうは思わない	80	42.1	42.8
3	わからない	64	33.7	34.2
	不明	3	1.6	—
	N（%ベース）	190	100.0	187

高さを聞くと，「そう思う」と答えた人が23.0%いたものの，「そうは思わない」と答えた人も42.8%見られた（表7-16）。

ウィズの社会貢献活動を応援するために必要なこととして，最も多かったのが「レシートの投函活動が社会貢献につながっていることをもっと PR すればよい」の60.7%で，次いで，「サンクス・コンサートを行っている大庄北中学校側からも成果や開催通知などをもっと PR すればよい」が33.9%，「ウィズの社会貢献活動を知らなかったので，ウィズの社会貢献活動をもっと PR すればよい」の30.1%などと，いずれも企業の社会貢献活動をもっと PR すればよいという回答が上位を占めた（表7-17）。

　これに関して，これまでのところ生活広場ウィズ代表の打樋氏からは，自身の経営哲学あるいは経営美学的な考えから，社会貢献活動をしていることをそれほど前面に打ち出したいとは考えていないとのことだが，これに関しては以下で議論する。

　生活広場ウィズにとっての地域課題は，「大庄北地区の子どもたちに自信と誇りをもたせたい」である。そのために地元中学校の吹奏楽部に，趣旨に賛同した保護者や地元の消費者が投函したレシート金額の合計に応じて楽器を寄付するというという活動だが，代表の打樋氏自身が個人的な思いでスタートさせたことや，売上増を期待して取組んだわけではないとのことから，現状での活動は CSR である。

　ヒアリングによると，この取組は打樋氏の個人的な思いでスタートした寄付活動で，この活動を前面に打ち出したいとは考えていないとのことであったが，こうした社会貢献活動がサステナブルになるためには活動を支持する人たちが応援することが重要である。具体的には，同じ商品で同程度の価格であればウィズで購入しよう，と思ってもらうことが必要で，しかもその輪を広げていくことで本業の売上増につながり活動がサステナブルになる。しかし，現状は

第7章　地域密着型小売業に見る CSR 活動と CSV 実現に向けて

表7-17　ウィズの社会貢献活動を応援するために必要なこと

No.	カテゴリ	件数	(全体)%	(除不)%
1	ウィズ自身の活動を PR	55	28.9	30.1
2	大庄北中学校からも PR	62	32.6	33.9
3	レシート投函と社会貢献を PR	111	58.4	60.7
4	地域での意識啓発運動	34	17.9	18.6
5	ウィズからの特典の付与	37	19.5	20.2
6	応援したいと思わない	6	3.2	3.3
7	その他	4	2.1	2.2
	不　明	7	3.7	―
	N（%ベース）	190	100.0	183

　チラシに寄付活動の内容が掲載されているわけでもなく，中学校からもこれまでは保護者に対して，楽器の一部はウィズの寄付によっているとするといった案内もなく，地域の消費者に対してはサンクス・コンサートの案内程度で，すべてが控え目である。

　今回のアンケート調査からは，表7-17で見たように「ウィズや中学校が PR をもっとすべきだ」とする回答が多かった。また，表7-13で見たように，保護者自身のレシート投函活動は，社会貢献活動につながると考えている人が多い。このことからすると，ウィズはもっと積極的に，啓発的な意味を含めて自社の寄付活動を地域住民に向けて PR してもよいと考える。[41]

　日本には"お天道さまが見ている"という言葉があるが，悪徳を戒め排除し

41）なお，生活広場ウィズでは，これまでのレシート投函制度を廃止し，2017年1月7日より「大庄北中学校応援商品」購入という形で同中学校の部活を応援する方式に移行している。これは，家計簿記載にレシートが必要な顧客がいることや，レシートに一部個人情報が記載されていたことによるもので，新制度になってからはこれまでの吹奏楽部だけに対する支援だったものを部活動全体に広げている。また，この取組に対し，大庄北中学校の先生からも理解と支持を得ることができ，結果，全保護者世帯に今回の取組に対する案内文を配布してもらっている。この新制度の概要は，週替わりで応援商品を決め，当該商品1点につきお客さんからは3円，生活広場ウィズからは7円の計10円が寄付されるというもので，チラシには「地域活動へのご協力をお願いします」のキャッチコピーが印刷されている。

第Ⅱ部　地域・社会と共生を図る中小企業

ようとする道徳観が形成されているほか，近江商人の「売り手よし，買い手よし，世間よし」のいわゆる「三方よし」が伝えられているように，自分だけが得をするのではなく，人様や地域社会のことを考えて行動することが商売の秘訣であり美徳であるとする風習がある。企業側は地域や社会のために何とかしたいと思うのと同様，地域の人にも地域のためなら何かしたいと思う人の多い社会が形成されてきた。小売業の CSV は，こうした地域を思う人々の思いで実現していくと考えられる。

7．おわりに

　これまでわが国では，中心市街地に立地する地域密着型小売業が低迷していることから小売業が地域コミュニティの担い手であるとし，小売業の社会的側面にレーゾンデートルを求めてきた。たとえば，まちづくりの中心的な担い手になることに活路を見出そうとした。しかし，これまで小売業がまちづくりの担い手であり，それを支援して中心市街地を活性化するような施策が打たれてきたものの，その施策を活用して中心市街地が持続的に活気を取り戻したという話は，高松市の丸亀商店街など一部に成功例はあるものの寡聞にして聞かない。小売業に求められる機能は，小売業が有する本来的機能である経済的側面であり，そこが満足されない限りいくら社会的側面に注力しても消費者の満足度を高めることはない。社会的側面はあくまで副次的機能であり，レーゾンデートルとなることはない。

　こうしたなか，小売業の本来的機能である消費者が求める商品を提供するという経済的側面を前面に打ち出すことにレーゾンデートルを求める企業を取り上げた。すなわち，バイク便業者と連携し宅配事業を行う食品スーパーのシャンティかんだである。これまであまり小売業者との結びつきのなかったバイク便業者との連携により宅配事業を始めたが，買物弱者にとって必要不可欠なサービスであるとともに，自社のコストを抑えることができ，持続可能なビジネスモデルになっている。宅配事業が始まったばかりで，評価をするにはもう少し時間がかかるが，今後，消費者の認知が進み，シャンティかんだへの新規

第 7 章　地域密着型小売業に見る CSR 活動と CSV 実現に向けて

顧客やリピーターの増加につながれば，宅配事業は同社にとって CSV と捉えることができる。また，同スーパーは2015年10月のリニューアルの際に NPOと連携し，店舗内の空スペースを茶釜と焼き網を並べたいろりとその周囲に席を用意し，“お茶”を介して気軽に声をかけ合えるコミュニティスペース「水茶屋・茶遊[42)]」を開設した。健康で歩ける人には店舗に来てもらい，店舗内のスペースで茶飲み友だちと語り合えることの楽しみがシャンティかんだへの来店を促すきっかけになれば，これもひとつの CSV となり得る。

　小売業は本来的機能である経済的側面が重要で，いわゆるまちづくりなどの社会的側面は副次的機能として位置づけてきた。しかし，本章で見たように，社会的側面の中には CSV として位置づけられるものもあり，それは経済的側面に含まれるとした（前掲，図7-2）。シャンティかんだでは社会的側面の活動を CSV として実施しているところに特徴がある。したがって，社会的側面に位置づけられるものであっても，その活動が消費者の小売業に対する信頼を高めるものにつながれば，本業の売上増に貢献することになる。もっとも，それには顧客にとって本来的機能である経済的側面が充実していることが前提ではある。

　次に取り上げた生活広場ウィズのケースは，地域社会への貢献というさらに一歩進んだ CSR 活動を実践しているといえる。しかも，当初は打樋氏の個人的な思いだけでスタートしていたものが，注41）で見たように，中学校の教頭先生も趣旨に賛同して全校生徒の保護者に案内文を配布するなど，生活広場ウィズの Voice に対して中学校側も Voice で応えようとしている。この取組がまずは保護者に理解され支持を受けることが重要で，その後，地域社会の人々にも浸透していくことになれば，地域社会から生活広場ウィズに対するVoice となり CSV に一歩近づくことになる。

　さらに本章では，小売業の時代環境の変化に対応して制定されてきた流通政策についても概観した。これまでの流通政策は，当然のことながら流通業起点（本章の対象では小売業起点）の政策となっている。しかし，小売業起点の政策だけでは，たとえば今回問題とした買物弱者の問題を見ると，対象の当事者

42）テナント料は組合負担，運営は NPO。

第Ⅱ部　地域・社会と共生を図る中小企業

である買物弱者が支援の対象外となる部分も出てくる。また買物弱者である個人だけに着目すると，物流業などの移動手段や農作物，小売業への支援ができなくなってしまう。この意味で，今後の流通政策は小売業起点の政策だけではなく，顧客や取引先などステークホルダーを含めた視点が重要となり，より複合的・総合的な政策の立案・実施が求められている。

[謝辞]　本章は，文部科学省の平成25〜29年度の補助事業である「兵庫県立大学COC事業　ひょうご・地（知）の五国豊穣イニシアティブ（ソーシャル・ビジネス系プロジェクト）」の成果の一部である。そのなかでシャンティかんだの宅配事業の実施に関して，事務長の安田功仁氏，また，アンケート調査では大庄北中学校の教職員の皆様や保護者の方々，生活広場ウィズの方々，またヒアリング調査では生活広場ウィズ代表の打樋弘氏に大変お世話になりました。この場をお借りしてお礼申し上げます。

第7章　参考文献

阿部真也編［1995］『中小小売業と街づくり』大月書店。

阿部真也［2006］「都市再開発と街づくりの課題」阿部真也・宇野史郎編著『現代日本の流通と都市』有斐閣選書。

池田潔［2013］「ショッピングセンターとコミュニティ機能」『中小企業季報』No. 3。

石原武政［1997］「コミュニティ型小売業の行方」『経済地理学年報』第43巻第1号。

石原武政［2000］『まちづくりの中の小売業』有斐閣選書。

石原武政［2006］『小売業の外部性とまちづくり』有斐閣。

石原武政・加藤司編著［2005］『商業・まちづくりネットワーク』ミネルヴァ書房。

加藤司［2005］「商業・まちづくりの展開に向けて」石原武政・加藤司編著『商業・まちづくりネットワーク』ミネルヴァ書房。

加藤司・石原武政編著［2009］『地域商業の競争構造』中央経済社。

経済産業省ホームページ（「買物弱者対策支援について」）

　　（http://www.meti.go.jp/policy/economy/distribution/kaimonoshien2010.html）

経済産業省ホームページ（中心市街地の活性化に関する法律の一部を改正する法律案）

　　（http://www.meti.go.jp/press/2013/02/20140212001/20140212001.html）

公益財団法人　尼崎地域産業活性化機構［2013］「国勢調査から見た尼崎小地域の特性
　　　Ⅲ　平成17年と平成22年との比較」2013年3月。

近藤和明［2011］「中小小売業とまちづくり」高田亮爾・上野紘・村社隆・前田啓一編
　　　著『現代中小企業論　増補版』同友館。

佐藤稔［1997］『現代商業の政策課題』白桃書房。

杉岡碩夫［1991］『大店法と都市商業・市民──商業集積政策序説』日本評論社。

通商産業省産業政策局商政課［1983］「80年代の流通産業ビジョン」『豊かさの構築　流
　　　通産業──21世紀流通フォーラムからの提言　80年代の流通産業ビジョン』1987年。

通商産業省産業政策局商政課編［1987］『豊かさの構築　流通産業──21世紀流通
　　　フォーラムからの提言　80年代の流通産業ビジョン』財団法人　通商産業調査会。

田中道雄［2007］「商業文化と都市構造」李為・白石善章・田中道雄『文化としての流
　　　通』同文舘出版。

田中道雄［2009］「地域商業とコミュニティ」加藤司・石原武政編著『地域商業の競争
　　　構造』中央経済社。

田中道雄・田村公一編著［2006］『現代の流通と政策』中央経済社。

中小企業庁［2015］「平成27年度　中小企業庁支援策のご案内──中小小売商業者を支
　　　援します」。

南方建明［2005］『日本の小売業と流通政策』中央経済社。

南方建明［2013］『流通政策と小売業の発展』中央経済社。

馬場雅昭［2004］「小売業の盛衰と国家の流通政策Ⅱ」阪南論集　社会科学編第39巻第2
　　　号，2004年3月。

濱田恵三［2006］「流通政策の実践」田中道雄・田村公一編『現代の流通と政策』中央
　　　経済社。

兵庫県立大学経営学部　池田潔研究室と尼崎フィールドワークチーム［2015］［2016］
　　　［2017］「ソーシャルビジネス系尼崎フィールドワーク事業報告書」。

マイケル・E・ポーター［2011］「戦略と競争優位」『Diamond　ハーバード・ビジネス
　　　レビュー』2011年5月号。

渡辺達朗［1999］『現代流通政策──流通システムの再編成と政策展開』。

和田茂穂［1987］『小売業の街づくり戦略──コミュニティ・マートが未来を開く』中
　　　央経済社。

第8章

買物弱者支援企業に見る中小企業の
ソーシャル・ビジネス

1．はじめに

　これまで見てきたように，近年，ソーシャル・ビジネスや中小企業において
も CSR を真摯に取組むところが見られる。本章では，中小企業がソーシャ
ル・ビジネスとして事業を行っているケースを検討する。1つは個人事業主の
形態で，経営者は作業療法士の資格をもつ。もう1つは酒屋の経営者だった人
が株式会社組織ではじめたものであっても，出自の違いにより同じソーシャ
ル・ビジネスで活動しているものの社会性と事業性に違いが見られる。

　また，これまでソーシャル・ビジネスを分析する際に，ビジネスモデル分析
の手法が用いられることが多かったが，ここでは新しい試みとして，事業者と
利用者との間の「レント」の視点で分析する。その結果，そこでの「課題解決
レント」が新規顧客獲得やリピーターにつながることを見る。また補遺では，
買物弱者支援企業の実態を見るため，3社を収録している。

2．買物弱者の存在とソーシャル・ビジネスの概要

　わが国は現在，超高齢化社会を迎えており，日本全体で買物弱者が700万人
ともそれ以上とも存在すると言われる。また実は，買物弱者問題というと高齢
者や障がい者など社会的弱者の問題のように思われるが，買物難民と捉えると
若くて元気な人にも当てはまる人が存在する。前章で見たように，共稼ぎ夫婦
でどちらも職場で残業があるような場合，帰宅するころにはスーパーなど小売

店が閉まっている状態の人がそれである。

　今回取り上げる買物弱者問題をはじめとする社会課題の解決は，従来は行政が担うものとされてきた。しかし，行政の財政難や社会課題の複雑化・多様化により行政だけでは担いきれなくなり，代わってソーシャル・ビジネスやコミュニティ・ビジネス，NPO などの「新たな行政」が注目を浴びるようになっている。企業のなかにもこうした活動を積極的に行うものも増えており，すでにこれまでの章で見たように CSR や CSV として取り上げられている。

3．買物弱者支援事業で地域との共生を図る
ソーシャル・ビジネス

　以下では，買物弱者支援事業に取組む和菜屋と株式会社ファミリーネットワークシステムズの2社を取り上げる。組織形態は個人事業主形態と株式会社形態と異なるが，ソーシャル・ビジネスとして事業を行うときに，人と人を結ぶヒューマン・ネットワークが重要な意味をもつ点で共通している。

（1）和菜屋[1)]
　和菜屋（北九州市，従業員6人）は作業療法士の資格をもつ三村和礼氏が2015年7月に UR 金田団地の1階部分の空店舗を活用してオープンさせた惣菜屋である。高齢者向けに手作りの惣菜を店舗で販売するほか，少数の利用者に宅配も行っている。

　設立の経緯は，もともと作業療法士として10年間病院でリハビリの仕事をしていたが，あるデイサービスの経営者の講演を聞いたことがきっかけで，自身でもデイサービス事業を立ち上げたいと思ったという。デイサービスで何ができるのかを模索しているうちに，高齢者のなかには家族がおらず，10日間誰ともしゃべることができずにコミュニケーションを渇望している人がいること，

1）2015年8月1日の三村和礼氏への現地でのヒアリングと2016年8月6日のメールによる
　　追加ヒアリングおよび田代［2016］による。
2）UR 金田団地には約4000世帯が住み，そのうちの約1000世帯は高齢者世帯である。

第Ⅱ部　地域・社会と共生を図る中小企業

図 8-1　和菜屋の外観

出典：筆者撮影（2015年8月1日）。

図 8-2　店内の様子

出典：三村和礼氏提供。

食生活が乱れ菓子パンだけで1日を過ごす人がいることなどがわかり，「食事」を中核とする事業を起業することに思い至った。これにより，利用者との間で"対話"が生まれるほか，今まで関わりのない人とも広く関わることが可能となると思ったのである。

　現在は店内にイートインのスペースを設け，独居高齢者同士をはじめとして利用者が集えるようにしている[3]。提供する惣菜も旬の食材を使いながら化学調味料は一切加えず，また冷凍食品も使用していないほか，家庭料理的なものを提供することで，毎日でも食べ飽きないように工夫をしている。食材の仕入に関してみると，三村氏の実家が農家ということもあり，そこから新鮮な野菜が調達できるほか，実家近くの農家とも連携することで安く野菜類等を仕入れることが可能となり，原価を抑えている。店内の調度品にもこだわっており，大分県の日田杉を利用して憩える空間づくりの提供を行っている。

　ここで，オープン当時の顧客開拓の様子について見てみよう。三村氏によれば，開店前に，「開店お知らせ」のチラシを作成し，UR 金田団地や周辺地域のマンションの数か所にポスティングを行ったほか，開店後の7月4日にも店舗周辺で開店案内のチラシを配ったという。これ以外にも，三村氏の前の勤務先の病院や，福祉用具の商品を扱う妻の職場にも広告を置かせてもらい，加え

　3）最近ではこのスペースを利用して「生け花体験教室」を開催し，地元住民の交流の場としても活用している。

て地域住民とつながりの深いケアマネジャーや訪問看護師などに，事業を始めた意図などを伝えたという。その結果，医師会に属するケアマネジャーは主任ケアマネジャーの集会で当店を紹介してくれたという。一方，費用のかかる新聞の「折り込みチラシ」は一度も行っていないという。

　パブリシティの方は2015年7月に『西日本新聞』と2016年3月に『毎日新聞』に掲載されたほか，TV でもローカル番組に2016年2月に1回，3月に2回放送されている。2月の TV 放送の1週間ほど前から売上が上昇し始めていたが，放送後は一気に増えたという。TV 取材のきっかけは，① 利用者のなかにセレクトショップを経営している人がおり，TV 局とコネクションのある人がディレクターに PR してくれたこと，②「突撃インタビュー」という番組コーナーで，お客さんが街中で声をかけられ当店を紹介してくれたこと，③ UR 近辺のお店などを紹介する UR 宣伝番組に，UR 九州支社が仕向けてくれたことがある。これ以外には，2015年12月に団地の外周に看板を出した程度という。

　新規利用者について見ると，TV 放送直後はその影響が多かったものの，それ以外はほぼ"口コミ"によると三村氏は語っている。友人を連れて来てくれたり，他人から当店の商品を差し入れでもらったりしたことをきっかけに買物に来て，利用者になることが多いようである。これには，団地内商店街の同じ並びの美容室などが宣伝してくれていることも大きいという。

　利用者の約半数は団地内の住人だが，それ以外にも周辺の大手町，原町など半径1km 圏内から徒歩で来る人もいるほか，近辺には病院や事務所なども多く，高齢者だけではなく中年の人の利用も多い。なかには2～3km 離れた町から車で来る人もおり，その割合は1日の利用者数の1～2割ほどを占める。その人たちの声として，「ここの惣菜なら，おばあちゃんが食べてくれる」とあるなど，わざわざ仕事帰りに買いに来てくれる人もいる。また，月に1～2回，団地横の新小倉病院に受診に来たときの楽しみとして通ってくる人や，小さい子連れのママさんたちが毎日10人前後利用するなど広がりを見せている。現在の1日の来店者数は曜日や天気によって波はあるものの，月単位で見ると2016年の1月の平均100人強程度から TV 放送後の3月では160人強，現在は

第Ⅱ部　地域・社会と共生を図る中小企業

1日150人前後の利用者となっている。

（2）株式会社ファミリーネットワークシステムズ[4]

　株式会社ファミリーネットワークシステムズ（大阪市，従業員28人）は，「人のお役に立つことを事業とする」を企業理念に掲げ，高齢者や小さい子どもがいる家庭など買物に不便を感じている人を対象に，お惣菜を中心とした宅配事業を展開している。代表取締役の堀田茂氏は幼いころ両親が離婚したため祖父母に育てられたが，その祖父も高校3年生のときに他界したためその後は祖母との2人暮らしの生活を送っていた。高校卒業後は酒屋で修業を始め，1988年に独立して大阪市西淀川区で購入した建売住宅のガレージ3坪を改装して宅配専門の酒屋を開業した。開業して4年後には「たった3坪で年商1億8千万円」と業界紙で取り上げられるほどに繁盛するようになっていた。その後，業界紙を見て同社に見学に訪れた酒販店と協同仕入グループを結成し，1999年に日本で初めて宅配専門店のフランチャイズ組織である「ファミリーネットワークシステムズ」を設立する。その後，東京都や福岡県，四国地方にも加盟店を広げ，2005年11月に高齢者を対象に，宅配で豊かな暮らしを送るお手伝いをする「御用聞き宅配サービス」をスタートさせ，屋号を「わんまいる」とした。2015年10月現在，16都府県のエリアで8社の地元有力酒類食品卸売業者と業務提携を行い，129の営業所（FC加盟店，うち1店は直営店）から毎月約1万8000世帯に図8-3のような宅配車を活用して個人宅への宅配を行っている。

　同社の仕入から販売までの間のサプライチェーンを見たものが図8-4である。同社の本部から生産者に対して発注情報が流され，それを元に商品が冷凍や常温別の物流センターへ届けられ，そこからわんまいる加盟店を経由して利用者の元に届けている。また最近では，webを利用して直接利用者の元に届けられる割合も徐々に増加している[5]。

　4）2015年7月17日，9月10日，12月24日，2016年7月27日の堀田茂氏へのヒアリングおよび同社ホームページ，同社提供資料による。
　5）利用者の多くは高齢者だが，高齢者もネットを活用する人が増加していることがその背景にある。

第8章 買物弱者支援企業に見る中小企業のソーシャル・ビジネス

図8-3 わんまいるの宅配車

出典：筆者撮影（2015年8月1日）。

図8-4 わんまいるのサプライチェーン

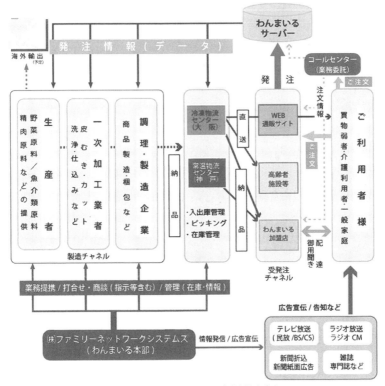

出典：株式会社ファミリーネットワークシステムズ「会社案内」。

第Ⅱ部　地域・社会と共生を図る中小企業

　同社のビジネスモデルは,「旬の手作りおかずセット」や「老舗惣菜専門店」の惣菜を, 冷凍技術を活用して大量生産・販売するところに事業性（経済性）を見出し, そこに後述の加盟店の営業担当者による「御用聞き」による販売という社会性を付加したものとなっている。

　ここで今回のヒューマン・ネットワークの視点から同社の取組を見よう（図8-5）。同社の利用者の多くは高齢の買物弱者や介護施設にいる人たちだが, ここでの商品の受発注が「御用聞き」となっている。その仕組みは, 加盟店である営業所（ファミリーネットワークシステムズでは営業所を「わんまいる営業所」と称している）から顧客の家にサポーター（決まった営業担当者）がカタログをもって週1度玄関先まで訪問し, 必要な商品を購入者が手書きで記入した注文書を回収し, 翌週最新のカタログの持参と合わせ, 必ず手渡しで戸配するというものである。商品の配送と手書き形式の注文書による受注はアナログだが, ここから先はITを駆使した情報システムを構築している。すなわち, 加盟店と利用者との関係はアナログでのやりとりだが, 商品の仕入れや利用者への配送, 利用者の過去の利用実績などデータ管理はすべてデジタル管理されていることがある。たとえば, 過去3年間の利用者の購入実績はすべてデータ管理されており, ボジョレヌーボーの季節になると, 過去に購買実績があればそれを提案して販売を促す提案営業を行っている。

　取組上の工夫として, 顧客が高齢者中心であることや, 配食サービスは飽きられやすいという課題を解決するため, 週に10～15品ほど新商品を開発・販売しているほか, メニューは管理栄養士, 調理は一流の料理人の指導を受けて調理しており, 1食あたりのカロリー, 塩分を抑えるとともに合成保存料を使わない商品づくりを行っている。また, 顧客に一人暮らしの高齢者が多いことから, 顧客との触れ合いを大切にし, いつも同じサポーターが5分を基本とする対面での御用聞きをするほか, 電球の取替えや重い荷物の運搬配置を行うことで信頼関係を構築し, 高齢者からの支持を高めている。わんまいるの商品は, 常温・冷蔵・冷凍と3つの温度帯の商品があるが, なかには取扱や保管がデリ

6）これ以外にも「全国の名産品」「簡単調理のデリカテッセン」「ご当地の菓子・スイーツ」「飲料・アルコール」「こだわりのお米」「日用雑貨・ケア用品」を取り扱っている。

第8章　買物弱者支援企業に見る中小企業のソーシャル・ビジネス

図8-5　わんまいるの御用聞きシステムと案内文

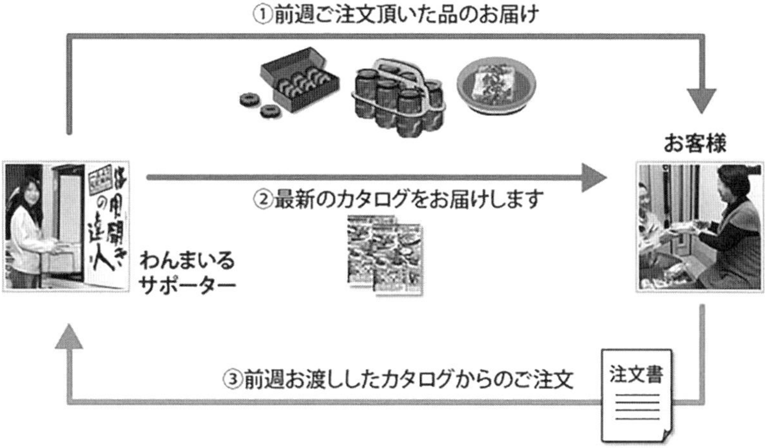

①前週ご注文頂いた品のお届け

お客様

②最新のカタログをお届けします

わんまいる
サポーター

③前週お渡ししたカタログからのご注文

注文書

わんまいるの案内文
週に1度，お客様のお住まいの地域ごとに決まった曜日にいつもの担当者（サポーター）が玄関先までお伺いします。お伺いの際に
①前週ご注文いただいた商品をお届けします。
②前週お持ちしたカタログの中から必要な商品がございましたらご注文を承ります。
（ご注文は同封の注文書をご利用ください）
③最新のカタログ（無料）をお持ちします。
（ご注文は翌週お伺いした際に承ります。）わんまいる独自の宅配システムにより，ご注文は1品から宅配料無料でご利用いただけます。毎週いつもの担当者（サポーター）がお伺いしますので，商品のこと，ご要望，ご不明なことなど何でもお気軽にお聞きください。

出典：同社ホームページ。

ケートなものもあるため，商品は必ず利用者に手渡しで行い，取扱方や保管方法などを丁寧に説明している。また，万が一不在の場合もわんまいるの店舗が責任をもって預かり，決して置いて帰ったりはしないという。

第Ⅱ部　地域・社会と共生を図る中小企業

4．ケースからのインプリケーション

（1）ヒューマン・ネットワーク形成に必要な"対話"とその中身

両者は社会的課題を解決するソーシャル・ビジネスとして事業を営んでいる。両者をネットワークの視点から見ると，買物弱者である利用者と向き合う部分はいずれもフェイス・ツー・フェイスのやりとりを介したヒューマン・ネットワークを構築している[7]。そこでは産業界の組織間ネットワークで交換される「定型化されたデジタル情報」とは異なり，挨拶から始まり，家族のこと，家事相談，健康状態，介護等の福祉問題など日常生活から生み出される"対話"を通じた「非定型アナログ情報」のやりとりが重要な意味をもち，それがソーシャル・ビジネスとしての出発点となっている。すなわち，何らかの社会的課題を解決するのがソーシャル・ビジネスだが，それがこの対話の部分で行われている[8]。

わんまいるの御用聞きの場合，最初は玄関口での挨拶や，自社商品を売り込むセールストークなど，営業担当者から利用見込客に向けての"会話"から始まる。この段階を経て，利用者が営業担当者や商品に興味や関心を抱いて商品の購入が始まると，次からは毎週1度，決まった曜日・時間に"いつもの営業担当者"が訪問するようになる。ここからは"顔なじみ"の関係となって"対話"が生まれ「信頼関係」が形成され，信頼関係がさらに深まると利用者はリピーターとなる。

今回は高齢者を中心とした買物弱者向けのケースを取り上げたこともあり，

7）図8-5で見たように，わんまいるでは製造チャネルに属する生産者や加工業者，物流センターなどとはデジタル化された情報のやりとりが行われており，ここでのシステム化や効率化がわんまいるのもうひとつの強みの源泉となっている。いわば，アナログとデジタル化をうまく結合させているところに同社の特徴があるが，この部分についての詳細な分析は主題とそれるため省略する。

8）ただし，実際には和菜屋もわんまいるもケアマネジャーや民生委員などと連携しながら利用者の安否確認を行っており，単に対話の部分だけがソーシャル・ビジネスというわけではない。

フェイス・ツー・フェイスのやりとりによるヒューマン・ネットワークが重要な意味をもったと考えられるが，福祉分野をはじめ育児や教育問題，引きこもり・ニート支援など個人が抱える課題を解決することを目的としたソーシャル・ビジネスでもヒューマン・ネットワークでのやりとりが重要な意味をもつ。これは，ソーシャル・ビジネスの場合のユーザー（課題を解決してもらう受益者）は，産業界の組織間ネットワークに登場するような "企業人" ではなく，社会生活を営む "一般人" であり，ヒューマン・ネットワークを介して課題解決提供者（事業者）と受益者（利用者）が結びつくからである。

　ヒューマン・ネットワークの特徴（産業界の組織間ネットワークにはない強み）として，受益者である利用者が次の利用者を自発的に紹介する "クチコミ" 効果が期待できることがある。産業界の組織間ネットワークでは，ネットワークの主宰者がネットワークメンバーの企業を探し出しネットワークが形成されるが，ネットワークの構成メンバーが新規メンバーを紹介することは，ネットワークがどのような目的で形成されたものかにもよるが，比較的まれである。また，紹介する場合も異業種だったり，産業分類上は同業種であっても客先が異なったり，得意とする加工内容や生産量が異なるなど，自社とは直接競争関係にない企業を紹介することが多い。一方，今回の買物弱者の売り手と利用者のネットワークをはじめ，ソーシャル・ビジネスのネットワークでは利用者が次の新規利用者を紹介することがむしろ積極的に行われる。これは利用者間に産業界の企業のような競争関係になく，むしろ自身が享受している「レント[9]」を他人にも分け合いたいという社会で生活する上で "ヒト" としての意識が強く働くためである。

（2）「レント」から見たヒューマン・ネットワーク

　組織間ネットワークにおいて，ネットワークの出現，存続，消滅の評価基準

9）一般に「レント」とは，経済活動の見返りとして受取る収益で，経済活動に資源を引き付けるために必要とされる最低集積を超えた部分をいうが，ここでは組織間ネットワークの場合の企業や，ヒューマン・ネットワーク場合の個人が，あるネットワークに参加する場合の誘因（インセンティブ）となる「上乗せ利益分」を指す。

第Ⅱ部　地域・社会と共生を図る中小企業

に「レント」が用いられることがある。西口敏宏 [2003] はネットワークへの参加主体が認識している具体的レントとして，① 評判，② 中央からの公式な調整，③ 社会的埋め込み，④ 情報共有と学習の4つをあげている。①の「評判」のレントは，外部の人々があるネットワーク自体を評価し信用している場合，言い換えるとネットワークそのものに与信力を見出すような場合，ネットワークメンバーはそこに属しているという事実そのものによって評価される。たとえば信用や実績を重んじる銀行や大企業が，当該ネットワークのメンバー企業を非メンバー企業よりも信用するケースが該当する。②の「中央からの公式な調整」レントは，中核機関や中核的企業がメンバーのためにサービスや諸設備を一元管理し調整するあり方と関連しており，生産設備や検査機器の共用，見本市への共同出展などで操業コストの低減や事業機会の増大などが発生する。③の「社会的埋め込み」レントは，地域社会の協同体（コミュニティ）がベースとなり，ある主体がそこに社会的に埋め込まれていることから生じる有形無形の利点から，ネットワークのメンバー間に新たに生まれたコミュニティに由来するメリットまでを含んでいる。たとえばコミュニティと呼ばれるような社会構造は信頼を生み出しており，取引相手との契約費用や不正行為を監視する費用といった取引費用が相対的に低くなる。④の「情報共有と学習」のレントは，メンバーが，彼らのもつ情報や知識を共有し学習することから生まれる利得であり，同じネットワークのメンバーである大学研究者と企業との協業による技術開発などが典型例である。[10]

　このように西口は，ネットワークを形成することでレントが発生することに注目し，そこに組織間ネットワークが形成される理由を見出した。そこにはネットワークにおいて構成メンバーとそれ以外の非メンバーを区別し，ネットワークを形成している構成体（ネットワークというひとつのパッケージ）に注目しているものの，ネットワークのなかにどのような情報が流れているかについての言及は見られない（図8-6）。[11]

---

10) 西口 [2003]，pp. 11-12。
11) 組織間ネットワークの場合は，主宰者が他社をネットワークメンバーに組み入れるときには非定型情報のやりとりが重要な意味をもつが，いったんメンバーに組み込まれると，↗

第8章　買物弱者支援企業に見る中小企業のソーシャル・ビジネス

図8-6　組織間ネットワークのレントの評価視点

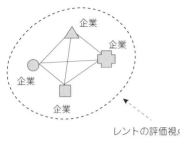

出典：筆者作成。

図8-7　ヒューマン・ネットワークのレントの評価視点

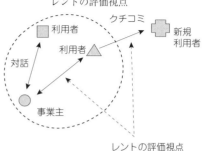

出典：筆者作成。

　一方，ヒューマン・ネットワークで注目すべきは，むしろこのネットワーク内の対話で生まれる「非定型情報」である。対話を通して信頼を醸成できるかどうかが利用者をしてその企業の商品を継続的に購入するかどうかを決めることになる。これがソーシャル・ビジネスを見る場合，非定型情報の中身そのものがヒューマン・ネットワークのレントとなる。たとえば事業主や営業担当者に「相談に乗ってもらった」や，さらに一歩進んだ状態の「自分事のように親身になって対応してもらった」などがこれに該当するが，これらは「課題解決レント」と呼べる（図8-7）。この意味で，産業界の組織間ネットワークのように，パッケージとしてのネットワーク全体から生み出されるレントによって，ネットワークに加盟するかしないかを決めるのではなく，利用者と営業担当者との間に家族にも似たような関係を築くことができるかがソーシャル・ビジネスのネットワークの一員になるかどうかの重要な決め手となる。[12]

　　たとえば試作品づくりを請け負うネットワークの場合，ネットワーク内やネットワークを利用しようとする企業との間で流れる情報は「販売価格」や「材質」のほか，いわゆるQCDに関する情報が中心となり，必要な情報はできるだけ定型情報のやりとりですむようにシステムが組まれる。その結果，いったんシステムが組まれると，メンバー企業の人であれば誰でもネットワークのメリットを享受できるようにマニュアル化が進む。

12）もちろん，利用者は課題解決レントだけで事業主を選択しているわけではない。今回の場合は提供されるお惣菜の美味しさや鮮度，栄養面，安心・安全性，価格など商品そのものの要素が大きいことは言うまでもない。

231

第Ⅱ部　地域・社会と共生を図る中小企業

　次に，産業界の組織間ネットワーク，ソーシャル・ビジネスにおけるヒューマン・ネットワークが，レントを高めるためにどのような取組をしているか見よう。

　組織間ネットワークの場合，ネットワーク構成メンバー同士の“双方向”のやりとりを通じてネットワーク全体の成果を高めている。たとえば，共同受注をするようなネットワークの場合，メンバー企業のレベル合わせをするためにお互いが“工場見せ合い会”を開催し，一番レベルが低い企業のレベルを高めることでネットワーク全体としての加工レベル，技術レベルを高めようとしている。このことは，ネットワークの主宰者（中核企業）とメンバー企業，あるいはメンバー企業相互の双方向のやりとりを通じた「自己組織化」[13]が図られており，それによってネットワーク全体の「評判」レントを高めようとしていると考えられる[14]。

　一方，ソーシャル・ビジネスのヒューマン・ネットワークの場合は，利用者の声を聞いて事業者が課題解決に向けた追加的サービスを行ったり，これまでのサービス内容を改良したりすることはあるものの[15]，基本的にはソーシャル・ビジネスを行う事業者が業務内容を決定している[16]。すなわち，事業者の課題解

---

13)「自己組織化」とは，自らの組織構造に依拠しながら，自律的に秩序をもつ構造を作り出す現象のことをいう。

14) 以下の議論には Hirschman の Exit-Voice アプローチも適用できる（Hirschman. A. O. [1970]，三浦訳 [1975]）。Exit は「退出」，Voice は「告発（発言，忠告）」と訳されるが，たとえば今回の場合，形成されているネットワークで問題が生じたとき，2つの選択肢がある。1つは，その問題に対して事業主などネットワーク主宰者に説明し，改善を求めて働きかける場合で，これが Voice である。もう1つは，既存のネットワークに対して問題解決するよう働きかけるのではなく，そこから退出することを選択する場合で，これが Exit である。
　したがって，組織間ネットワークで見られる自己組織化は，ネットワーク主宰者とメンバー企業との間で双方向に Voice が行われていると考えられる。また，ここでの Voice はソーシャル・ビジネスにおけるヒューマン・ネットワークで見られるような家族的な内容の「課題解決レント」ではなく，ネットワークによる売上向上など成果に直結するものであることから「戦略的課題解決レント」と呼べる。

15) 和菜屋では，利用者の声を聞いて新しいお惣菜の提供を行っている。

16) 産業界の組織間ネットワークでは，ネットワークの主宰者とメンバー企業との関係は基本的には Voice が行われていることからして対等であると考えられるが，ソーシャル・↗

決に向けたビジネスモデルの仕組みや内容が，ヒューマン・ネットワーク内に流れる情報やクチコミの内容を決定し，「課題解決レント」を生むことになるが，組織間ネットワークと比べて"片務的"である。また，この片務的であることは，もし，「課題解決レント」が利用者にとって不十分であれば多くの場合，利用者はそのネットワークからの"Exit"を選択する。[17] したがって，ソーシャル・ビジネスのヒューマン・ネットワークの場合の「課題解決レント」は，その事業者がどのようなビジネスモデルで利用者の社会的課題を解決しようとしているかによるところが大きい。

　ヒューマン・ネットワークを提供するソーシャル・ビジネスの主宰者のビジネスモデルやコンテンツが，ヒューマン・ネットワークの決め手となる「課題解決レント」の元となり，利用者を増やしていくためにも重要な機能を果たしていることを見た。この「課題解決レント」は事業主や営業担当者と利用者との間の対話から生まれるが，どのような対話をすればどのような「課題解決レント」が生み出されるかは，事業主や営業担当者個人の能力に負うところが大きい。今後，どのように個人のスキルを高めていくかが課題である。世の中のIT 化やグローバル化の流れのなかでフェイス・ツー・フェイスのアナログ的なやりとりにこそ価値があるところにソーシャル・ビジネスとしての特徴があり，地域密着型の中小企業が担うひとつの重要な分野といえる。

5．組織形態の違いから生じる留意点

　第1節で見たように，ソーシャル・ビジネスでは社会性，事業性，革新性が問われるが，今回のケースでは経営者の志向や組織形態の違いにより，社会性と事業性のレベルに違いが見られた。すなわち，和菜屋の方は事業性よりも社会性の方を，ファミリーネットワークシステムズの方は社会性よりも事業性の

───────────────

　ビジネスでは利用者の多くは主宰者や事業主に比べて弱い立場である。

17）もちろん，利用者のなかにもネットワーク主宰者である事業主に対して"Voice"を実施する人もいるが，惣菜屋や宅配弁当事業者は周囲にもあることや，注16で見たように利用者の多くは主宰者や事業主よりも弱い立場であることから，Voice よりも Exit を選択すると考えられる。

第Ⅱ部　地域・社会と共生を図る中小企業

方に重きを置いているようである。これは，和菜屋は個人事業主で家族経営的な色彩が強く，経営者の社会課題解決意欲が高いのに対し，ファミリーネットワークシステムズは株式会社形態で，すでに従業員も22人抱えており，拡大志向が強いことがある。

　もちろん，いずれもソーシャル・ビジネスを志向しているから何らかの社会性を有することは当然だが，社会性はあるものの事業性が低いとサステナブルにならないし，事業性だけが追求されるともはやソーシャル・ビジネスとは呼べなくなる。この点からすると，和菜屋は経営者が作業療法士という出自であることや個人経営の組織ということもあり，経営者と利用者の直接的な結びつきが強い。したがって「課題解決レント」は強く，「社会性」が前面に出ているビジネスモデルとなっている。一方，ファミリーネットワークシステムズの方は経営者が元酒屋を経営していたことや従業員を多く抱える株式会社組織ということもあり「事業性」が強く打ち出されたビジネスモデルとなっている。

　この点に関して，現在，ファミリーネットワークシステムズは順調に業績を伸ばしており，企業組織も拡大傾向にあるが，このことに関して，ソーシャル・ビジネスの視点からは少し留意する必要がある。すなわち，ソーシャル・ビジネスの担い手は株式会社であっても問題はないが，そこに株式会社であることで資本の論理が強くなってくるとすると，ソーシャル・ビジネスに求められる社会性と事業性のバランスが崩れてくる可能性があるという点である。業績が拡大することは当然仕入量の拡大を意味する。ファミリーネットワークシステムズでは，産地の旬の野菜を原材料にお惣菜を作っているが，顧客への販売量が増えると野菜の仕入量が追いつかなくなる。これまでは，旬の野菜がなくなればそれを材料にしていたお惣菜も顧客に対して販売を打ち止めにしていたが，会社組織が拡大したことや，顧客からの要望に対する対応をするとなると，これまでは取引産地の旬の野菜の供給量に応じてお惣菜を作って販売するビジネスモデルが変更を迫られることになる。たとえば，取引産地の収穫量を増やすことや，新たな取引産地を開拓していくことが求められる。資本の論理で考えると，現状維持では株主や従業員の満足を得られないことから常に規模

234

第8章　買物弱者支援企業に見る中小企業のソーシャル・ビジネス

を拡大していく必要があるが，そこにはソーシャル・ビジネスのもうひとつの柱である社会性をいかに担保していくかが問われることになる。ソーシャル・ビジネスを株式会社形態で実践していこうとすると，社会性と事業性の相克に突き当たる可能性がある[18]。

　また，和菜屋とファミリーネットワークシステムズを比較したときに，利用者間の“距離”にも違いがある。和菜屋の方は固定された店舗を拠点にして利用者が集まる仕組みになっているが，利用者は近隣住民が多く，店舗で時間を気にすることなく経営者や別の利用者と対話することができるほか，事業者と利用者の距離，利用者間の距離は近い。一方，ファミリーネットワークシステムズの場合は商品を積んだ車で1日に何十軒と地域を回る移動販売を行っているが，1軒1軒御用聞きスタイルで回るため，利用者同士が直接顔を合わせる機会は少ない。このことから，和菜屋の方はクチコミによる新規顧客が期待できるが，ファミリーネットワークシステムズの場合はあまり期待できない。したがって，ファミリーネットワークシステムズが「課題解決レント」を高めるためには，加盟店に対する教育や，加盟店選びの際の人選に気を配る必要がある[19]。

---

18) 牧野［2013］は，一般ビジネスにおいて，社会性と事業性を両立させる経営戦略について考察している。そこでは，社会性が事業の絶対的な方向であるとし，本業の付加価値として“ついで”に社会性を生み出していくことが社会性を実現するのに有効であるとしている。

19) 本章ではヒューマン・ネットワークの視点で分析しているが，ファミリーネットワークシステムズの強みは商品企画力や提案力，商品提供能力などの商品力と「課題解決レント」が合わさっていることにある。

第Ⅱ部　地域・社会と共生を図る中小企業

補　遺

買物弱者支援企業の実態

　第8章では，独居老人など日常のコミュニケーション不足に悩みを抱える人や，重いものを運べないなど買物に不便を感じる人を対象に，お惣菜を中心としたソーシャル・ビジネスを展開する企業について見た。しかし，全国には過疎地を中心に，買物弱者支援を行っている企業がある。人口が大幅に減少した過疎地では，それまであったスーパーなど小売店が撤退してしまい，まさに買物難民化した人たちが暮らしている。買物弱者に対する支援の仕方は，コミュニティバスやコミュニティタクシーを運行してスーパーなどに連れて行く方式や，お弁当の宅配などそれぞれ地域で工夫がされているが，以下で紹介するのは移動販売車で買物弱者の人のもとへ宅配する方法を採用している企業である。

1．あいきょう（鳥取県）[20]

　鳥取県日野郡にある「あいきょう」（会社名は有限会社安達商事，従業員33人）は，食料品や日用品小売業の小売店舗4店に加え，ローソン1店の経営と移動販売車で，中山間地域の消費者の生活を支えている。経営者の安達亨司氏は元々地元の生協に勤務していたが，その生協が1985年に倒産したため労働組合が引き継いで経営したがうまくいかず，90年に安達氏が買い取る形で店舗の経営を開始している。移動販売車での販売は93年からだが，食料品全般の移動販売はおそらく全国初とのことである。[21]移動販売の商品は，同社の実店舗やローソンから仕入れており，移動販売での商品販売価格はそれら店舗での販売価格と同価格である。移動販売で販売していると，途中で品切れになる場合があるが，そのときは途中の店舗で補充できるためチャンスロスは少ない。週2回同じ地区に巡回しており，平均客単価は2000〜2500円になるという。同社の売上構成は約60%

20）2016年9月2日に社長の安達亨司氏にヒアリングを行った。

21）豆腐や魚など単体の移動販売は昔からあるが，食料品全般の移動販売は全国で初めてであり，後述の「とくし丸」の住友氏が教えを請いにやってきている。

236

第8章　買物弱者支援企業に見る中小企業のソーシャル・ビジネス

図8-8　あいきょうの3t車と社内の様子

出典：筆者撮影。

が店舗，20％が移動販売，20％が学校や病院等への食材の外販となっている。

同社の移動販売車は現在，図8-8の3t車のほかに，2t車2台，軽自動車2台の計5台を保有しており，3t車で積み込む商品数は800品目にのぼる。なお，この3t車は日本財団からの寄付による特殊車両で，リモコン操作によってトラックの荷台が横にせり出し，お客さんは荷台の中に入って，さながらミニ・コンビニエンスストアのような感覚で商品を購入することができる（図8-8）。なお，特殊車両は高額なため，減価償却後には新たな補助金がないと購入できないという。

2008年には島根県と「中山間地域集落見守り活動支援事業」の協定を締結しており，移動販売時に独居老人など地域の見守り活動も行っており，これの委託料が同社に支払われているほか，2010年からは地元の日野病院と連携し，移動販売にあわせて看護師も同行し，健康診断を行っている。

今後は中山間地域の人口が毎年減少していることから，今の売上を維持するためにも商圏を拡大する必要があると考えている。

2．株式会社とくし丸（徳島県）[22]

買物弱者支援を行っている「移動スーパーとくし丸」は，株式会社とくし丸

---

22) 2016年3月24日に代表取締役の住友達也氏にヒアリングした内容と，村上［2014］を参照した。

第Ⅱ部　地域・社会と共生を図る中小企業

図8-9　株式会社とくし丸のビジネスモデル

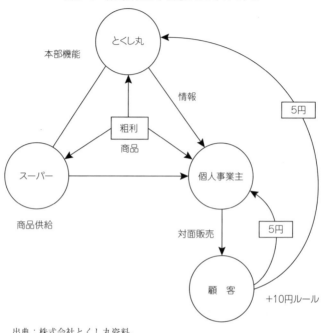

出典：株式会社とくし丸資料。

（徳島市）が運営している。2016年5月にオイシックス株式会社（東京都）にM&Aされ，同社の連結子会社となったが，以下はヒアリング時のものである。

　とくし丸も食料品や日用品を軽自動車（とくし丸は改造した軽自動車のみ）で移動販売しているが，前述の「あいきょう」のように自社内に商品を仕入れるスーパー等小売部門をもっていない。このため，全国展開していない29都府県（2017年現在は37都府県）にある44の地元スーパーと提携（同77スーパー）し，そこからフランチャイジーである個人事業主が商品を選定して品揃えし販売している。スーパー側からすると，自店の商品を移動販売によって販売してもらうことで，商圏が広がる形になる。おおよそのビジネスモデルは図8-9のようである。

　まず，とくし丸は全国の地元スーパーを開拓して商品供給元として提携し，あわせてフランチャイジーとなる個人事業主を募集する。個人事業主は約300

238

第 8 章　買物弱者支援企業に見る中小企業のソーシャル・ビジネス

図 8 - 10　株式会社とくし丸の移動販売車と商品積み込みの様子

出典：筆者撮影。

万円の開業資金で特注の移動販売車を購入し，研修を経たのち販売エリアを定められて開業する。販売エリア内には商品を積み込む提携スーパーがあるが，販売車に商品数300〜400品目，1200個ほどを朝から3時間ほどかけて個人事業主が積み込み，約40軒の顧客に訪問販売する。週6日稼動の場合，販売ルートは3コース設定され，1コースは週2回走ることから同じ顧客に2回訪問する。顧客が希望する商品がない場合は，次の訪問日までに用意して販売する御用聞きも行っている。

個人事業主が積み込んだ商品には売れ残りが発生するが，提携先スーパーに持ち帰り，その日のうちにスーパーが特売品として販売する。1日平均の売上は6〜7万円となるが，スーパーからは商品ごとの粗利と，顧客からはどんな商品でも「＋10円ルール」が適応されており，その半分の5円が個人事業主の収入となり，月平均で30万円ほどになる。[23]

同社ではこうした軽自動車による移動販売を「街の毛細血管」と称しており，コンビニよりコンビニエンスであるとしているほか，すべての顧客と顔を合わせコミュニケーションを図る対面販売なので，提案型販売ができるとしている。こうした顧客との親密な関係性を背景に食品メーカーから高齢者を対象とした新商品のサンプリング調査を依頼されることもあるという。また，徳島県と

---

23) 顧客はスーパーでの店頭価格に「受益者負担」の考え方に則り，すべての商品に一律10円が上乗せされる。同社では「四者の協力」システムと呼んでいる。

239

第Ⅱ部 地域・社会と共生を図る中小企業

図8-11 モルツウェル株式会社の事業展開

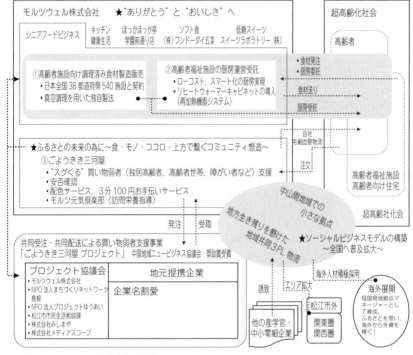

出典：モルツウェル株式会社提供資料。

「見守り協定」を締結し，社会福祉協議会，地域包括センター，ケアマネジャー，民生委員との連携も図っている。ちなみに，とくし丸のネーミングは，徳島県からスタートしたというのもあるが，社会貢献を実施する「篤志家」の意味も込めている。

3．モルツウェル株式会社（島根県）[24]

モルツウェル株式会社（松江市，従業員75人）は，① 高齢者向け調理済み食材製造販売，② 高齢者福祉施設の厨房運営受託，③ ごようきき三河屋の3

---

24) 2016年8月31日に代表取締役社長の野津積氏にヒアリングを行った。

240

第8章　買物弱者支援企業に見る中小企業のソーシャル・ビジネス

本柱で事業を行っている（図8-11）。
島根県出雲市出身の社長の野津積氏
は，大学卒業後法務省など複数の国
の機関やホテルに勤務した後，持ち
帰り弁当のフランチャイズ店のオー
ナーとして松江市で起業（このとき
の創業店が売上高日本一となったり，
おせち販売でも日本一となったほか，
持ち帰り弁当の宅配ビジネスモデル
を開発している），その後有限会社

図8-12　モルツウェル株式会社の配送車

出典：筆者撮影。

モルツクリエーションなどを設立し，2009年からモルツウェル株式会社の代表
取締役を務めるほか，NPO まちづくりネットワーク島根の理事や，買物弱者
事業「ごようきき三河屋プロジェクト協議会」の会長などを務めている。

　同社の経営理念には「全社員・社員家族の物心両面における幸福を追求する
と同時に日本全国津々浦々健やかで安らいだ地域生活に貢献すること」とあり，
また，リーフレットにも「ソーシャル・ビジネスのパイオニアを目指す」とあ
る。このように，①～③の多彩な活動を行っているが，以下では本章のテーマ
である買物弱者支援に絞って記述する。

　同社は2012年に買物弱者支援事業として地域中小零細小売業，行政，NPO，
自治会介護・医療事業者等と連携して「ごようきき三河屋プロジェクト」を立
ち上げ，食事の準備が困難になった独居高齢者，高齢者世帯，障害者，在宅療
養者を中心に1日2回，365日体制で安否確認とともに食事（一般食以外に糖
尿病疾患患者向けエネルギーコントロール食，高血圧疾患患者向けエネル
ギー・塩分コントロール食，腎臓疾患患者向けタンパク質・塩分コントロール
食を提供している）を宅配しているほか，地元零細小売店の扱う商品や出張理
美容，行政への相談なども取次ぎしている。同社はこのプロジェクトをさらに
発展させ，困りごとのコールセンターを設置することや，同社の配送車はこれ
までの事例で見てきたような商品を運ぶためのものではなく，人も乗れるタイ
プのものであることから（図8-12），高齢者の移動手段や，大手宅配業者の荷

241

第Ⅱ部　地域・社会と共生を図る中小企業

物を混載して配達したりすることなども検討している。

　　[謝辞]　この章をとりまとめるに当たり，お忙しいなかヒアリングの時間
　を割いていただいた和菜屋の三村和礼氏，株式会社ファミリーネットワー
　クシステムズの堀田茂代表取締役社長，有限会社安達商事の安達亨司社長，
　株式会社とくし丸の住友達也代表取締役，モルツウェル株式会社の野津積
　代表取締役にお礼申し上げます。

第8章　参考文献

Hirschman, A. O. [1970] *Exit, Voice and Loyalty : Responses to Decline in Firms, Organizations and States,* Harvard University Press.（三浦隆之訳［1975］『組織社会の理論構造——退出・告発・ロイヤルティ』ミネルヴァ書房。）

池田潔［2016］「ロックインされた都市住民と地域密着型小売業者・宅配事業者の新たな挑戦——消費者が求める本来的機能とその追求」加藤恵正編著『都市を動かす——地域・産業を縛る「負のロック・イン」からの脱却』同友館。

川村雅彦［2016］「『CSR の実践』と『CSV の実現』——『本来の CSR』と CSV の同時性を言い始めた人々」ニッセイ基礎研究所「基礎研レター」。

関西経済同友会企業経営委員会［2013］「提言：戦略的 CSR による企業価値向上〜CSV を通じて持続的成長を目指そう〜」。

経済産業省［2008］「ソーシャルビジネス研究会報告書」。

経済同友会［2010］「市場を活用するソーシャルビジネス（社会性，事業性，革新性）の育成——日本的市民社会の構築に向けて」。

湖中齊・前田啓一・粂野博行編［2006］『多様化する中小企業ネットワーク——事業連携と地域産業の再生』ナカニシヤ出版。

田代智治［2017］「地域の社会的課題解決に向けた中小企業によるソーシャル・ビジネスの創出——和菜屋による地域コミュニティ再生ビジネスの展開」。『「地方創生」と中小企業——地域企業の役割と自治体行政の役割』（日本中小企業学会論集㊱）同友館。

谷本寛治［2006］『CSR——企業と社会を考える』NTT 出版。

谷本寛治編著［2006］『ソーシャル・エンタープライズ——社会的企業の台頭』中央経

済社。

谷本寛治・大室悦賀・大平修司・土肥将敦・古村公久［2013］『ソーシャル・イノベーションの創出と普及』NTT 出版。

中山健［2001］『中小企業のネットワーク戦略』同友館。

西口敏宏編著［2003］『中小企業ネットワーク——レント分析と国際比較』有斐閣。

牧野丹奈子［2013］「ついでに社会性を実現する経営戦略こそが社会性を実現できる——『ついでに』の真意とは何か，［有］奥進システムの事例をもとに考える」『桃山学院大学総合研究所紀要』第38巻第2号。

村上稔［2014］『買物難民を救え！——移動スーパーとくし丸の挑戦』緑風出版。

若林直樹［2009］『ネットワーク組織——社会ネットワーク論からの新たな組織像』有斐閣。

株式会社とくし丸のホームページ（http://www.tokushimaru.jp/）

モルツウェル株式会社のホームページ（http://www.morzwell.co.jp/）

株式会社ファミリーネットワークシステムズ（わんまいる）のホームページ（http://www.onemile.jp/）

補　章

障害者雇用に取組む中小企業

1．はじめに

　中小企業が地域・社会との共生を図る上で，障害者雇用も重要なテーマである。国は障害者の雇用促進に関する法律（障害者雇用促進法[1]）を定めており，その第43条には，従業員が一定数以上の規模の事業主は，従業員に占める身体障害者・知的障害者の割合を「法定雇用率」以上にする義務を課している。民間企業の場合の法定雇用率は2.0％で，従業員を50人以上雇用している企業は，身体障害者または知的障害者を1人以上雇用する必要がある。雇用義務を履行しない事業主に対しては，ハローワークから行政指導が行われるほか，未達の企業は1人につき月5万円を納付する必要がある[2]。

2．障害者雇用の現状

　厚生労働省の「平成28年障害者雇用状況」によると，2015（平成27）年6月1日現在の障害雇用者数は47万4374人で，前年より4.7％増加しているものの，

1）当初「身体障害者雇用促進法」として，1960（昭和35）年に制定された。
2）障害者雇用促進法はたびたび改正されているが，2013年4月の改正では民間企業の障害者法定雇用率が1.8％から2.0％に引き上げられ，障害者を雇用しなければならない事業主の範囲が従業員56人以上から50人以上に変更された。2015年4月の改正では，障害者雇用納付金制度の対象となる事業主が201人以上から常用労働者101人以上の事業主に拡大された。また，2018年4月の改正では障害者法定雇用率の算定基礎に「精神障害者」も含まれることとなった。

補　章　障害者雇用に取組む中小企業

図補 - 1　従業員規模別障害者雇用の状況

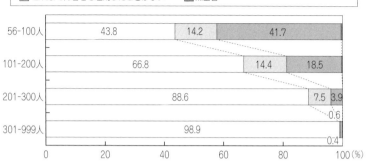

出典：独立行政法人高齢・障害・求職者雇用支援機構 障害者職業総合センター「企業における障害者雇用の推移・方針等に関する調査」[2013]。

実雇用率は1.92％（前年比0.04ポイント増）で，法定雇用率達成企業の割合は48.8％（前年比1.6ポイント増）となっている。法定雇用率未達成企業の数は，全体では4万5790社となり，この未達成企業のうち，障害者を1人も雇用していない企業（0人雇用企業）の割合は58.9％となっている。これを従業員規模別にみると，「50〜99人」は96.1％，「100〜299人」は35.9％，「300〜499人」は1.5％，「500〜999人」は0.3％，「1000人以上」は0.0％となっており，300人未満の中小企業，特に「50〜99人」規模層の障害者雇用は進んでいないのが現状である（図補 - 1）。

こうしたなか，独立行政法人高齢・障害・求職者雇用支援機構　障害者職業総合センター［2013］の「企業における障害者雇用の推移・方針等に関する調査」[3]によると，「301〜999人」の大企業では「現在，障害者を雇用している」が98.9％であるのに対し，300人以下の中小企業では規模が小さくなるほどこの割合が小さくなっている（図補 - 1）。さらに，「これまで障害者を雇用した

---

3) 2011年6月調査。有効回答数1496社（うち，「56〜100人」は240社，「101〜200人」は319社，「201〜300人」は308社，「301〜999人」は465社，「1000人以上」112社となっている。なお，この調査の調査時点では障害者雇用が56人以上であったため，この区分となっている。

第Ⅱ部　地域・社会と共生を図る中小企業

ことがない」割合は「56～100人」で41.7％となっているなど，規模が小さい
ほどこの割合が多くなっている（図補‐1）。

　次に，障害者を雇用した事業所で，障害者が定着している理由を見ると，従
業員規模が「56～300人」の中小企業であっても「作業を遂行する能力がある
から」が33.7％で最も多く，次いで「仕事に対する意欲があるから」（19.5％），
「現場の従業員の理解があるから」（17.4％）などとなっている（図補‐2）。

　一方，障害者を雇用するに当たり，課題や制約事項について見ると，「障害
状況に応じた作業内容や作業手順の改善が難しい」が29.1％で最も多く，次い
で「建物のバリアフリーなど物理的な環境整備が難しい」が20.1％，「作業を
遂行する能力が期待する水準に達しない」が14.5％などとなっている（図補‐
3）。すなわち，健常者には標準的なマニュアルがあれば対応できることが，
障害者の場合はそれぞれの障害に応じた対応が求められるため，ハードルが高
いと思われている。以下ではそうした困難を乗り越え，むしろビジネスにプラ
スに転じているケースを紹介する。

3．ケーススタディ

（1）京丸園株式会社（静岡県）[4]

　京丸園株式会社（2004年設立）[5]は静岡県浜松市にある農園で，園主の鈴木厚
志氏は13代目に当たり，ユニバーサル農園化[6]した。同園の組織はハウスで姫ね
ぎ，姫みつば，姫ちんげんさい等の水耕栽培を行う水耕部，田んぼでアイガモ
農法の無農薬のコメや，露地でトマト，サツマイモ等野菜の生産を行う土耕部，
障害者等が農業実習・研修を行う心耕部から成っている。生産規模は水耕施設
100 a，田畑120 a（水稲70 a，野菜50 a）で，生産された農産物は地元の JA
とぴあ浜松を通して全国40市場に卸され，東京都，大阪府，名古屋市，浜松市

　4）2016年3月25日に園主の鈴木厚志氏にヒアリングを行った。本項はヒアリング時の内容
　　と鈴木［2013］によっている。
　5）同社は農業法人であるが，会社法の会社に該当し，中小企業基本法上の中小企業である。
　6）ここでいうユニバーサル農園とは，障害者，高齢者などを含むすべての多様な人が従事
　　できる農園のことをいう。

246

補　章　障害者雇用に取組む中小企業

図補-2　雇用した障害者が定着している理由

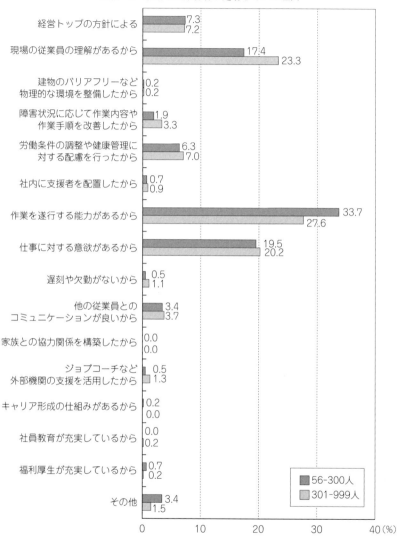

出典：独立行政法人高齢・障害・求職者雇用支援機構 障害者職業総合センター「企業における障害者雇用の推移・方針等に関する調査」[2013]。

第Ⅱ部　地域・社会と共生を図る中小企業

図補-3　障害者雇用に対する課題や制約事項

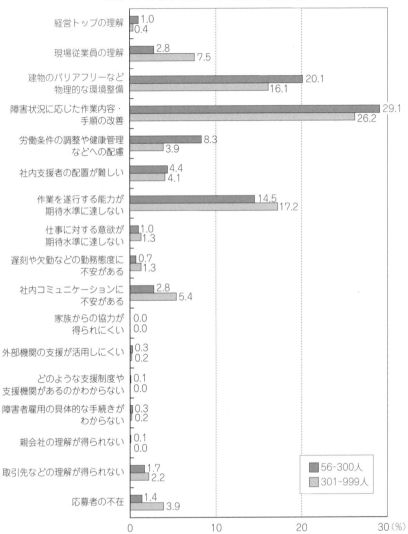

出典：独立行政法人高齢・障害・求職者雇用支援機構 障害者職業総合センター「企業における障害者雇用の推移・方針等に関する調査」[2013]。

補　章　障害者雇用に取組む中小企業

を中心に全国の消費者に販売されている。従業者は16歳から84歳までの74人で，うち24人が障害者（知的障害10人，身体障害4人，精神障害6人，発達障害4人）である。

　同園の経営理念は「笑顔創造」で，農業を通じて笑顔を創造し，従業員さん，お客様の心と体の健康を応援する農園を目指している。また，事業理念は「働く個人ごとに役割を持て，人との繋がりの中で幸せを感じられる仕事づくりを目指します」とあり，老若男女どんな人にもできることがあり，役割があること。できることを伸ばし，難しいことは補い合う雇用のあり方を常に検討している。

　障害者を雇用するようになったきっかけは，95年当時，障害者の子どもを連れた母親から，「息子をここで働かせてほしい」と履歴書をもってやってきたことにある。最初は障害者が農業で働くのは無理との判断で断っていたが，今度は「息子一人で駄目なら私も一緒に働きますからお願いします」と言われ，さらには「給料は要りませんから働かせてもらえませんか」と頼まれたという。お金は要らないと言われたとき，あの親子は何のために働くのだろうかと悩み，福祉施設の人に相談に行くと「障害者を雇用する企業は少ないため，採用から漏れた人は福祉施設に行くことになる。福祉施設に行くことは，面倒を見てもらう立場になり，働きの場に身を置くことと福祉施設に身を置くこととは異なる」と障害者の実情を教えてもらったという。このことがきっかけとなり，農業は福祉に役立つのではないかと思い，障害者雇用を始めたという[7]。96年以降，「障害者自立支援センター」と連携し，雇用および研修生の受入を行っている。

　実際に始めてみると，様々な出来事があった。たとえば，「トレーを綺麗に洗ってください」と指示を出したところ，洗ってほしいトレーは数百枚あるのに，指示を出して1時間後に戻ってくると最初に手にしたトレー1枚をずっと洗っていたという。しかし，特別支援学校の先生から，指示は具体的に出す必要があり，綺麗にするというだけでは指示にはならないと教えられた。また，新入の知的障害の人に仕事を作り出そうとしたが，その人に合う仕事が見つか

7）鈴木［2013］。

249

第Ⅱ部　地域・社会と共生を図る中小企業

らず，仕事が見つかるまでの間，ハウスの中の掃除をお願いしたところ，丁寧な掃除のおかげで雑草が少なくなりハウス内が綺麗になると同時に，雑草が生えなくなって害虫が減り，それまで定期的に散布していた農薬を減らすことに成功した。掃除をすると害虫がいなくなり，農薬を使わなくてもすむことを発見したことで，農場全体にこの取組を広げ，無農薬の野菜づくりにつながっている。障害者の人がゆっくりと丁寧に仕事をしてくれたおかげで，今までの農業のやり方を大きく変えることができ，お客様にも喜ばれるという三方よしの構図が成り立ったという[8]。

　同園では障害者が作業しやすいように工夫してオリジナル道具を作ったり，作業療法士から機械設計のアドバイスを受けて障害者が作業しやすいような機械を作っている。この結果，これまでリハビリのために病院に通っていた障害者が，こうした機械を使う作業自体がリハビリになり，病院に通わなくてもすむようになった人もいるという。また，作業を切り分けることで誰もができるような「作業分解」の視点で仕事を考えている。仕事に人を当てはめるのではなく，障害者が働けるように仕事や作業を根本から考え直すことで，農業にも変化をもたらしたという。こうした同園の取組は「農福連携」事業として，全国的にも注目されている。

（2）有限会社奥進システム（大阪府）[9]

　2000年に設立された株式会社奥進システム（大阪市）は，中小企業向けの業務管理システム開発，ホームページ作成などを行っている。また，自閉症や発達障害などの人が周囲の人に自分の特性や症状をヘルパーなど支援者に伝えるため，情報を記録するためのソフトであるサポートブック「うぇぶサポ」[10]を無料で提供している。起業は，代表取締役の奥脇学氏が自分の力を世の中で試し

8）鈴木［2013］。
9）本項は，2017年4月10日に代表取締役奥脇学氏へのヒアリング，同社提供資料，ホームページ，牧野［2013］によっている。
10）利用者はネットからダウンロードして作成し，データはNTT東日本のデータセンターに保管してあり，ヘルパーやケースワーカなどの支援者はスマートフォンなどでも見ることができる。

250

補　章　障害者雇用に取組む中小企業

てみたいとの思いで，約15年近く働いた会社を辞めて1998年に独立したことに始まる。起業時に考えていたことは，「自分の技術力を試したい」「働きやすく家族の時間も大切にできる環境をつくりたい」というものであった。

　同社の基本理念は，「私たちと，私たちに関わる人たちがとてもしあわせと思える社会づくりをめざします」で，社会性を前面に出したものとなっており，経営理念には「進取」「自立」「奉仕」をあげている。進取は古いものでも良いものは守り，悪いものはどんどん新しいことに積極的に取組んでいくことだが，同社では「在宅勤務（就業環境改善）」などもその一環として実施している。自立は独立，独り立ちという意味ではなく，「どんな環境下でも，自分の力で最善の方法を考えて，主体的に行動しよう」という意味である。奉仕は，経営活動を行う上で，社会に対しできることは「ついでに」積極的に取組んでいこうという意味で使っている。この「ついでに」というのは「常に意識をもって」ということで，社会に対する私たちの役割，そして意味，また周りの環境で最大限同社ができることを常に心がけて実行しようという意味である。したがって，奉仕活動ばかりしようということではなく，経営活動を行う上で，社会に対し，顧客に対し，取引先に対して「できること」を常に考え，惜しみなくその労力を使おうという意味が込められている[11]。

　同社は多くの障害者を雇用しているが，障害者を雇うきっかけは一人の障害者との出会いからである。当時，プログラムができる人を募集していたところ，車椅子に乗った人が面接にやってきた。彼は「20社くらい受けたが全部落ちた。しかし社会と関わっていたいから働きたい」という内容の話をしてくれた。社長は当時，人が働くのはお金のためだと思っており，お金以外の目的で働きたいということの意味がわからなかったという。しかし，人間には社会とのつながり，人とのつながりに対する欲求があることを彼から学び，共に働ける環境を作り上げていったという。そのあと，彼が紹介してくれた技術者もたまたま障害者だったこともあり，現在では従業員10人のうち，障害者が8人（2人が頸椎損傷の重度の身体障害，1人が腎不全で週3回の人工透析，2人が精神障

11）同社ホームページ（https://www.okushin.co.jp/okushin/）（採取日：2017年3月25日）。

251

第Ⅱ部　地域・社会と共生を図る中小企業

害で定期的に通院，3人が発達障害）で，そのほかにもシングルマザーを採用するなどダイバーシティ経営を行っている。社員のなかには，パソコン使用時に一般的なマウスが使えないため，トラックボールを導入したり，制度として週2回の在宅勤務を導入しているため，自宅から事務所のパソコンやサーバーにアクセスできる VPN サービスや無料インターネット電話を導入し，テレビ会議，電話会議なども行っている。このほか，トイレの入り口にスロープを設置したり，事務所のドアを吊り下げ式の引き戸にするなどバリアフリー化している。以上が同社の概要だが，本書のテーマである地域・社会との共生を考える上で注目すべき点がある。

　まず，同社の基本理念で示されている「社会性」の実現である。同社では世のなかに役立つかどうかを尺度として仕事をしているが，経営をする上で，社会に対しできることは“ついでに”取組んでいるという。このついでにすることが社会性と事業性の両立にとって重要だと考えており，社会性と事業性を二者択一とは考えておらず，同社にしかできないことをベースに社会ニーズへの対応を探り出し，社会性と事業性を一体化させている。また，現在は無料で提供している「うぇるサポ」だが，決してボランティアでやっているわけではなく，10年先にはビジネスとして社会に役立つという視点で行っている。世の中で役立つことを本業ですれば，結果としてお金が返ってくると考えている。

　従業員には年に1度「360度評価」を実施しており，部署内で全員が全員を評価し，給料に反映させている。これは同社が営利企業なので，障害者の人のできない分野の評価は低くなるが，できる分野の能力を発揮してもらうことで実績に見合った評価をしている。

4．小　　活

　以上，2社のケースを見たが，障害者雇用に関して共通点が見られた。それは，障害者を最初に雇うとき，障害者の発した，お金のためではなく，社会との関わりをもつために雇ってほしい，という声に経営者が最初驚いている。しかし，実際に雇用してみると，障害者の能力を引き出すような道具や設備を設

252

補　章　障害者雇用に取組む中小企業

置するなど真摯に対応したことで，企業の売上に大きく貢献している。障害を
もった人はやる気が高く，職場全体にも好影響をもたらしている。

　これらの活動に対して中小企業経営者ならではの障害者に対する思いや，実
際の行動に移す際の決断力，行動力の素早さには正直驚かされる。1社毎の雇
用者数は障害者数全体から見ると微々たるものかもしれないが，中小企業は企
業数の99.7%を占め，しかも様々な職種や職場から成り立っており，ボリュー
ムや多様性の観点からすると大企業よりも勝っている。今後，こうした取組を
広げていくことが，現代中小企業が地域・社会との共生を進めていく上で欠か
せないものとなる。

　[謝辞]　補章をまとめるに当たり，京丸園株式会社の園主鈴木厚志氏，な
　らびに有限会社奥進システムの代表取締役奥脇学氏にはお忙しいなか，貴
　重な時間を割いてヒアリングに応じていただきました。この場を借りてお
　礼申し上げます。

補章　参考文献

厚生労働省［2016］「平成28年　障害者雇用状況の集計結果」。

鈴木厚志［2013］「農業と福祉のいい関係！　誰もが働けるユニバーサル農園の取り組
　み」近藤龍良『農福連携による障がい者就農』創森社。

独立行政法人高齢・障害・求職者雇用支援機構　障害者職業総合センター［2013］「中
　小企業における障害者雇用促進の法律に関する研究」調査研究報告書　No. 114。

牧野丹奈子［2013］「ついでに社会性を実現する経営戦略こそが社会性を実現できる
　──『ついでに』の真意とは何か，（有）奥進システムの事例をもとに考える」『桃
　山学院大学総合研究所紀要』第38巻第2号。

有限会社奥進システムホームページ

　https://www.okushin.co.jp/company/,

　http://www.okushin.net/

京丸園株式会社ホームページ　http://www.kyomaru.net/

終　章

地域・社会との共生を目指して

　本書では，現代中小企業を経営学視点で分析するため，これまでの主流な研究スタイルに見られたように，中小企業を一塊にして分析するのではなく，個別企業を分析するスタイルを採用した。これにより，以下のことを明らかにした。

　第Ⅰ部では，現代中小企業の経営戦略と地域性について論じている。すなわち，現下の資本主義社会は様々な格差を生み，そこで生じた歪が増幅しさらに新たな課題を引き起こすなど変調をきたしているが，厳しい環境下に置かれている中小企業，なかでも下請企業が生き残っていくための経営戦略として「自律化」の道があることや，イノベーションを実施する際にマネジメント・オブ・トータルとしての MOT 視点の重要性について議論した。

　また，これまで社会的分業構造として親企業との関係性のなかで議論されることが多かった下請企業を地域ステークホルダーとの関係性のなかで議論を展開した。当該中小企業にとって親企業は，その立地場所に関係なくステークホルダーであるが，中小企業にとってのステークホルダーは株主ほか，仕入先や販売先など取引先企業，消費者，従業員，地域住民，金融機関，自治体など様々なものが存在する。これまでの中小企業論では企業間の社会的分業関係のなかで中小企業の存立について見られることが多かったが，中小企業は様々なステークホルダーとの関係性のなかで活動していることから，拡大されたステークホルダーとの関係性のなかで捉えなおす必要がある。前著の『現代中小企業の自律化と競争戦略』のなかで，自律型下請企業と親企業との間には双方向に Voice が見られることを指摘したが，中小企業と地域のステークホルダーとの間にも双方向の Voice が形成されることが，地域との共生を図る中

終　章　地域・社会との共生を目指して

小企業に期待されることを指摘した。私企業であるから，そこには生き残りを
かけた熾烈な競争があり，売上拡大を志向して利益を追求する，企業として当
然の行動がある。しかし，当該企業がサステナブルに経営できるかは，そうし
た短期決戦での勝ち負けとは別に，ユーザーや消費者から長期にわたる支持・
選考が必要となる。

　第Ⅱ部では，地域に根づいた行動することが多い中小企業において，地域や
社会が抱える課題解決にビジネスとして応えながら，地域・社会と共生を図る
道があることを議論した。とはいえ，現実の多くの中小企業では，CSR の項
目にある法令遵守はしていても，それ以外の項目についての回答が低かったよ
うに，ビジネスの手法を用いながら課題解決を図っていくことに，現状ではか
なりの乖離があるのも事実である。しかし，事例で見た先進的な企業では，積
極的に課題と向き合い，自らの経営の根幹に CSR を取り入れ，地域との共生
を図ろうとしていた。こうした企業では，なにより経営者の地域に対する想い
や，それを CSR によって課題解決を図ろうとする強い実行力が求められるが，
そうした経営者の行動はやがて従業員にも浸透していき，結果として第5章で
取り上げた株式会社ソーケンのように企業成長にもつながっていく。

　ところで，企業業績が良い中小企業経営者に，業績と3S（整理，整頓，清
潔）の関係について，業績が良いから3Sができるのか，3Sをしたから業績
が良くなるのかを問うと，業績の良い会社は3Sを実施している，という回答
が返ってきた。ニワトリと卵の関係だが，この経営者の頭のなかでは同時並行
的な行動として捉えられているようである。しかし，実際には形から入ること
も多いと思われる。たとえば，3S（5Sでも構わない）を実施している企業
経営者を講演会等に招き，その成果を他の経営者に披露することで3S活動を
広めていくのがそれである。業績の良し悪しは他の要素もあるので一概には言
えないが，3Sを実施することで従業員のモラルアップが図られ，結果的に業
績向上に結びつくことがある。たとえば，事例で取り上げた株式会社ソーケン
もその一例である。

　同じことは CSR にも当てはめられる。中小企業における CSR の取組の多
くが CSV になっていない現状下において，「従業員満足，働きやすい職場作

255

第Ⅱ部　地域・社会と共生を図る中小企業

図終-1　大阪府の公民戦略連携デスクの仕組み

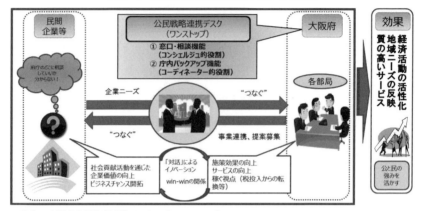

出典：大阪府公民戦略連携デスクのホームページ。
　　　（http://www.pref.osaka.lg.jp/gyokaku/kohmin/index.html）

り」や「定年後の再雇用制度の実施」などに取組んでいる企業が比較的多く見られた。これはまさに3Sと同様，従業員のモラルアップにつながっていると考えられるが，実際，それによって本業の売上増につながっていると回答した企業が見られた。ただし，CSRを経営のなかに根づかせるには，経営の根幹にCSRを組み込む「CSR経営」を実施する必要がある。たとえば，本書で取り上げた株式会社仁張工作所や有限会社奥進システムなどはその一例である。

ところで，現状の中小企業でCSVの取組が少ないからといって，CSVは中小企業には不向きということにはならない。本書で取り上げた生活広場ウィズはCSV的な活動をしていたが，こうした活動を広げていくには企業側のPRに加え，中学校に通う生徒の保護者にも理解や支援していこうとする気持ちが重要である。地域全体でこうした企業を応援し，CSVを実施しやすい社会の成熟化が求められている。

企業のCSRやCSVを後押しするためには，行政の支援も重要である。たとえば，大阪府では，府内の地域活性化や社会課題解決のため，「公民戦略連携デスク」を2015（平成27）年4月に設置した（図終-1）。そこでは，企業や大学のワンストップ窓口として相談や困りごとを聞き，適切に府庁内の各担当

セクションにつなぐ機能と，庁内から公民連携の提案を受け，企業等と調整する機能を担っており，都道府県としては初めての試みである。たとえば，セブン-イレブンが関西地区のフランチャイズ店で高齢者を従業員として雇用しようとしたときに，コンビニエンスストアは若者が利用する店といったイメージが強く，高齢者には，なかなか応募してもらえなかった。行政側も高齢者を雇用してくれる企業を探していたこともあり，両者のニーズが合致するwin-winの関係が整った。そこで，両者が包括連携協定を締結し，マスコミが大きく取り上げたこともあり，大阪府内だけでも約100人の高齢者雇用につながった。企業がCSR活動を行う際に，行政のお墨付きがあることで活動しやすくなったのである。

　ここで，「はしがき」で触れた「知足型経営」について触れておこう。「知足」とは，『老子』のなかに出てくる言葉で，「知足者富（足るを知る者は富む）」の一部をとったものである。自らの分をわきまえてそれ以上のものを求めないこと，充分に満ち足りていることを知ること，分相応のところで満足することを意味している。ところで，この知足の考え方には批判的な見方もある。たとえば，貧しい人が知足的な行動をすると，富める者がますます富めるようになり，格差がいっそう拡大するというものである。また，現状のままで知足状態になると，それ以上の発展が望めないと批判されることもある。現実はユートピアの世界ではないので，後者の状態になるとは思えないほか，知足型経営を考えてほしいのは経営者であり，従業員ではない。

　日本の高度成長期，「隣の車が小さく見えます」や「いつかはクラウン」といった自動車メーカーのCMが流されていた。まさに資本主義社会は人々の欲望を掻き立てることで，拡大発展してきたことがわかる。もちろん，それによって売上が向上し豊かになった企業や，その恩恵にあずかった人も多く存在する。その一方で，貧富の格差をはじめとする様々な格差が生まれてきたのも事実である。資本主義社会の次の社会をイメージするのは困難だが，経営者が少しでも知足型経営を行うことで資源の浪費や環境問題も軽減されるほか，知足型経営の過程でCSRやCSVの活動をすれば，今よりも随分住みよい地域や社会が形成されるように思われる。同時に，社会もそうした企業経営者や企業

第Ⅱ部　地域・社会と共生を図る中小企業

を評価し，積極的に支援していく社会全体の成熟化も求められている。

　地域・社会との共生をテーマに論を進めてきたが，個々の企業がどのような分野で，どのように，どの程度のスピードで共生していくのかなど，共生のスタイルは結局のところそれぞれ経営者の経営観によるところが大きい。大企業は業界での横並び意識が強く，地域・社会課題の解決に向けた取組を業界内で突出して行うことには抵抗感があること，地域・社会の課題解決に向けた取組をトップダウンで行う場合，そうした経営者の思いが従業員の隅々まで伝わりにくいこと，また逆に，CSRの担当部署を中心にそれら取組をボトムアップで行う場合，トップが理解するまでに時間がかかることや，会社全体に広げていくには時間がかかる。この点，中小企業の方は多くはトップダウンで行われ，あまり横並び意識がないことや，決断すると実行までのスピードも速い。また，大企業は中小企業と比べ，よりグローバルに活動しており，様々な国や地域に工場や支店，営業所などを設置しているが，そこでのトップの個別地域に対する思い入れは中小企業と比べそれほど高くないと思われる。そうであれば，地域との関わりが深い中小企業の方で，地域や社会が抱える課題と身近に直面しており，経営者の思いひとつでそれに向き合うことができる。地域・社会との共生はこうした想いをもった経営者をいかに増やしていくかが今後の課題だが，それには，その地域で生まれ育った中小企業経営者がどれほどいるかや，それら経営者が若いときに地域から受けた恩恵や地域での体験が，将来の恩返しへの想いとなって現れてくると考えられる。地域の中小企業は，まさに地域によって育てられており，そのことが地域にとってなくてはならない企業としてサステナブルとなる条件となる。中小企業経営者は地域・社会と共生していくことの重要性を理解し，共生に向けた企業活動を行う必要がある。

　こうした中小企業の活動をサステナブルなものにするには，そうした活動を消費者やユーザーが理解し，積極的に支援する必要がある。消費者やユーザーが製品やサービスの購入を決定するのは，価格が価値に見合う，あるいは価格以上の価値を感じるときである。この場合，消費者やユーザーは製品やサービスの品質や内容を吟味するのはもちろんだが，同業他社と比べたときの価格の安さも重要な判断材料となる。しかし，これら要素が同業他社と比べてあまり

終　章　地域・社会との共生を目指して

変わらない場合，たとえば本書で取り上げたような地域・社会課題の解決に向けた取組をしている企業の方を選択すると考えられる。そのときに重要なのはこうした活動の広報である。企業自身が PR することに加え，前述の大阪府公民戦略連携デスクのような行政の後押しも重要である。

　ところで，本書で明らかにできなかった点として，「アジア的 CSR」についての検討がある。本書の第5章で，ヨーロッパやアメリカの CSR 成立の背景について見たが，日本的 CSR，あるいはアジア的 CSR という考え方があってもよいと考える。というのは，ヨーロッパやアメリカではそれぞれの必要性を背景に固有の CSR を誕生させてきたが，日本はそれらの成果，とりわけアメリカ的な CSR を導入して今日に至っている。しかし，日本にも近江商人の売り手よし，買い手よし，世間よしの「三方よし」の考え方があるように，日本特有の文化や歴史などを背景に CSR が行われているようにも思われる。これらを明らかにすることが筆者の今後の課題である。

　ところで，本書は2部構成にしたが，そのことで一つ課題が残されている。第Ⅰ部と第Ⅱ部がどのようにつながっているのか，矛盾していないのかの説明である。第4章で中小企業の行動には地域性が見られることを明らかとしたが，ここでの分析は第Ⅱ部の地域・社会との共生の内容につながっている。第Ⅰ部ではこのほかに，中小企業の経営戦略として，下請企業の自律化やマネジメント・オブ・トータルの視点でイノベーティブな取組をすべきだとしたが，それらは結果として規模拡大を招くことがある。そのことと，第Ⅱ部の CSR や CSV 活動，ソーシャル・ビジネスとしての中小企業活動による地域・社会の共生とがどのようにつながっているのか，矛盾は生じないのかを示す必要がある。これに関しては次のように考えている。

　これまで支配，従属されていた下請企業が脱下請することや，中小企業がイノベーティブな行動をすることが求められているが，そのことと際限ない規模拡大とはイコールではない。第2章の企業事例が示すように，中小企業にとって規模拡大は経営者の強い願望であり，黒字体質を築きゆとりをもった経営をするためにも有効である。ただし，黒字体質の部分に関しては，短期的には規

第Ⅱ部　地域・社会と共生を図る中小企業

模拡大に伴う売上拡大により，売上高固定費比率を低下させゆとりを生むことにつながるが，長期的には規模拡大に見合う新たな設備投資や人材を必要とし，売上高固定費比率を再び上昇させる。このことは結果として中小企業経営者に再び売上高固定費比率を低下させようとの意思を生み，規模拡大によって売上高を上げようとする行動に向かわせる。したがって，売上高固定費比率の観点からすると，際限なく規模拡大を志向することになるが，どのあたりで定常状態にするかが一つのポイントである。

　ところで，ベンチャー企業経営者を除き多くの中小企業経営者は，他人資本が入ることを嫌うことが多い。ベンチャー企業経営者の場合は上場を考える経営者が多く，業績を上げることで株価が上昇し，キャピタルゲインが得られれば会社を売却することもしばしば見られる。これに対し，ベンチャー企業以外の中小企業経営者は自分の会社という思いが強く，そもそも他人資本を入れて上場しようとまでは考えていないことが多い。ましてや，息子や娘など同族に承継させたいと考える経営者にあっては，上場という選択肢を採用することはほとんどない。たとえ過半数の株式をもっていたとしても，上場することで他人から経営に関して口をはさまれ，自分の思い通りに動かせる会社ではなくなるからである。

　わが国には各都道府県に中小企業家同友会があり，全国でおよそ4万社が同組織で活動している。そこでは「良い会社をつくろう」「良い経営者になろう」「良い経営環境をつくろう」と3つの目標を掲げ，勉強会での学習や学んだことを実践しているが，会員企業に上場志向の企業は少ない。その理由として，上述の理由のほか，中小企業ならではの存在価値を示せる市場があり，節度ある経営をしながらキラリと光る小さな企業を目指していることがある。

　この“節度ある経営”と，本書で示した「知足型経営」とは同義的と考えられるが，どちらも企業経営であるから自社を中心に据え，自利の活動範囲を描くことや自社を中心とする経営マインドが見られる。しかし，地域・社会との共生を考えるには，“他利”の視点も重要である。マズローは人間の「欲求5段階説」を唱えたことで有名だが，実はさらにその上の“6番目の欲求”を考えていたとされる。すなわち，個人としての欲求が満たされると，利他的な欲

終　章　地域・社会との共生を目指して

求である「コミュニティ発展欲求」が現れるとしたのである。中小企業行動は経営者の考え方に負うところが多いが，経営者が知足型経営を行い，またコミュニティ発展欲求についても慮ることで，地域・社会からもなくてはならない企業として存在意義が高まり，地域・社会との共生が進んでいく。

資　料

アンケート票

資　料

地域課題解決と企業の社会的責任（ＣＳＲ）に関する実態調査

9月10日(土) までに同封の封筒に入れて返送ください。

＜調査実施機関 ・ 問い合わせ先＞
大阪商業大学 総合経営学部　池田　潔 研究室

Ⅰ. 貴社・貴店の概要(平成 28 年4月1日現在)

1. 貴社、貴店の業種(製造業の場合は売上の多い方の業態)は何ですか
   1. 自社製品を持つ製造業　　2. 下請の製造業　　3. 卸・物流業　　4. 小売業　　5. その他

2. 貴社・貴店の従業員数 (経営者、派遣は含まず、正社員に準じるパートを含む) は
   1. 1～2 人　　2. 3～5 人　　3. 6～10 人　　4. 11～20 人　　5. 21～30 人
   6. 31～50 人　　7. 51～100 人　　8. 101～300 人　　9. 301 人以上

3. 貴社・貴店のこの調査票が送られた場所での操業・営業年数は
   1. 5 年未満　　2. 5～9 年　　3. 10～19 年　　4. 20～29 年　　5. 30～49 年　　6. 50 年以上

4. 近年 (最近3年間) の貴社・貴店の売上高と利益率、および販売価格決の定権について
   (1)近年(最近3年間)の平均売上高伸び率(年率換算)は
   　　1. 10%以上増加　　　　2. 5～10%未満増加　　　　3. 5%未満増加　　　　4. マイナス

   (2)近年(最近3年間)の経常利益 (営業利益－営業外費用) の伸び率は年率換算でどれくらいですか
   　　1. 5%以上増加　　2. 3～5%未満増加　　3. 1～3%未満増加　　4. 横ばい　　5. 減少

   (3)製造業の方のみご答え下さい。
   　　戦略的に位置付けている製品(なければ、主要製品)や加工の販売先に対する価格決定権は
   　　1. 当社の意向で決定される　　2. 当社の意向がある程度反映される　　3. ほとんど決定権はない
   　　4. 全く決定権はない　　5.その他(　　　　　　　　　　　　　　　　　　　　　　　　)

Ⅱ. CSR (企業の社会的責任) の取り組みに関して
1. 貴社・貴店では以下のような CSR 活動をされていますか。当てはまるものすべてに〇
   ＜法的責任面＞
   1. 法令や社会規則の順守

   ＜環境面＞
   2. 包装・梱包資材等の廃棄物の削減　　3. CO2 等大気汚染物質の削減　　4. 環境に適したグリーン調達
   5. エコ推進活動・エコ製品製造　　6. リサイクル・リユース・リデュースの推進　　7. 太陽光パネルの設置
   8. 社内電球の LED 化や社用車のハイブリッド化　　9. ISO14001・エコステージ・エコアクション 21 を導入
   10. 敷地内の緑化　　　　　11. 工場・店舗以外の場所での植林活動　　　　　12. 環境基金の設立

   ＜地域・社会面＞
   13. 学校や NPO 等への寄付　　14. NPO との協働　　15. インターンシップやトライアル生の受入れ
   16. 工場・店舗・施設見学の受入　　　　17. 祭りやスポーツ大会等地域イベントの主催・共催やサポート
   18. 工場敷地内や店舗の一部にコミュニティスペース等を設置して市民に開放　　19. 地域・町内清掃等の活動
   20. ライオンズクラブ、赤十字などの社会奉仕団体に役員として参加　　　　　21. 高齢者等向けに商品の宅配
   22. 子ども 110 番など防犯、安全な街づくり活動への参画　　　23. 災害時に避難場所の提供や被災者への支援
   24. フェアトレードの実施　　　　　25. 地産地消商品の開発、販売

   ＜人権・労働面＞
   26. 従業員満足、働きやすい職場づくり　　27. 定年後の再雇用制度の実施　　28. 障がい者雇用の実施
   29. 労働時間の短縮　　　　　30. 育児休業・子供の看護休暇制度等の導入
   31. 男女ともに働きやすい職場環境の整備　　　　32. 地元からの雇用

資料　アンケート票

＜その他＞

　　33. 環境活動レポート、CSR 報告書等の発行　　34. その他（　　　　　　）　　**99. 上記活動はなにもしていない**

2. 上記 1～34 の活動で、本業の売上増に貢献したものはありますか。下表の当てはまる数字にすべてに○

1	2	3	4	5	6	7	8	9	10	11	12	13	14	15
16	17	18	19	20	21	22	23	24	25	26	27	28	29	30
31	32	33	34	35　売上増に貢献したものは何もない											

3. ＣＳＲ活動を進めていく上で支障となっていることはありますか。法的責任面、環境面、地域・社会面、人権・労働面ごとに下記の選択肢の当てはまる番号を選び、下表の当てはまる数字に○をつけてください（複数回答可）。

　　1. 本業との関係がない（低い）ので継続性に問題がある　　　　　　　　2. 取組の費用負担が大きい
　　3. 業績への効果が把握しにくい　　4. 地域・社会への効果が把握しにくい　　5. 地域の関心・理解が低い
　　6. 従業員の協力が得にくい　　　　7. 人的・時間的余裕がない　　　　8. トップのリーダーシップが弱い
　　9. 1 社・1 店舗で実施することに限界がある　　10. 特になし　　11. その他

法的責任面	1	2	3	4	5	6	7	8	9	10	11 (	)
環境面	1	2	3	4	5	6	7	8	9	10	11 (	)
地域・社会面	1	2	3	4	5	6	7	8	9	10	11 (	)
人権・労働面	1	2	3	4	5	6	7	8	9	10	11 (	)

4. CSR 活動を実施している企業の方へ、CSR 活動を実施される理由等についてお伺いします。当てはまるものに○

　　①社会の風潮だから・・・・・・・・・・・・1. 当てはまる　　2. 当てはまらない　　3. わからない
　　②社会の一員として最低限のことをすべきだから・・1. 当てはまる　　2. 当てはまらない　　3. わからない
　　③企業理念、社訓等に謳っているから・・・・・・・1. 当てはまる　　2. 当てはまらない　　3. わからない
　　④社会の公器として積極的に貢献すべきだから・・・1. 当てはまる　　2. 当てはまらない　　3. わからない
　　⑤経営者が地元で育ち、地元に愛着があるから・・・1. 当てはまる　　2. 当てはまらない　　3. わからない
　　⑥多くの従業員が地元の人だから・・・・・・・・・1. 当てはまる　　2. 当てはまらない　　3. わからない
　　⑦多くの販売先、顧客が地元だから・・・・・・・・1. 当てはまる　　2. 当てはまらない　　3. わからない
　　⑧取引先から取引条件として求められるから・・・・1. 当てはまる　　2. 当てはまらない　　3. わからない
　　⑨業績アップにつながるから・・・・・・・・・・・1. 当てはまる　　2. 当てはまらない　　3. わからない
　　⑩従業員のモラルアップ・やる気につながるから・・1. 当てはまる　　2. 当てはまらない　　3. わからない
　　⑪新規事業につながるから・・・・・・・・・・・・1. 当てはまる　　2. 当てはまらない　　3. わからない
　　⑫当社・当店の CSR 活動に対して販売先や消費者はそれなりの評価をしてくれている
　　　　1. 多いに当てはまる　　　　2. ほぼ当てはまる　　　　3. どちらともいえない
　　　　4. あまり当てはまらない　　5. 全く当てはまらない　　6. わからない
　　⑬仕入先に CSR 活動をしている企業がいれば
　　　　1. 積極的に取引する　　2. 価格次第で取引する　　3. 仕入先の CSR 活動の有無は取引には全く関係ない
　　　　4. わからない　　　　5. その他（　　　　　　　　　　　　　　　　　　　）

Ⅲ. 最後に、貴社・貴店名、住所、ご記入者名等連絡先をご記入ください。

　　貴社・貴店名：

　　ご住所：

　　ご記入者名：　　　　　　　　　　　　（部署：　　　　　　　　　　　）

　　電話番号：　　　　　　　　　　　　　E-mail：

尼崎市大庄地区の消費者アンケート調査

<調査実施機関とお問い合わせ先>
兵庫県立大学経営学部
池田　潔研究室とゼミ生

<締め切りは3月17日（月）です>

★兵庫県立大学経営学部では、皆様方の買物動向をお伺いすることで、商業施設や行政に対する提案などに役立てていきたいと考えております。ご協力のほどよろしくお願いします。

1．回答者の方や世帯のことについて教えてください（それぞれ1つに〇）

①あなたのお住まいは
1．大庄北1丁目　　　2．大庄北2丁目　　　3．大庄北3丁目　　　4．大庄北4丁目
5．大庄北5丁目　　　6．大島1丁目　　　　7．大島2丁目　　　　8．大島3丁目
9．大庄川田町　　　 10．大庄中通1丁目　 11．浜田町1丁目　　 12．浜田町2丁目
13．浜田町3丁目　　 14．その他（　　　　　　　　　　　）

②回答者の性別・・・・・・・・・・・1．男　　　2．女

③年齢は・・1．10代　2．20代　3．30代　4．40代　5．50代　6．60代　7．70歳以上

④どなたとお住まいですか
1．一人暮らし　　　2．夫婦のみ　　　3．夫婦と子供　　　4．夫婦と親　　　5．男（女）親と子供
6．3世代同居　　　7．その他（　　　　　　　　　　　　　　　　　）

2．食料品や日用品の買物や食事（外食）について（それぞれ1つに〇）

1．買物は楽しみの一つだ・・・・・・・　1．はい　　2．いいえ　　3．どちらともいえない
2．買物施設に憩いの場があればよい・・・・　1．はい　　2．いいえ　　3．どちらともいえない
3．買物場所は、ほとんど尼崎市内である・・　1．はい　　2．いいえ　　3．どちらともいえない
4．現在、買物に支障が生じている　　　　　 1．はい　　2．いいえ　　3．どちらともいえない
　「2．いいえ」と答えられた方のみ
　　近い将来、買物が困難になる可能性は・・・1．ある　　　2．ない　　　3．どちらともいえない
5．月に1回以上、外食をする・・・・・・　1．はい　　2．いいえ　　3．どちらともいえない
　「1．はい」と答えられた方のみ、その頻度は
　　1．ほぼ毎日　　　　2．週に4～5回程度　　　　3．週に2～3回程度
　　4．週に1回程度　　 5．月2～3回程度　　　　　6．月1回程度
6．お弁当やお惣菜をよく買われますか・・・　1．はい　　2．いいえ　　3．どちらともいえない
　「1．はい」と答えた方のみ、その頻度は
　　1．ほぼ毎日　　　　2．週に4～5回程度　　　　3．週に2～3回程度
　　4．週に1回程度　　 5．月2～3回程度　　　　　6．月1回程度

3．食料品や日用品の買物において、現在、何か不便・不満に感じていることはありますか（いくつでも〇）

1．お店が遠い（近くにない）　　　　　　　2．欲しい商品が売っていない
3．品数が少ない　　　　　　　　　　　　　4．価格が高い
5．量が多すぎる（食べきれない）　　　　　6．お店に駐車場・駐輪場がない（少ない）
7．休憩場所がない　　　　　　　　　　　　8．施設がバリアフリーになっていない
9．重くて一度に少量しか買えない　　　　 10．車やバイク・自転車の運転が不安
11．忙しくて買物に行く時間がない　　　　 12．身体的理由で買物に行くことが困難
13．その他（具体的に　　　　　　　　　　　　　　　　　　　　）
14．とくに不便・不満は感じていない

資料　アンケート票

4．食料品や日用品の買物で利用されるお店について教えてください

①お買いものはどこでされますか（最も多く利用されるところ**1つに〇**）。
　　1．アカシヤ尼崎大庄店　　　　　　　2．イズミヤまるとく市場浜田町店
　　3．関西スーパーフェスタ立花店　　　4．グルメシティ尼崎大庄店
　　5．コープこうべ大庄　　　　　　　　6．サンディ尼崎南七松店
　　7．スーパーオオジ西難波店　　　　　8．スーパーマルハチ大庄店
　　9．生活広場Wiz　　　　　　　　　10．立花ジョイタウン
　　11．フレンドマート尼崎水堂店　　　12．万代阪神ＳＣ店
　　13．最寄りのコンビニ　　　14．その他のお店（具体的に：　　　　　　　　　　　　）

②上記で選ばれたお店まで、どのようにして行かれますか（**1つに〇**）。
　　1．徒歩のみ　　　2．自転車・バイク　　　3．自家用車　　　4．バス　　　5．その他

③上記の手段で、そのお店まで行くのに何分くらいかかりますか（**1つに〇**）。
　　1．5分程度　　　　　2．10分程度　　　　　3．15分程度　　　　　4．20分程度
　　5．25～30分程度　　　　6．それ以上

④そのお店にはどのくらいの頻度で行かれますか（**1つに〇**）。
　　1．ほぼ毎日　　　　　　　　2．2日に1回　　　　　　　　3．3～4日に1回
　　4．5日～1週間に1回　　　　5．月2～3回　　　　　　　　6．それ以下

⑤普段、そのお店での1回あたりのお買い物金額はどのくらいですか（**1つに〇**）。
　　1．千円未満　　　　　　　2．千円～2千円未満　　　　　3．2千円～3千円未満
　　4．3千円～5千円未満　　　5．5千円～1万円未満　　　　6．1万円以上

⑥そのお店を選ばれた理由はなんですか（**3つ以内に〇**）
　　1．近い　　　　　　　　　　　　　　2．一か所で買いたい商品が揃う
　　3．そこでしか買えない商品がある　　4．価格が安い
　　5．品質が良い　　　　　　　　　　　6．ポイントサービスがある
　　7．店の雰囲気が良い　　　　　　　　8．きれいなトイレがある
　　9．お店に慣れている　　　　　　　10．夜遅くまで開いている
　　11．休憩できる場所がある　　　　　12．飲食店がある
　　13．宅配サービスがある　　　　　　14．とくに理由はない
　　15．その他（具体的に　　　　　　　　　　　　　　　　　　　　　　　）

5．お店以外で食料品や日用品の買物をされることはありますか（該当するところ1つに〇）

①宅配サービス　　　1．ほぼ毎日　2．週に数回　3．月に数回　4．年に数回　5．利用しない
②ネット通販　　　　1．ほぼ毎日　2．週に数回　3．月に数回　4．年に数回　5．利用しない
③その他の方法（具体的に　　　　　　　　　　　）
　　　　　　　　　　1．ほぼ毎日　2．週に数回　3．月に数回　4．年に数回　5．利用しない

6．スーパー、ショッピングセンター等、小売店に対してご意見がありましたらご自由にご記入ください

これで調査は終わりです。ご協力ありがとうございました。

「生活広場ウイズ (wiz)」の 社会貢献活動に関するアンケート

大庄北中学校保護者様各位

<調査実施先・お問い合わせ先>
兵庫県立大学 経営学部
池田　潔研究室とゼミ生

お願い：生活広場ウイズでは、これまで大庄北中学校の吹奏楽部を応援するため、売上金額の一部を寄付する社会貢献活動を行ってきました。今年度からは応援対象を吹奏楽部以外のクラブ活動や、大庄北中学校全体にも広めて活動を実施しています。すなわち、ウイズで購入されたレシートを「レシート投函ボックス」に入れていただき、その投函されたレシートの総合計の一部を寄付活動に充てています。
　　今回、兵庫県立大学の池田潔ゼミでは企業の社会貢献活動に注目し、こうした企業の活動がさらに広がっていくための方策について調査を実施しています。つきましては、お忙しいところまことに恐縮ですが、下記のアンケートを**7月15日（金）**までにご回答いただきますようご協力のほどお願いします。

1．ご回答者について教えてください。
（1）年齢・・・・　1．30代　　2．40代　　3．50代　　4．60歳以上

（2）大庄北中学校に通学されている子どもさんとのご関係は
　　　　1．父　　2．母　　3．祖父　　4．祖母　　5．その他

2．子どもさんは何か大庄北中学のクラブ活動をされていますか（地元のスポーツクラブ等は除く）。
　　ご兄弟や姉妹が大庄北中学校に通われている場合で、どちらかでもクラブ活動されている場合は1に、どちらもされていない場合は2に○をつけてください。
　　　　1．している（　　　　　　　　　　　　　　　　部）　　2．していない　　3．知らない

3．生活広場ウイズをどの程度ご利用されますか。
　　　1．ほとんど毎日　　　2．週3〜4回　　　3．週1〜2回　　　4．月に1〜2回
　　　5．ほとんど利用しない　　6．まったく利用しない（ウイズを知らない）

4．生活広場ウイズを利用されている場合、その理由を教えてください（当てはまるものに○）
　　　1．価格が安いから　　　　　　2．品揃えが豊富だから　　　　　3．品質がよいから
　　　4．ここにしかないものがあるから　　5．店員さんの対応が良いから
　　　6．馴染みの店員さんがいるから　　7．家から近い、会社の帰り道など便利だから
　　　8．宅配をやっているから　　　　9．大庄北中学校の吹奏楽部等に寄付活動を行っているから
　　　10．その他（　　　　　　　　　　　　　　　　　　　　　　　　　　　　）

5．これまで生活広場ウイズでは大庄北中学校吹奏楽部に売り上げの一部を寄付していましたが
　（1）その活動を・・・・　1．知っている　　　2．知らなかった

　（2）吹奏楽部がそのお礼の意味をこめて地域の皆さんにサンクスコンサートを開催していることを
　　　　1．知っている　　2．知らなかった

資料　アンケート票

（3）今年度から大庄北中学校全体に寄付対象が広がることになりますが、これまで、その寄付活動の原資となるレシートを「レシート入れ」に投函したことが

　　（注）レシート入れは生活広場ウイズ店内のほか、大庄北中学校玄関にも設置されています。

　　　　1．ある　　　　　2．ない　　　　　3．今後、投函してみたい

（4）上記（3）で「2．ない」に回答された方へ。その理由は以下のどれですか（いくつでも）

　　　　1．生活広場ウイズを利用しないから　　　　2．子どもがクラブに入っていないから
　　　　3．寄付される金額が少ないから　　　　　　4．これまでは寄付先が吹奏楽部だけだったから
　　　　5．寄付先が大庄北中学校に限定されるから　6．家計簿づけなどレシートが必要だから
　　　　7．寄付額のいくらかが価格に転嫁しているように感じるから
　　　　8．寄付することに直接のメリットがないから　　9．面倒だから・興味がないから
　　　10．その他（　　　　　　　　　　　　　　　　　　　　　　　　　　　　）

（5）1度でもレシートを投函されたことのある方へ、ご自身のレシート投函活動が社会貢献活動につながると思われますか。

　　　　1．おおいに思う　　　　2．多少思う　　　　3．あまり思わない　　　4．全く思わない

（6）生活広場ウイズで大庄北中学校のクラブ活動に寄付につながるような商品があれば購入されますか。

　　　　1．積極的に購入したい　　　　2．価格次第で購入したい　　　　3．購入しないと思う
　　　　4．わからない　　　　5．その他（　　　　　　　　　　　　　　　　　　　　　）

6．生活広場ウイズの社会貢献活動を応援するにはどのようにすればよいと思いますか（いくつでも）
　　　1．ウイズの社会貢献活動を知らなかったので、ウイズの社会貢献活動をもっとPRすればよい
　　　2．サンクスコンサートなど大庄北中学校側からも成果や開催通知などをもっとPRすればよい
　　　3．レシートの投函活動が社会貢献につながっていることをもっとPRすればよい
　　　4．地域全体で社会貢献活動に対する意識高揚・啓発活動すればよい
　　　5．生活広場ウイズでレシートを投函した人に"オマケ"など特典があればよい
　　　6．関心・興味がないので応援したいと思わない
　　　7．その他（　　　　　　　　　　　　　　　　　　　　　　　　　　　　　　　）

7．ボランティア活動やチャリティ活動等に対するご自身の経験やお考えについてお伺いします
（1）ボランティア活動や社会貢献について関心を持ったことがある
　　　　1．はい　　　　2．いいえ　　　3．どちらともいえない　　　4．わからない

（2）これまで体を動かすボランティア活動を経験したことがある・・・・　1．はい　　　2．いいえ

（3）これまで募金活動やチャリティ活動に協力したことがある・・・・・　1．はい　　　2．いいえ

（4）ボランティア活動はハードルが高い・・・1．そう思う　2．そうは思わない　3．わからない

（5）企業は社会貢献活動をもっとやるべきだ
　　　　1．そう思う　　　　2．そうは思わない　　　3．どちらともいえない　　　4．わからない

＜これで調査は終わりです。ご協力ありがとうございました。＞
・アンケートは子どもさんを通じて7月15日（金）までに担任の先生へご提出ください。（三者懇談会時に直接担任の先生へ提出してくださってもけっこうです）
・個人情報については、調査の目的以外には使用いたしません。

索　引

数字／A-Z

3S　*181, 255*
3T　*70*
5S　*255*
6S　*70*
B to B　*100*
B to C　*100*
CAD　*72, 75*
CAM　*70, 75*
COC 事業　*205*
CRSV　*136*
CSR　*71, 128, 220, 255*
　攻めの――　*171*
　守りの――　*171*
CSR 経営　*256*
CSR 認証　*182*
CSR のピラミッド　*136*
CSR レポート　*174*
CSV　*128, 183, 198, 216, 255*
Exit-Voice アプローチ　*36, 144*
ISO 26000　*135*
JIT　*116*
MBA　*91*
MC　*64*
ME 化　*29*
MOT　*81, 96, 99, 101, 254, 259*
MOT 型経営　*101*
NPO　*129, 221*
　――の商業化　*129*
S-C-P モデル　*112, 124*
TMO　*187*

ア行

アクション・マトリクス　*49, 68, 71*
アジア的 CSR　*259*
新たな行政　*221*
異質多元　*13*
移動販売　*236*
移動販売車　*236*

イノベーション　*81, 82*
インクレメンタル・イノベーション　*93, 99*
インテグラル型　*117*
売上高固定費比率　*260*
エコアクション21　*176, 179*
オープン・イノベーション　*97*

カ行

価格決定権　*43, 119*
学習能力　*31*
革新性　*133*
課題解決レント　*231, 233*
買物弱者　*218, 220, 236*
官営工場　*120, 122*
環境マネジメントシステム（EMS）　*176*
関西 IT 百撰企業　*60*
機械金属関連業種　*107, 117, 124*
企業の社会的責任　*134*
技術経営　*91*
技術者　*115*
技能者　*115*
狭義の下請企業　*42*
共同受注　*232*
クチコミ　*233, 235*
経営革新　*87*
経済的効率性　*185*
経済的視点　*190*
経済的側面　*197*
経済同友会　*134*
コア・コンピタンス　*91*
公民戦略連携デスク　*256*
顧客満足（CS）　*178*
国家戦略特区　*202*
コミュニティ・ビジネス　*221*
コミュニティ型小売業　*194*
コミュニティ機能　*196*
コミュニティ発展欲求　*261*

サ行

阪もの *117*
産業資本 *121*
三方よし *216, 259*
三利の向上 *173*
幸せの黄色いレシート *147*
事業性 *133, 234, 252*
資源ベース視角 *50*
自己組織化 *232*
下請企業 *22*
地場産業製品 *117*
資本主義社会 *254*
社会貢献意識 *139*
社会性 *133, 166, 234, 252*
社会的課題 *128*
社会的企業 *128*
社会的視点 *190*
社会的側面 *197*
社会的排除 *129*
社会的分業構造 *3*
社会的有効性 *185*
社会の公器 *161*
ジャスト・イン・タイム →JIT
従業員満足（ES）*178*
従属的下請企業 *31*
受注生産型 *33*
障がい者雇用 *174*
障害者雇用 *244, 252*
障害者雇用促進法 *244*
商業資本 *121*
商業の外部性 *193*
商業の内部性 *192*
自律 *35*
自立 *35*
自立化 *22*
自律型下請企業 *39, 42, 63, 74, 145*
自立型下請企業 *39, 42, 145*
ステークホルダー *44, 137, 218, 254*
政商的資本 *121*
責任ある競争力 *142*
節度ある経営 *260*
セミラディカル・イノベーション *93*

専属型下請中小企業 *26*
ソーシャル・エンタープライズ *128*
ソーシャル・ビジネス *128, 220, 221, 228, 233*
「ソーシャルビジネス研究報告書」*133*
組織間ネットワーク *231*

タ行

大規模小売店舗法（大店法）*184*
大規模小売店立地法（大店立地法）*186*
退出能力 *33, 36*
対等ならざる外注（取引）関係 *24, 33*
脱下請 *259*
地域・社会との共生 *258, 259*
地域間格差 *117*
地域商業の二側面性 *195*
地域性 *111*
地域的課題 *128*
地域粘着性 *115*
地域密着型小売業 *183, 191*
知足型経営 *257*
知的資産経営報告書 *177*
中堅企業 *14*
中堅企業論 *13*
中小企業家同友会 *57, 176, 260*
中心市街地活性化法 *187*
中心市街地活性化法 改正 *187*
伝統的産業組織論 *113*
トップダウン *77*
共働き世帯 *202*
問屋制下請企業 *117*

ナ・ハ行

二重構造 *13*
日米構造協議 *186*
農福連携 *250*
売買集中の原理 *192*
80年代の流通産業ビジョン *184*
ハローワーク *244*
ビジネスモデル *49*
ビジネスモデル分析 *68*
非従属的取引関係 *27*

索　引

非定型情報　*231*
ヒューマン・ネットワーク　*228*
標準品　*119*
フェイス・ツー・フェイス　*228, 233*
副次的機能　*204*
浮動的下請　*62*
プロセス・イノベーション　*101*
ベンチャー・ビジネス　*19*
ベンチャー企業　*260*
法令遵守　*164, 180*
ポジショニング論　*50*
本来的機能　*204*

マ行
マーケットイン　*101*

まちづくり三法　*185, 187*
まちづくり政策　*187*
マネジメント・オブ・トータル　→MOT
マルクス経済学　*1, 12*
ミドルアップ　*77*
メカトロニクス　*78*
モジュール化　*87*

ラ行
ラディカル・イノベーション　*95*
流通政策　*184*
量産品　*119*
レーゾンデートル　*191, 216, 216*
レント　*220, 230*
『老子』　*257*

〈著者紹介〉

池田　潔（いけだ　きよし）博士（経営学）

1957年大阪府生まれ
大阪市立大学経済学部卒業
株式会社日立製作所，大阪府立産業開発研究所（旧府立商工経済研究所）主任
研究員，北九州市立大学産業社会研究所助教授，兵庫県立大学経営学部教授，
同学部長を経て，
現在　大阪商業大学総合経営学部教授　兵庫県立大学名誉教授　日本中小企業
　　　学会常任理事

主要著書
『地域中小企業論』（単著）ミネルヴァ書房，2002年
『ベンチャービジネス論』（編著）実教出版，2007年
『日本のインキュベーション』（編著）ナカニシヤ出版2008年
『現代中小企業の自律化と競争戦略』（単著）ミネルヴァ書房，2012年
『地域マネジメント戦略──価値創造の新しいかたち』（編著）同友館，2014年

MINERVA 現代経営学叢書㊿

現代中小企業の経営戦略と地域・社会との共生
──「知足型経営」を考える──

2018年1月20日　初版第1刷発行　　　　　　　　　〈検印省略〉

定価はカバーに
表示しています

著　者　池　田　　　潔
発行者　杉　田　啓　三
印刷者　坂　本　喜　杏

発行所　株式会社　ミネルヴァ書房
607-8494　京都市山科区日ノ岡堤谷町1
電話代表　(075)581-5191
振替口座　01020-0-8076

© 池田潔, 2018　　　　　　冨山房インターナショナル・新生製本

ISBN 978-4-623-08126-4

Printed in Japan

日本の「いい会社」──地域に生きる会社力

──坂本光司・法政大学大学院 坂本光司研究室著　**A5判　248頁　本体2000円**

●地域をささえる，魅力ある会社とは。「日本でいちばん大切にしたい会社」のすばらしい取り組み20！

ゼロからの経営戦略

──沼上　幹著　**四六判　296頁　本体2000円**

●ヤマトホールディングス，富士重工業，TOTO，コマツなど多くの企業の成功事例を通して，これからの企業戦略を考えていく手がかりを探る。市場の成熟化，グローバル競争の激化する中，明確な戦略がなければ勝てない時代において，「場当たり的経営者」と「力量のある経営者」の違いを分ける戦略的思考法についてわかりやすく語る。

実践的グローバル・マーケティング

──大石芳裕著　**四六判　268頁　本体2000円**

●「ものづくり」にこだわる日本企業が，ライバルの多い世界の市場に参入するためには，「グローバル・マーケティング」は欠かせない。製品を「誰に，何を，どのように」売っていくのかを戦略的に考えるためのノウハウを，ヤクルト，ハウス食品，コマツなど，世界市場においてもブランドを確立している企業のマーケティングにおける成功事例を通じて紹介していく。

決断力にみるリスクマネジメント

──亀井克之著　**四六判　308頁　本体2000円**

●「決断力」をキーワードに，具体的な事例（ケース）を通して，リスクマネジメントの意義やリスクへの対処の仕方を学ぶ。企業に関わるすべての人にとって，リスクマネジメントが必要であることがわかる一冊。

──────── ミネルヴァ書房 ────────

http://www.minervashobo.co.jp/